总主编 方剑乔

浙江中医临床名家

吴良村

王彬彬 主编

科学出版社

北 京

内 容 简 介

本书是"浙江中医临床名家"丛书之一,介绍了浙江省名中医吴良村。吴良村教授是第二批、第五批全国老中医药专家学术经验继承工作指导老师,全国著名中医肿瘤专家。本书共分六章:中医萌芽、名师指引、声名鹊起、高超医术、学术成就、桃李天下。本书重点介绍了吴良村教授治疗肿瘤疾病的学术成就、学术思想及临床经验,全书涉及吴良村教授对肺、肝胆、胃肠、乳腺、卵巢等部位恶性肿瘤的诊治,结合具体病例展现了中医药在肿瘤疾病治疗中的特色和优势。

本书可供中医临床、科研人员及在校学生阅读使用,也可供中医爱好者参考。

图书在版编目(CIP)数据

浙江中医临床名家.吴良村 / 方剑乔总主编;王彬彬主编.—北京:科学出版社,2019.6

ISBN 978-7-03-061738-5

Ⅰ.①浙… Ⅱ.①方… ②王… Ⅲ.①吴良村-生平事迹 ②肿瘤-中医临床-经验-中国-现代 Ⅳ.①K826.2 ②R273

中国版本图书馆CIP数据核字(2019)第128403号

责任编辑:刘 亚 李敬敬 / 责任校对:王晓茜
责任印制:徐晓晨 / 封面设计:黄华斌

科 学 出 版 社 出版
北京东黄城根北街 16 号
邮政编码:100717
http://www.sciencep.com

北京捷迅佳彩印刷有限公司印刷
科学出版社发行 各地新华书店经销

*

2019 年 6 月第 一 版 开本:720×1000 B5
2019 年 6 月第一次印刷 印张:14 插页:2
字数:228 000

定价:68.00 元
(如有印装质量问题,我社负责调换)

吴良村教授在诊室

吴良村教授与夫人徐素仙教授

吴良村教授与学生

吴良村教授与病人

浙江中医临床名家

丛书编委会

主　编　方剑乔

副主编　郭　清　李俊伟　张光霁　赵　峰
　　　　陈　华　梁　宜　温成平　徐光星

编　委（按姓氏笔画排序）

丁月平	马红珍	马睿杰	王　艳
王彬彬	王新华	王新昌	牛永宁
方剑乔	朱飞叶	朱永琴	庄海峰
刘振东	许　丽	寿迪文	杜红根
李　岚	李俊伟	杨　珺	杨珺超
连暐暐	余　勤	谷建钟	沃立科
宋文蔚	宋欣伟	张　婷	张光霁
张丽萍	张俊杰	陈　华	陈　芳
陈　晔	武利强	范军芬	林咸明
周云逸	周国庆	郑小伟	赵　峰
宣晓波	姚晓天	夏永良	徐　珊
徐光星	高文仓	郭　清	唐旭霞
曹　毅	曹灵勇	梁　宜	葛蓓芬
智屹惠	童培建	温成平	谢冠群
虞彬艳	裴　君	魏佳平	

浙江中医临床名家·吴良村

浙江中医临床名家·吴良村

总　序

中华医药，博大精深，源远流长。灵兰秘典，阴阳应象，穷万物造化之妙；《金匮》真言，药石施用，极疴疾辨治之方。诚夷夏百姓之瑰宝，中华文明之荣光。

浙派中医，守正出新，名家纷扬。丹溪景岳，《格致》《类经》，释阴阳虚实之论；桐山葛岭，《采药》《肘后》，载吴越岐黄之央。固钟灵毓秀之胜地，至道徽音之华章。

浙中医大，创业惟艰，持志以亢。忆保俶山下，庠序进修，克艰启幔；贴沙河干，省立学府，历难扬帆；钱塘江畔，名更大学，梦圆字响。望滨文南北，富春秋冬，三区鼎足，一校华光；惟天惟时，其命维新，一德以持，六艺互襄；部省共建，重校启航，黾勉奋发，踵武增华。

甲子校庆，名医辈出，几代芳华。值此浙江中医药大学建校六十周年之际，特辑撰"浙江中医临床名家"丛书，以五十二位浙江中医药大学及直属附属医院名医为体，以中医萌芽、名师指引、声名鹊起、高超医术、学术成就、桃李天下为纲，叙名家成长成才之历程，探名家学术经验之幽微，期有益于同仁之鉴法、德艺之精进。

方剑乔

时己亥初夏

目　　录

第一章

中 医 萌 芽

第一节　耕读永嘉　启蒙灵运

　　吴老师出生在永嘉县巽宅镇沙埠村，是个地地道道的农村孩子，在六个兄弟姐妹中排行老大，有两个妹妹，三个弟弟。吴老师6岁时开始念小学，在12岁的那年，作为当时全区年纪最小的考生，他以全区第一名的优异成绩考入温州市属的中学。上中学的路途遥远而艰辛，他需要走60里山路，坐40里路的轮船，然后再步行30里路才能到达学校。学校离家130里路，年仅12岁的他需几经波折才能到达学校。为了能有更多的时间在学校里学习，他放弃了在家里由父母照料的生活，选择住在学校宿舍，半年才回一趟家。正所谓"穷人的孩子早当家"，艰苦的生活条件促使他变得独立自主，很小就学会了洗衣服、洗被子，学会了自己处理生活上遇到的琐事与困难。

　　吴老师不仅有坚定的求学之心，还有刻苦钻研、发奋图强、励志进取的精神。正所谓良好的品格源自优秀的家教，吴老师说这离不开他父亲的谆谆教诲。吴老师的父亲是一位红军战士，退役后便在家务农。吴老先生始终坚信，知识就是力量，学习改变命运，只有发奋读书才有出人头地的机会。因此吴老先生十分支持自己的儿子读书学习，在吴老师求学的路上一直鼓励他。吴老师回忆往事道，虽然他的父亲是一个几乎不识字的农民，却十分严格地要求他努力学习。自他念小学起，父亲便每日督促他读课文、背课文。

　　吴老先生的教诲培养了吴老师勤奋好学的品格，指引着吴老师在人生道路上不断求学进取。步入初中后，离开了家，没有了父亲的严格督促，吴

1

老师仍然保持着刻苦读书的习惯。因为优异的成绩和良好的学习作风，吴老师被选为班级的学习委员，带领着全班同学一起学习，营造了良好的读书氛围。正所谓"天将降大任于斯人也，必先苦其心志，劳其筋骨，饿其体肤，空乏其身，行拂乱其所为，所以动心忍性，增益其所不能。"吴老师初二放暑假回家时，不慎染上了麻疹，只得留在家中休养，整整两个月没有去学校上课。病愈回到学校后，因为课程落下了整整两个月，为了赶上落下的课程，他每天晚上夜自修结束后跑到路灯下，借着微弱的光线看书，"皇天不负有心人"，经过一段时间的恶补，课程终于赶上了，成绩依旧名列前茅。就这样，凭借优异的成绩，家境贫寒的他拿着六年的助学金读完了中学，减轻了家庭的负担。

谈及读书，不得不提及吴老师的书法，吴老师回忆说自己从小能练习书法也源于父亲的支持。虽然家境贫寒，但是吴老先生从不吝啬于给儿子购买学习用品。对吴老师当时家里的条件来说，纸张是一种奢侈品。吴老先生别出心裁，想到了购买一种"水纸"（类似于现在的水写布）来代替纸张。这种"水纸"可以以水代墨，用水便能在"水纸"上练字，等到水迹干透了，"水纸"又能恢复如初，不留一丝痕迹，便可重复利用。如此一来，既不耽误吴老师的学习，也不会对家庭经济造成很大的负担，一举两得。吴老先生每天都要查阅儿子的书法练习，然后用水圈圈出他认为写得较为优秀的字，并以此督促儿子学习。那时的书法练习很好地培养了吴老师的书法兴趣，为他以后的书法奠定了良好的基础。吴老师在小学时参加全区书法比赛获得第一名的好成绩；当地村民结婚等喜事都请他写对联；参加工作后，吴老师在单位还拿过毛笔书法大奖。如今他仍然爱好写书法，办公室里"承志之家"几个刚劲有力的大字就是最好的写照。

博览经史百家之书，拥有良好的文学功底，擅长诗词歌赋与书法，是古代医家的特点。孙思邈被"以国子博士召"是因其"通百家说，善言老子、庄周"。朱震亨善作诗赋，"自幼好学，日记千言"，36岁时在许谦门下学习宋儒理学，为他以后把理学思想融入医学中，构建自己的学说打下基础。张介宾博学多才，钻研《周易》，对兵法、历法、天文、音律等方面的书籍亦有涉猎。医易相通，知易方可为医，这让张介宾形成了独特的阴阳论与命门学说。薛雪专研宋儒理学与《周易》，又善于作诗、作画和拳术，与诗人名家为友，著有《一瓢诗话》《一瓢斋诗存》等。深入了解传统文化背景，精通儒道文化，能促进对中国传统文化的理解与领悟。注重对经典古籍的熟读记忆，博学多识，才能领悟中医学理论体系之博大精深。同时，不拘泥于医学相关著作，诗词歌赋、书法、音律、金石等各方面均有涉及，才能开阔视野，提高修养，陶冶情操，提升境界。

吴老师自幼在吴老先生的督促下养成了良好的阅读习惯，广涉群书，儒家经典如《论语》《孟子》《诗经》《礼记》《春秋》《易经》，道家经典如《老子》《庄子》，医学经典如《黄帝内经》《伤寒论》《金匮要略》等均有涉及。当时尚处年幼的吴老师虽不能完全理解书中所述思想，但传统文化的熏陶使他养成了阅读古籍的习惯，从而增加了他对传统文化的兴趣，也打下了扎实的古汉语基础。平时吴老师进行书法练习时，也常常会誊抄这些古籍经典，并加以反复地学习。多次的抄写促进了他加深了对这些书籍的记忆，扎实的文学功底也为他之后的中医生涯打下了坚实的基础。

吴老师是一个土生土长的永嘉人，对永嘉的历史传统文化颇为了解。永嘉历史悠久，汉顺帝永和三年（公元138年）始建永宁县，隋开皇九年（公元589年）改称永嘉县，取"水长而美"之意，永嘉的山水绝对称的上是美甲东南，比如以田园山水风光见长的楠溪江景区，以"天人合一""气论""八卦"及阴阳五行风水思想构建的楠溪江古村落等都赋予了永嘉浓浓的人文气息，为此永嘉成为温州地区文化的起源地之一。吴老师说永嘉是个人杰地灵的地方，他喜欢永嘉的山水，感叹永嘉的人文底蕴。吴老师常说提及永嘉的山水，就必然要提到山水诗人谢灵运。

谢灵运，出身中国古代名门望族——陈郡谢氏，为东晋名将谢玄之孙，他的母亲则是书圣王羲之的外孙女。谢灵运继承了王谢两族的血脉，自幼聪颖过人，"文章之美，江左莫逮"。天生骄傲的他曾自我评价："天下才共一石，曹子建独得八斗，我得一斗，自古及今共用一斗。"但是"朝廷唯以文义处之，不以应实相许"，谢灵运空怀一腔抱负，却不能被委以重任，参任的都是侍郎、参军之类的虚职，后来被外调为永嘉（今浙江温州）太守。永嘉有许多名山秀水，仕途坎坷的谢灵运把精力放在了游山玩水、探奇览胜、营造园林等风雅之事上。他几乎踏遍了整个永嘉，用诗歌描绘了所到之处的自然景物、山水名胜，表达他的心情感悟。他的创作大大地丰富了诗的意境，把自然界的美景引入诗中，以山水为独立的审美对象，加强了诗歌的表现力，确立了山水诗的地位，使山水诗成为中国诗歌发展史上的流派之一。谢灵运以其山水诗之美、流传之广被誉为山水之祖。永嘉山水为他的创作生

涯提供了丰富的素材。可以说，没有永嘉山水，谢灵运的山水诗就会黯然许多。吴老师热爱永嘉的山水，钦佩谢灵运之才华，两者兼之，加强了他对古代文学的热爱，启发了他的儒道思想。

第二节　走出大山　学医从医

吴老师生长在永嘉大山里，自幼喜爱读书的他成绩优异，他努力学习，是为了有一天能走出大山，去看看外面的世界。吴老师曾说年轻人都要有鸿鹄之志，只有拥有了远大的志向，才会明白努力的目标和奋斗的意义。为此，吴老师一直坚信只要自己不断努力，自己终将会是那只从山村里飞出的金凤凰，可以飞向外面更辽阔的天空。

在高中时代，同学们都想着毕业之后从事什么样的工作，吴老师也不例外。因为觉得自己体格并不算强壮，在他看来，工科体力工作并不适合自己。在20世纪五六十年代，那时候医学人才相对比较缺乏，医生是深受百姓尊敬的职业，尤其是在温州地区。吴老师认为学医能够救死扶伤，为饱受疾病折磨的患者带来希望，于是在心底埋下了一颗种子——将来要从事医学行业。于是，在后来的高考志愿填报中，他大胆地选择了学医。

1959年，高考后暑假的一天，吴老师跟往常一样在农田里帮助父亲干活，这时他收到了来自第四军医大学（现中国人民解放军空军军医大学）的录取通知书。由于吴老师的家地处偏僻，所以收到录取通知书的时间也比别人久一些，而通知书上写着让他2天后去杭州参加体检。时间紧迫，路途遥远，必须赶紧出发才能赶得上体检。父亲问邻居借了10块钱当他去杭州的路费，便匆匆陪他出发了。他和父亲走了60里的山路到永嘉县城，又乘船到温州。父亲把他送到了温州汽车站，他便只身前往杭州。经过一路奔波，他终于赶上了体检，然而在体检中还是发生了意外。吴老师本来就形体偏瘦，加上赶路的两天基本没怎么吃饭，在中国人民解放军第一一七医院体检时说是肝脏被触及，因为当时乙肝流行，在那样敏感的环境下，由于肝脏被触及这个原因便未被录取。因此，吴老师未能登上前往西安的火车，与第四军医大学失之交臂。

时机巧合，刚参加完体检未被第四军医大录取的吴老师还在杭州时，便刚好遇上了当时的浙江中医学院（今浙江中医药大学）首次招生，他抱着一颗热爱医学的心态，参加了浙江中医学院的扩招，成为了浙江中医学院的学生，从此踏上了学习中医的道路，开始了为期6年的中医学习生涯。作为浙江中医学院的第一届学生，吴老师他们接受了学校最好的中西医老师的教育。因为当时某些历史原因，在他们就学期间，浙江中医学院曾与浙江医科大学（今浙江大学医学院）合并，所以当时学生的西医课程是由浙江医科大学老师所教授，为此吴老师也打下了扎实的西医基础。吴老师回忆说："当年破旧的宿舍，简陋的教室还历历在目，学习虽然艰辛，但只要一想到学好本领将来能治病救人，就觉得一切都值得。"吴老师说在浙江中医学院学习的日子里，他遇到了很多好老师，如魏长春、叶熙春、何任、蒋明照、黄淑文等，在老师们悉心教授下，他学到了很多中医知识。再加上对中医经典的研读，吴老师的中医基础理论相当扎实。不仅如此，吴老师说他还常常利用空闲时间，去门诊跟魏长春老先生抄方。他十分珍惜这样的机会，侍诊老师左右，每每勤学好问。每论学医，吴老师都会深有感慨地说道："书山有路勤为径，首重贵于勤。"一勤：勤于背，即枕上背，途中背。二勤：勤于笔，提要钩玄，缺一不可。三勤：勤访良师，谦虚好学。四勤：勤于思，多多思索，敢于联想。正所谓理论指导实践，而实践又推动理论的发展。吴老师说只有真正接触临床，才能更深入地理解书本中的知识，所以在6年的大学本科生涯中他一直坚持课堂学习和临床跟师抄方相结合。

大家都说，出生于20世纪40年代、50年代、60年代的人是最勤劳的一批人。在当时流行着"白天大干、晚上加班干、晴天拼命干、下雨天抢着干"的口号。吴老师家境贫寒，在家中又排行老大，为了给家里减轻负担，每到寒暑假他都不回家，而是去勤工俭学，以挣取一些生活费。吴老师回忆道，那时候冬天下着大雪，没有雨鞋，没有厚实的毛衣，挨着冻还要坚持去植物种植厂拉小车干活。经历过艰辛的生活，才更明白努力学习的重要性，更加坚信要靠知识改变命运。吴老师凭借着优异的成绩在大学本科期间连续6年获得奖学金。

1964年8月起吴老师在浙江省中医院进行了为期1年的毕业实习。1965年8月，学校为响应当时"又红又专"政策（指既具有坚定正确的政治方向，拥护党的领导，又能学习和掌握专业知识的人才），将浙江中医学院第一届优秀的12个本科毕业生分配至全国各地，师承于当地的名老中医。吴老师作为其中一个优秀本科毕业生被分配至浙江省中医院师从魏长春名老中医学习。至此，吴老师正式的从医生涯开始了。

第三节 永嘉医派 中医入门

谈及浙江中医药学术流派，以陈无择为代表的"永嘉医派"是其中一大流派。吴老师生长于永嘉，从小对传统文化、医学感兴趣的他对永嘉医派有所了解，进入浙江中医学院学习中医以后，吴老师又仔细研读了有关永嘉医派的书籍，思考了永嘉医派所表达的学术思想，并对其中表达的大部分学术观点极为赞同。

永嘉，温州古称。南宋时期，温州地区经济繁荣，文化发达，医学也随之出现空前繁荣的局面。南宋淳熙至淳佑，公元1174～1244年间，相当于北方金代刘完素、张子和、张元素、李东垣学术活动进入高潮，河间、易水两大学派形成之时，南方的浙江温州地区也形成了以陈无择为首，以陈氏弟子王硕、孙志宁、施发、卢祖常、王玮为骨干，以《三因极一病证方论》为理论基础的"永嘉医派"。这一医学派，围绕编著、增修、校正、评述《易简方》开展了热烈的学术研究和争论。虽因当时国家分裂，南北隔绝，学术上缺乏交流和联系，但永嘉医派的学术成就也足以与河间、易水学派鼎足而立，共同开创了宋金时期医学学派争鸣、学术繁荣的局面，在中国医学史上占有一席之地。

陈言，字无择，宋代青田鹤溪（今浙江省景宁县鹤溪镇）人，大约绍兴、淳熙年间（1131～1189年）在世。在他客居温州的日子里，正遭遇瘟疫肆虐，目睹广大劳苦民众死于非命，痛心疾首。于是他开设医馆，治病救人；同时在治病之余广收徒弟，开展医学教育，传授医学知识。因为医德高尚，仗义疏财，精通医理，医术超群，陈无择很快就在温州赢得了声誉。他所著的《三因极一病证方论》一书，简称为《三因方》，成书于淳熙甲午（公元1174年），对温州的医学界产生了极大的影响。

"永嘉医派"的代表人物和著作还包括王硕及其《易简方》、孙志宁及其《增修易简方论》和《伤寒简要》、施发及其《续易简方论》和《察病指南》、卢祖常及其《易简方纠谬》、王玮及其《续易简方脉论》等。王硕著《易简方》，反映了当时医学界追求"易简"的思想倾向。王硕认为"自古方论，已不可胜纪，宁能不惑于治法之众将必至于尝试而后已？用药颠错，诸证蜂起。"因而"莫若从事于简要"。王硕虽然继承了《局方》由博返约的研究方向，但他并没有继承其师陈无择以"知要"来"削繁"的基本方法，"削繁"而不"知要"，缺乏执简驭繁的思想和手段，没有任何理论上的创新和方法上的改进。因此，他的《易简方》存在先天方法论上的缺陷。王硕《易简方》风行一时，但追求既简且易的编辑特点使其不能完全切合临床运用的要求，因此增修、补充就在所必然。为此，孙志宁编著《增修易简方论》，撰写《伤寒简要》，为《易简方》大行于世做了大量的工作，成为永嘉医派诸医家中支持王硕的中坚力量。孙志宁对《易简方》的增修主要包括三方面的内容：一是增补方剂，他的《增修易简方论》对王硕《易简方》广泛地补充内容，增添方剂，使之更切合临床需要。其次，对《易简方》正文详加注释说明，纠正其过于简略，语焉不清之处，使之更为清晰易懂。再次，还遵《易简方》立论之意，仿当时盛行的李子建《伤寒十劝》的形式，作《伤寒简要》以为羽翼。一时《增修易简方论》与《伤寒简要》二书并行于世，为医学界所推重。

王硕《易简方》求易求简，因追求"病有相类而证或不同，亦可均以治疗"选方原则，故认病识证和处方用药也就不可避免过于粗略。因此，后续之人多所非议，施发、卢祖常即是代表性的人物。施发批评《易简方》说："其于虚实冷热之症无所区别，谓之为简，无乃太简乎。"由此于淳佑三年癸卯（1243年）作《续易简方论》，对于《易简方》的种种不足，温言讽刺，规其过失，补其不逮。施发精通脉法，注重辨别疾病的虚实寒热，因此对于《易简方》的批评，主要集中于王硕不问脉象，不讲究辨证的弊端上，而在批评、辨证的基础上补充治法、方剂，则完善了整个辨证论治的认识。如治疗中风的"三生饮"，王硕说"治卒中昏不知人……无问外感风寒、内伤喜怒；或六脉沉伏；或指下浮盛，并宜服之。"施发认为这种说法"其误后学者多矣"，因为外感、内伤是性质完全不同的病证，"六脉沉伏"和"指下浮盛"是相反的脉象。寒热之别有如冰炭不可同炉，"如或用此，是以火益火耳"。施发这种注重从脉象、病因辨证的思想方法，正是陈无择所积极提倡的。施发的批评确实切中王硕一味追求"外候兼用"而不讲究辨证论治的要害，他客观冷静的学术争鸣完善了《易简方》的内容，也形成了永嘉医派的学术中心，促进了当时医学的发展和进步。同样，卢祖常对《易简方》批评的立足点在于良工为学不可不博，见识不可不广，人命不可不重，取财不可不轻，用药不可不防患，不如是不足以尽医道，因此不可妄求"易简"。王玮的《续易简方脉论》与诸多关于《易简方》的著作着眼于方剂的整理运用相异，自成体系，自有特点，篇幅不大，但"麻雀虽小，五脏俱

全"，形成了完整的理法方药内容和以诊法、治法为主的理论体系，这也可以视为对《易简方》不足之处的彻底纠正[1]。

永嘉医派由陈无择创始，至王硕的《易简方》诞生，历经了孙志宁的增修，施发的续作，卢祖常的纠缪，直到王玮形成了完整的理论体系，由此所倡导的务实医风，经久不衰，一直影响着浙江乃至全国的中医学发展。

陈无择的《三因方》，继承了《金匮要略》的三因说，是中医学上最早的一本比较全面、具体的病因病理学著作，内容涉及内、外、妇、儿、五官各科，载方1050余首。陈无择将复杂的疾病按病源分为外因六淫，即风、寒、暑、湿、燥、火；内因七情，即喜、怒、忧、思、悲、恐、惊；不内外因，则包括饮食饥饱、叫呼伤气、虎狼毒虫，以及金疮折、疰忤附着、畏压溺之类有悖常理的致病因素[2]。《三因方》主张以因辨病，按因施治，以脉象、病源、证候入手，通过分析疾病临床证候，探知发病原因，归纳证候类型，推测病理机制，以此作为论治依据。这在当时是一种理论上的创新，方法论上的进步。宋代之后的医学界遵从并继承了陈无择的三因论，认为陈无择将复杂的疾病按病源分为外因六淫、内因七情、不内外因三大类，具体而全面并且符合临床实践。因为该书理法齐全，既有理论的阐述创新，又有方剂加减的灵活运用，具有临床的实用价值，所以直到今天，《三因方》一书，对中医的学术研究和临床实践，仍有很大的参考价值。《三因方》对于病因、脉证、治法、方药的论述有独到之处，确实为中医的发展做出了一定的、有实用性的贡献。

陈无择长期侨居温州，其医学思想和临床实践深受地域特征的影响。无论是医学理论，还是认病识症的观点，以及处方用药的习惯，都有温州地方特色，并在温州中医界影响到今天。陈无择认为胃气是人身的根本，于是汲取临床经验，在原有方剂的基础上增添药物，创制了"温胃消痰，进食正气"的"养胃汤"。此方一出，风行一时。他创制施用"养胃汤"的一个重要因素即地理环境，温州依山傍海，冬无严寒，夏少酷暑，四季湿润，湿之为患尤多，故适于应用除湿理气的平胃散、正气散和养胃汤之类。陈无择的处方用药习惯影响着后世学者，其弟子辈在著述中都引用"养胃汤"这个方子，王硕扩充其用，孙志宁在此基础上还主张醒脾。不仅如此，此后在《易简方》系列著作中，都详细记载了"余使君平胃散"等独特的炮制方法。基于此历史渊源，当今的温州医生临床上仍惯用平胃散、藿香正气散和养胃汤一类芳香化湿、理气和胃的方剂治疗胃炎、肠炎、暑湿等多种病症，疗效颇佳。陈无择在温州广泛的医事活动和精湛的医疗技术，赢得了很高的声望。例如，弟子卢祖常记述了陈无择创制"和气饮"一事："无择先生每念麻黄桂枝二汤，世人不识脉证者，举用多错。"而制和气饮，屡试屡验，马上就为众多医家所采用，广泛流传开来，"夫先生岂小补哉?由是乡之富贵贫贱，皆所共闻；闾里铺肆，悉料出卖。"时至今日，温州医家临床还很忌用麻黄、桂枝之类辛温发汗药物，一方面是东南滨海，地气温湿，有所不宜，而推究其源，似可远及宋代永嘉医派的传统经验[3]。

永嘉医派从气机着眼认识痰、郁诸证的病因病机，对后来的丹溪学说有深刻影响。此外，陈无择君火说对于丹溪的相火论，王玮谨慎运用温燥用药对《局方发挥》在相关问题的阐述都有一定启发。

永嘉医派的学术活动带来了温州医学的繁荣：王执中著《针灸资生经》，屠鹏著《四时治要方》，张声道著《注解胎产大通论》、《经验方》，何侅著《何氏方》，以及谢守灏、夏元鼎、周无所注的道教医学，极尽一时之盛，都得益于永嘉医派的发展。

吴老师回忆说大学时期及毕业之后对永嘉医派的研读，加深了自己对中医的理解与体会，永嘉医派中很多的学术观点对他之后多年的临床工作具有较大的指导意义。

陈无择的《三因方》主张以因辨病，按因施治，以脉象、病源、证候入手，通过分析疾病临床证候，探知发病原因，归纳证候类型，推测病理机制，从而更好地诊治疾病。吴老师认为这种主张辨证论治的方法论在当时的医学环境中是极其先进的。所谓辨证论治，就是在中医学基本理论的指导下，根据病人的临床表现辨别其病证内在的病机，并根据相应的病机确立治疗方法。辨证论治不仅是中医学的特点，也是中医学的精髓所在。中医学认为，人体发病都有一定的内在因素和外在因素。各种临床症状的出现都有其发生、发展的内在因素。因此，临床上的"施治"必须"辨证"，而"辨证"又必须在中医学的基本理论指导下进行。

吴老师说每一疾病在其发展过程的每一阶段都有各自的特点，而许多疾病在其发展的过程中，时常又具有同一的病机。因此，在临床工作中，对于一个疾病发展的全过程不能限于采用单一方法治疗，而对于许多疾病发展至病机上同一的某一过程又可以采用同一的治疗方法。换言之，一个治疗方，不适用于一个疾病发展的全部过程，如《伤寒论》中的麻黄汤只适用于

伤寒病太阳表证，不适用于伤寒病少阴里证；而有时一个治疗方，却又可以适用于许多疾病由同一病机发展而来的某一过程，如《金匮要略》中的肾气丸可以治疗"中风历节病"的"脚气上入，少腹不仁"，"血痹虚劳病"的"虚劳腰痛，少腹拘急，小便不利"，"消渴小便不利淋病"的"男子消渴，小便反多，以饮一斗，小便一斗"，"痰饮病"的"夫短气有微饮"，"妇人杂病"的"转胞"等五类病。以上五类病，虽症状不同，但病机皆属肾气虚，气化功能失调，故均可用肾气丸治疗。这就是中医学"同病异治"和"异病同治"的客观基础。吴老师特别强调"异病同治"是中医传统的治则之一，通过对《金匮要略》常用方的总结和归纳，可见中医诊治疾病过程中着眼于对证候的辨析和因证候而治的特点，即所谓的"证同治亦同，证异治亦异"。在此，需要注意的就是，异病可以同治，关键在于有无共同的病机，病机相同，才可采用相同的治法。在疾病的发展和变化中，正确掌握"异病同治"的理论，对于临床诊断、治疗、用药有着积极的意义。

再者，吴老师注重辨证论治的方法论，同时他也认为辨证与辨病应相结合。"证"是中医认识疾病与治疗疾病的主要依据，理、法、方、药基本上是以证为基础的。但是中医学在重视证的同时也不应忽视病，证是对疾病进行动态的观察，是对疾病发展过程的诊断。如《伤寒论》的六经传变，反映了疾病的共性。而"病"反映其特定的病因所引起的特异性反应，反应疾病的个性。因此吴老师认为"证"和"病"必须相结合，也就是共性和个性相结合才能够更全面地反映疾病的发生发展规律。在之后50年的行医生涯中，"辨证论治""病证结合"一直是吴老师看病所遵循的基本法则。

再者，吴老师从陈无择提出的"七情"致病理论中也得到了启发。《三因方》以七情为一条主线，贯穿于各科疾病的证治中进行论述，体现了中医病因病机学的系统思维方法。情志即"七情"，即"喜、怒、忧、思、悲、恐、惊"，是正常的生理活动。但若遭受强烈的精神刺激或长期的心理负担，超出人体正常生理活动所能调节的范围，则会导致气机逆乱，脏腑气血阴阳失调，从而引起情志病。正如《素问·举痛论》曰："怒则气上，喜则气缓，悲则气消，恐则气下，惊则气乱，思则气结。"如一些高血压患者，若是出现情绪异常波动，遇事恼怒着急，可致肝阳上亢，气血上逆冲头，发生眩晕、头部胀痛，甚则出现突然昏仆、不省人事、半身不遂等一系列肝阳上亢的症状；再如有些人会因为思虑过度，出现食欲不振、纳呆食少、形容憔悴、气短、神疲力乏、郁闷不舒等，思虑过度不但伤脾，还会导致睡眠不佳，日久则气结不畅，百病随之而起。在现代社会中，"情志养生"即"调畅情志"在保证人体身心健康和维持人体正常的生命活动中发挥重要的作用。凡是易激怒、忧郁、焦虑、恐惧的情绪，往往容易使人变生疾病，而这类情绪往往又能促使已经患病的患者不断地向坏的方面发展。反之，若是保持开朗、乐观、积极向上的情绪的人往往不易生病，在患病后对治愈疾病依然持积极乐观心态，从而有利于其身体抗病祛邪能力的提高，促进疾病向好的方向发展。吴老师说现代许多器质性疾病的发生与长期的负面情绪密切相关，在情志疾病发生学研究过程中发现后天情志失于调养即过度的精神刺激是导致情志病发病的主要因素，诸如肿瘤疾病的发生等。如张颖慧、高瑞珂在《基于中医情志理论对胃肠道恶性肿瘤的防治研究》中提出情志因素在胃肠道恶性肿瘤发生发展过程中的作用日益突显，并基于中医情志理论提出在胃肠道恶性肿瘤癌前阶段注重调心理脾，治疗阶段注重养心疏肝，康复阶段注重安心补肾的观点，为防治肿瘤发生、发展提供新的思路和策略[4]。

吴老师说对他之后看病开方颇具影响的要数永嘉医派推崇的"健脾醒脾化湿"治法。陈无择行医于温州，由于温州地处东南沿海，气候湿润，大多数患者都受湿邪困扰，为此创制了"养胃汤"来治疗此类湿邪内蕴，脾胃不和病证，效果颇佳。吴老师说"脾恶湿"是中医脾胃学说中的重要概念，语出于《素问·宣明五气》，其曰："心恶热、肺恶寒、肝恶风、脾恶湿、肾恶燥，是谓五恶。"《四圣心源·六气解》言一切内外感伤杂病，尽源土湿也"，脾因湿而生之病，是当今众多疾病产生、发展和变化的重要根源之一。脾脏之所以恶湿与湿邪的致病特点关系紧密。湿为阴邪有重浊、黏滞、趋下等特点，《黄帝内经》对此有着详细阐述。《素问·生气通天论》曰"因于湿，首如裹"，湿常阻滞于经络，且使气机不畅，营卫难以布达，故其病常有"重"性，即使人出现头身困重、酸楚、乏力等症状。《素问·阴阳应象大论》曰"湿胜则濡泻"，湿邪尤困脾阳，而致水运无权，不能分清化浊，所以又使人体的分泌与排泄常有"浊"物，如大便溏泄、小便混浊、面垢眵多等。故《医述·湿》有谓："湿为重浊有质之邪……其伤人也或从上，或从下，或遍体皆受。"再因湿邪"黏滞"胶着难解，故《温病条辨·上焦》云："……且其性氤氲黏腻，非若寒邪之一汗而解，温热之一凉则退，故难速已。"湿邪亦有趋下之性，《黄帝内经》中阐释尤多，如《灵枢·百病始生》曰"清湿袭虚，则病起于下"，《素问·太阴阳明论》亦曰"伤于湿者，下先受之"，湿邪易袭人体下部，与脾升之势相反，常使水湿滋留

而注于泄，所以《素问·至真要大论》又曰："太阴之胜，湿化乃见，善注泄。"脾胃为人体升降之枢，脾脏能够升清散精而使气机畅行无滞，但由于湿邪具有重浊、黏滞、趋下的特点，脾为湿困，易造成脾失运化，脾胃功能失调。

脾主运化，能运水谷精微，而使肌肉充养隆盛，其中尤能促进人体水液代谢的正常运行，此亦是"脾恶湿"中的重要内容。关于脾主水运，《素问·经脉别论》曰："饮入于胃，游溢精气，上输于脾，脾气散精，上归于肺，通调水道，下输膀胱，水精四布，五经并行。"人体水液生成于胃、小肠、大肠，但都需要脾气推动、激发才能够输布周身。因此，脾气不足则水液失于布散，如《素问·至真要大论》曰"诸湿肿满，皆属于脾"，痰饮水湿之生皆与脾相关。脾气虚弱则湿自内生，水液失布于外者，则尤易导致肢体浮肿、沉重无力，故可谓人之肌肉，其痿或肿皆多因于脾及湿，如《冯氏锦囊·内经纂要》谓之"脾恶湿，湿则肉痿肿"；关于湿布于内者，则又易造成痞满、腹胀等症，如《杂病广要·内因类》道："脾恶湿，得水则胀，胀则不能消食也。"同样，湿盛又困厄脾气，而使之失其健运，《证类本草》言"脾恶湿，湿则濡而困，困则不能制水"，脾困不制水，水湿停滞，则饮食不化，又生泄泻、便溏等疾。脾与水液代谢密切相关，脾虚生湿或为湿所困，皆导致水液代谢紊乱，所化之病范围极广，变化发展繁杂。

脾能运化水谷精微，促进水液代谢，是脾处中焦、为气机升降之枢的体现，故脾之所以恶湿亦源于此。《黄帝内经》论述了脾与湿矛盾又相互统一的关系，为二者生理、病理上的交融奠定了理论上的基础，为后世医学的临床应用孕育了发展的源泉与不断进步的动力[5]。

吴老师认为浙江地处东南沿海，病邪多具有湿热特点，此类患者就诊时往往"舌苔白腻或黄腻，脉弦滑"，针对此类情况临床上可使用平胃散之类药物治疗以健脾祛湿，醒脾和胃。但选用的祛湿药物又不能太过燥热，要用之谨慎，以防其伤阴。

卢祖常在《易简方纠缪》中对陈无择这样描述："先生轻财重人，笃志师古，穷理尽性，立论著方。其持脉也，有若卢扁饮上池水而洞察三因；其施救也，不假华佗剖腹刳肠而彻分四治。"寥寥数语，即生动地描绘出一位医学家德高技精的鲜明形象。吴老师对此深有感叹，他说医学作为一种特殊职业，其服务对象是有思想、有情感、身体上又有病痛的人。故要求医务人员在职业活动中，不仅要有精湛的医术，而且还要有亲切的语言、和蔼的态度、高度的责任感和高尚的道德情操，只有这样才能成为一个受群众爱戴的医务工作者，真正担负起"救死扶伤、治病救人"的光荣使命。

我国传统中医源远流长，其中蕴涵的核心价值观，主要体现为以人为本、医乃仁术、天人合一、调和致中、大医精诚等理念，可以用"仁、和、精、诚"四个字来概括。"仁"，体现了仁者爱人、生命至上的宗旨；"和"，体现了中医崇尚和谐的价值取向；"精"，体现了中医精勤治学，对精湛医术的追求；"诚"，即要求为人处事、治学诊疗、著述科研等心怀至诚，不诳语妄言、弄虚作假。这些都是中医人格修养的最高境界。

唐代孙思邈在《千金方》中指出："人命至重，有贵千金，一方济之，德逾于此"，"凡大医治病，必先安神定志，无欲无求，先发大慈恻隐之心，誓愿普救含灵之苦。""若有疾厄来求救者，不得问其贵贱贫富。"晋代名医杨泉在《论医》中说"凡医者，非仁爱之士不可托也；非聪明理达不可任也；非廉洁淳良不可信也。"他们的思想无不折射出高尚的道德光芒。在古代医学典籍中，以上类似的论述比比皆是，充分反映了中医学传统医德中仁爱救人、不谋私利、严谨行医、勤学不倦、诚信敬业等优秀品质。

吴老师说医德修养的最高境界是"精"与"诚"，精诚合一、德术并重的医德观具有重要的现实意义。"大医精诚"一直是吴老师行医治病救人的原则，"不为良相，宁为良医"是对他职业生涯的最好写照。

浙江中医临床名家·吴良村

第二章

名师指引

第一节　名医指点成大业

一、初出茅庐难为水

中华人民共和国成立初期，我国的经济发展水平和医疗水平与发达国家存在着明显的差距。医疗设备较为简陋，医疗技术水平低下，医务人员总数并不多，加上当时我国的医疗机构和医务人员基本上集中在城镇，使得广大群众特别是农民缺医少药，得不到基本的医疗卫生保障。为此，党和国家积极号召广大医务人员走出医院、学校和机关的大门，下乡开展卫生工作，为农村的医疗卫生事业添砖加瓦。

1959年吴老师考入浙江中医学院，1965年8月毕业后被分配到浙江省中医院工作，同年9月，吴老师积极响应党和国家的号召，跟随下乡医疗队赴浙江省金华市东阳县巡回医疗。下乡期间，他坚持为群众送医送药，探访过县城各个医疗机构，也深入距离县城最偏远的乡村，从县城到乡村都留下了他的足迹。那段经历，虽然只有短短一年时间，吴老师至今仍记忆犹新，他说这是他一辈子难以忘怀的经历。

其实当时很多医务人员，对下乡还是很排斥的，尤其是刚刚毕业参加工作的年轻医生，他们大都是长期生活在城市、不了解农村实际情况。有些人说："我们的国家是社会主义国家，在哪里工作都是建设社会主义，为什么一定要下乡？"有些人认为农村不需要高级医生，大学生到农村去，就是"大材小用""浪费人才"。更有些人说："自古只有病人求医，哪里有医生送

14

医药上门的?"而作为一个从农村考上大学而改变命运的年轻医生,吴老师对农村和农民怀有一份很深沉的感情,他总说:"我本就是农民的儿子,为农村医疗卫生事业贡献自己的一份力量本来就是我应该做的。"他把下乡当作是锻炼自己的好机会,他说下乡不但能把自己所学到的知识应用到临床实践中,还能从实践中学习到新的知识。

下乡的日子,是极其艰苦的,高强度的劳动使很多初下乡的医务人员纷纷叫苦不迭,但吴老师从没抱怨过,他一直坚持和乡亲们"三同"——同吃、同住、同劳动,总把"四干"落实到实际行动中——白天大干,晚上加班干,晴天拼命干,下雨天抢着干。吴老师说那时候晚上睡觉是在稻草上铺层薄布单就躺下了,因为有跳蚤会使全身发痒睡不好觉,再加上旁边栅栏的猪叫声更是吵得让人彻夜难眠。一天三餐永远都是玉米饼、玉米糊、番薯、芋艿。尽管吃住的条件很差,但吴老师还是坚持下来了。因为吴老师严于律己,不怕脏,不怕累,做事认真,一丝不苟,所以赢得了乡亲们的一致好评。加上他态度和善,深知农民的疾苦,朴实谦虚,没有架子,热情地为农民服务,送医送药上门,乡亲们都亲切地称他为"小吴医生"。

吴老师作为一名中医医生下乡医疗,在下乡期间以开中药方与开展针灸治疗为主。吴老师说农村人民重活累活干的多,所以颈肩腰腿痛、腕肘关节疼痛很常见,这类疾病针灸治疗疗效明显。吴老师凭借着自己扎实的理论基础及实习见习时掌握的技巧为患者扎针缓解疼痛,每天前来针灸的人在吴老师诊室门口排起了长队。吴老说记得有一次一个40多岁的农民大哥在搬运重物时,肌肉配合不协调,使腰部肌肉、韧带受到强烈的牵拉而造成了急性腰扭伤,当时那位大哥疼痛剧烈,难以忍受,一起干活的几个人把他送到吴老师的诊室,寻求缓解疼痛的办法。吴老师看后,立马针刺后溪穴,留针10分钟后起针,那位大哥感觉疼痛减轻大半,紧绷的面容也渐渐舒展开来。吴老师说后溪穴为八脉交会穴之一,通于督脉,所以对腰部正中督脉线上的扭伤有疗效,此外,后溪穴又是手太阳小肠经的腧穴,手太阳小肠经与足太阳膀胱经脉气相通,所以后溪穴对腰部一侧或两侧足太阳膀胱经循行线上的扭伤也有良效,正因为后溪穴治疗腰扭伤的适宜部位较广,加之取穴方便,所以临床上用后溪穴治疗急性腰扭伤很常见。

学而后知其不足。吴老说初当医生,看病开方的时候往往认为开贵一点的药治疗效果会好一点,因此会忽略病人的经济负担。而下乡让他更清楚地认识到农村医疗卫生的真实情况,更深刻地感受到农民的疾苦。吴老师曾医

治过一个贫农李氏，患慢性胃炎，初诊时吴老师给她开了三剂药，药费一元多，服药后病情虽有显著好转，但她却再也不来看病了，之后碰见她时，问怎么不继续治疗？她说："医生虽然高明，但我吃不起药呀！"这让吴老师很是震撼。开的药，农民吃不起，这样又怎么能满足广大贫下中农的需要呢？至此之后，吴老师看病开方的时候会更多地考虑农民当前的实际情况和困难，尽可能从普、从便、从廉，在少花钱的基础上寻求一些治疗效果不错的药，尽可能为病人减轻负担。他深入研究，汲取古代医家的经验，常常用些小方小药为患者诊治，临床上也获得了不错的疗效。如在下乡期间，吴老师曾用三包"莱菔子散"治好一位乡亲多年反复发作的腹胀。直到现在，除了特殊疾病，吴老师临证仍力求精简，少用大方贵方，尤其是那种不讲究辨证，靠堆砌药物以"广络原野，冀获一兔"的方法，他提倡用药精灵，一味多用。

吴老师说在下乡期间，不分内外妇儿，只要是治病救人的活他们都干。在接受我们采访期间，吴老师提起曾给一个产妇接生的往事：那是12月的一个深夜，冷风瑟瑟，还飘着小雪，一阵急促的敲门声将熟睡中的他惊醒。门外是一位30多岁面色苍白的农民大哥，他焦急地搓着手，说道他家妇人要生了，本不愿打扰的，无奈近处请了个接生婆技术不行，折腾半夜无济于事。妇人快扛不住了，只好来求医生救命。吴老师是个中医内科医生，在此之前从未有过接生的经验，但是在危急关头，他没有丝毫的犹豫，心里只有一个念头——救人要紧。他迅速起身，拎上小药箱，在农民大哥的带领下冒雪摸黑赶到产妇家。到的时候，产妇已经面色苍白，大汗淋漓，疼得不停地哭喊。吴老师仔细查看，想到之前在学校学过的西医妇产科知识，发现并不是胎位不正导致胎儿一直不下，主要是产妇头次生产，难免比较紧张，宫口还没全开她就开始用力。吴老师一边努力安抚产妇尽可能帮助她克服恐惧，一边教产妇呼吸减痛法，指导产妇正确用力。1个多小时后，昏暗的房间里响起了一阵阵婴儿的啼哭声，吴老师这才放松下来，擦了一把头上的汗。可是，孩子虽平安降生了，胎盘却迟迟不下，吴老师非常着急，胎盘稽留不下容易大出血，如不及时处理，产妇随时会有生命危险。吴老师立马打电话向医院的妇产科老师求救，说明当时的情况，老师听完告诉吴老师应立马让产妇去解小便，果然不出所料，小便解完胎盘也下来了，吴老师紧绷的神经才放松下来。事后吴老师特地向妇产科老师请教，才得知其中的道理。吴老师说这是他第一次接生的经历，也是一次让他难以忘怀的经历。

吴老师回忆下乡期间他受过不少伤，有一次还差点送了命。那个时候，吴老师担任巡回医疗队分部的负责人，有一天夜里队里来了个眼部外伤急需手术的患者，恰巧驻扎地的无菌器械用完了，吴老师便骑着自行车急匆匆地赶去总部取无菌包。那是凌晨3点左右，夜很黑，当时两旁的道路上并没有什么照明的路灯，除了感受到冷风阵阵地吹着，除偶然一两声狗的吠叫，整个路上都是寂静无声的，吴老师拿着手电，摸黑骑行半个多小时赶到总部，取完无菌包后匆忙往回赶。在回去的路上，骑车下坡的时候，由于自行车太过老旧、刹车失灵，加上夜晚视线极差，吴老师不小心撞上了当地村民赶集的大板车，一瞬间整个人都被撞飞了，疼得爬不起来。他说当时他就躺在地上，全身上下都疼，但心里只想到要赶紧把无菌包送回去，病人还等着手术呢。也就是这样的念头让他咬着牙爬起来，忍着疼痛拿起无菌包，最后走回驻扎地。事后他躺了几天，身上多处挫伤，连同事都开玩笑说他命大。

忆起那段岁月，吴老师说在短短一年里他经历了很多，他和同组的医务人员出诊、防疫，不避艰辛，不问远近，坚持送医送药送技术上门。为了拯救危重病人的生命，也曾废寝忘食；有时甚至为了守候病人，一连几天几夜也不休息……诚如《大医精诚》中所云："凡大医治病，必当安神定志，无欲无求，先发大慈恻隐之心，誓愿普救含灵之苦。若有疾厄来求救者，不得问其贵贱贫富，长幼妍媸，怨亲善友，华夷愚智，普同一等，皆如至亲之想，亦不得瞻前顾后，自虑吉凶，护身惜命。见彼苦恼，若己有之，深心凄怆，勿避崄巇、昼夜、寒暑、饥渴、疲劳，一心赴救，无作功夫形迹之心。"吴老师一直坚持待人若至亲，疗疾更无私，高下贫富，一视同仁。

下乡的日子是极其忙碌和辛苦的，但吴老师从未放下学习，依旧发奋刻苦，朝夕攻读，他总说："医之基，在习文；医之精，在于勤。"言出必行，故每日劳作之余，吴老师都坚持看书，精研《黄帝内经》《难经》《伤寒论》《金匮要略》等中医经典，而后涉百家之言，从源到流。

1966年9月，吴老师结束巡回医疗的工作，回到浙江省中医院工作。吴老师说一年的下乡生活锻炼了他独立行医的能力，将许多在课本上学到的东西学以致用，让他得到迅速成长；同时下乡生活让他更加体会到劳苦人民的艰辛，生病了没钱看病、舍不得看病的现象比比皆是，为此他心里暗暗地下定决心，一定要努力学习本领，掌握更多的知识，当一名好医生，以此更好地服务社会，服务广大人民。

二、名医指点笃守业

吴老师从事临床工作五十余年，学术造诣精深，临证经验丰富，享誉国内外，他先后应邀赴日本、澳大利亚、新加坡、马来西亚、美国、德国、法国、荷兰等国家及中国香港地区讲学和参加学术交流。在浙江省可以称得上是中医出国会诊"第一人"。

吴老师早年受业于浙江省名老中医魏长春，曾随江南一代名医叶熙春学习数年，又侍诊于名医蒋文照先生左右，习读医籍，研考经旨，对各家学说兼收并蓄，冶于一炉，又吸收现代医疗技术，取长补短，自成一格；识症遣药，自出机杼。辨证施治，处方丝丝入扣，出险入夷吸取各家之长，融会贯通。

（一）师从于魏长春

魏长春，字文耀，慈溪魏家桥（今属余姚市）人，初学药业，旋学中医，继学中医，继拜浙东名医颜芝馨为师，1918年悬壶慈邑。魏长春从医60余年，临床经验丰富，医术精湛。早年以治疗外感时病为主，后又专攻内伤杂病，擅长诊治消化系统疾患及急重症，享有盛誉。

《素问·灵兰秘典论》云："脾胃者，仓廪之官，五味出焉。"在中医学上，认为脾胃乃"气血生化之源"，是"后天之本"，脾主运化而升清，胃主受纳而降浊。《叶天士医案》记载："脾宜升则健，胃宜降则和，太阴湿土，得阳始运，阳明燥土，得阴始安。"脾胃处于中焦，中焦如枢，升降有常，纳运有度，使诸邪无所生。如若脾胃升降失常，疾病就会发生。因此，魏老治病，首重脾胃。

魏老提出治疗脾胃疾病四大治则：①治疗脾胃病，必须从整体着手，切忌呆执成方，死搬硬套。②治疗脾胃病，毋忘疏通义，疏肝气能协助脾胃之气的升降。即便是虚证，亦必须"补中寓疏"，"疏中寓补"。魏老指出，肝胃相互关系甚密，肝病犯胃，可出现恶心干呕，脘痞不食，泛吐酸水诸症，临床用药时要特别注意气机的调理，因气行则血行，痰湿自化，诸恙皆失。③治疗脾胃病，毋忘升脾气。在升降失调的脾胃疾病中，气升不足较为多见。④治疗脾胃病，毋忘药平和。临床实践证明，治疗脾胃病，只有用药平和，才能保护胃气，否则，过凉则伤脾胃之阳，出现腹中冷；过热则伤脾胃之阴而灼痛；偏燥则耗津而口干、咽痛；偏润则碍运而胸闷胀满；太甜则中满泛酸，唯求平和药才不伤胃气[6]。

吴老师汲取魏老经验，不断反思改进，临证时崇扶正，首重脾胃。他认为，脾胃为后天之本，人体正气生化之源，胃以降为和，脾以升为顺，一升一降，升清降浊，则气血生化有源。如因各种原因致脾胃虚损，升降失常，则致"清气在下，则生飧泄；浊气在上，则生䐜胀"。脾旺则正气充盛，脾弱则正气不足，因此，内伤脾胃，百病由生[7]。诚如《脾胃论·脾胃虚实传变论》中所云："元气之充足皆由脾胃之气无所伤，而后能滋养元气。若胃气之本弱，饮食自倍，则脾胃之气既伤，元气不能充，而诸病之所由生也。"只有升脾气，谷气才能上升，元气才能充沛，致使生机旺盛，阴火自降，阴阳调和，气化正常。

而肿瘤患者，往往由于各种原因所致脾胃虚损，脾虚湿阻，脾失健运，导致气血津液的代谢失调，从而出现水湿停滞、痰凝、湿聚，致使机体机能降低。故吴老师临证，尤其是在肿瘤的治疗上尤其注重脾胃的调理，补虚、运脾、理气、化湿参合运用，提出了顾护胃气10法：益气和胃、降逆和胃、养阴和胃、行气和胃、疏肝和胃、消食和胃、化湿和胃、温中和胃、祛痰和胃、制酸和胃等[8]。常用太子参、党参、怀山药、白术、白茯苓、薏苡仁等淡渗利湿，健脾益气；炙鸡内金、谷芽、麦芽等健脾助运，资生化源，使气血旺盛，脏腑形体四肢百骸得养。陈皮、广木香、川厚朴、绿梅花、八月札等理中焦之气，又无伤及胃阴，如若胃阴亏虚，则须加生地、石斛、麦冬等养阴之品。

魏老对治疗肝病有独到的见解和丰富的临床经验，魏老指出治疗肝病首当辨证论治，急性肝炎以实证居多，以宣表、清热、化湿为法；慢性肝炎以虚中夹实为多，邪伏血分，当以调理肝脾，和顺气血为主；而肝病日久，病情较为复杂，既有气、血、食、湿诸郁阻遏的结聚，又因病久脏腑气血受损，正气虚衰，功能失调，成为本虚标实，虚实夹杂之候，当需祛邪扶正并进，理气与活血共进，不需软坚散结，逐水逐络，清利湿热，损其有余而补其不足，务使肝脏代谢功能改善[9]。

在魏老正确的扶正祛邪观念的影响下，吴老师在之后对肿瘤疾病的诊治中，结合肿瘤的特性，提出"一消二扶三平衡法"论治肿瘤，这是建立在对恶性肿瘤基本病机的认识上。吴老师认为，恶性肿瘤是由多种病理因素所致，是邪实与正虚夹杂的一类复杂疾病，强调邪深毒盛，正虚体弱。针对其特殊而复杂的发病规律，吴老师归结为气滞、血瘀、痰凝、火盛相互交结，

导致正气受损，气阴两伤，邪毒乘虚踞集而入，必然进一步阻滞气血津液流通，耗伤正气，致气愈滞、血愈瘀、痰愈凝、火愈结，因果相连，变证从生。而其病理关键在于邪深毒盛；正气不足是其内在原因也是其必然结果。"一消二扶三平衡法"从大的方面来讲就是祛邪与扶正、调理脏腑、平衡阴阳。强调祛邪在恶性肿瘤治疗中的主导地位，结合扶正，攻补并举，以期达到阴平阳秘。针对肿瘤这一比较复杂而病程又迂回曲折的病证，一消二扶三平衡法重视整体观念，"无虚虚""无实实"，做到既不伤正，又不助邪，不失为一个精确平稳而又有效的治疗方法。

（二）受教于叶熙春

吴老师曾跟随江南一代名医叶熙春学习数年。叶熙春，名其蓁，又字倚春，幼名锡祥。祖籍浙江宁波。1881年12月1日出生于杭州武林门外响水闸。幼年天赋聪颖。后经人推荐，得随当地名医莫尚古先生学习。叶老精通内科、妇科，对外感时证、内伤虚劳、痰饮、臌胀诸病均有独到见解，蜚声浙北。

叶老擅治痰饮，且多从脾肾两脏论治痰饮，强调内饮外饮之分。尝云"痰从脾阳不运而生，饮由肾寒水泛而成"；"脾阳虚为外饮，肾阳虚为内饮"；"外饮治脾，内饮治肾"，这些观点都来源于《金匮要略》，也多受叶天士的启发。同时还指出外饮、内饮，属脾、属肾，不仅是指病机病位的不同，更表示病情的深浅和轻重。如痰饮初成，脾虚湿滞为患，病浅而轻，为外饮，责之脾运不健；若饮病久发，外湿引动肾水，水泛为饮，病深且重，属内饮，咎之肾阳虚衰[10]。

吴老师在此基础上提出了治疗癌性胸腹水的独到见解，他参见《金匮要略》所书之饮证提出："饮"虽有痰饮、悬饮、溢饮、支饮之分，其本质乃痰饮一也。他认为居中焦的脾胃不但是水液代谢的枢纽，亦是痰饮形成的枢纽，故有"生痰之源"之谓，因而将癌性胸腹水的成因首先归为脾胃虚弱。症积日久，耗伤气血；五谷不馨，生化无源，气血不生，气伤则无法运化水湿，内停于横膈以上为胸水，以下则为腹水。故癌性胸腹水均可由"谷入而胃不能散其精"或"水入而脾不能输其气"，或水因气逆而流溢所致。故吴老师临证时坚持以健脾渗湿为总则来论治胸水和腹水。然后根据患者否接受其他治疗考虑以健脾为主，还是以渗湿为主，或以两者并重。

（1）健脾益气：若患者正在接受放化疗，或已经有利尿剂和穿刺抽水等治疗，更要以健脾益气为主，其原因在于西医的利尿往往使得大量正常体液和蛋白丢失，脾胃乃气血生化之源，此时需要集中力量振作脾胃之气以实正气，方以四君子汤加减主之。

（2）利水渗湿：对于积水较少尚未接受西医治疗，或者体质虚弱不能耐受穿刺及利尿的病人，他主张以利水渗湿为主，四苓散（白术、茯苓、猪苓、泽泻）加减常可获得良效。在诸多利水药味中，吴老师首先推崇车前子（或车前草），因其兼有利尿与补钾作用，可以避免因过度利尿而引起的低钾血症。其他如滑石（吴老师常用六一散，其主要成分即为滑石）、龙葵、蟋蟀、防己亦是常用之品。胸水伴咳嗽、咳痰胸闷气急者用三子养亲汤，腹水伴腹胀明显者则加以大腹皮利水消肿，兼以扶正。

（3）健脾渗湿：几乎所有患者均适用此法。健脾渗湿法包含两层含义：一则，所选药物兼有健脾与渗湿双重功能，诸如白术、茯苓之属；再则，健脾与渗湿功能分开的药味，如党参、太子参、山药能益气健脾而无明显利水功能；车前子、滑石、龙葵、金钱草等利水作用较强而健脾作用或弱或无。临床以健脾渗湿论治时可结合上述两种情况，即健脾、渗湿及健脾渗湿药物一起用，以达到消除胸腹水的目的[11]。

（三）学习于蒋文照

吴老师也曾向蒋文照老先生学习数年。蒋文照，1925年10月4日出生于浙江省嘉善县，系首批全国五百名国家级名老中医药专家，国内著名脾胃病专家，师从晚清御医陈莲舫再传弟子嘉兴名医徐松全，蒋老从事中医临床、教学工作60余载，临证经验丰富，理论造诣精深，医德医风声誉远播，深受广大患者的信赖和好评。

蒋老临证注重气之为病，倡言浊邪致病，独匠心具。蒋老指出：气之为病，临证极为广泛。《素问·举痛论》说："百病皆生于气。"蒋老甚赞此说，临证辨治，注重气分病证，喜用气分方药。曾云：就气分本病而言，证有气虚、气滞、气逆、气陷之异，治有补益、行气、降逆、升提之别。而气之与精、血、津液、脏腑、经络关系密切，他病之中，常见气分受累。故辨证着眼气分，治则不离乎气。他认为，气分病变有虚证，亦有实证，即使气机郁滞之因，亦有虚有实，或缘气虚温运无力；或因情志所伤，病邪阻滞。故宣畅气机，非限行破一端。如脾胃病证，病中满者，常由气虚之故，气虚不能运行，则气滞而满；气不能行水，则湿阻而满；气不能消谷，则食停而

满。古方之中，补而行之者，不乏其例。如脾胃气虚而滞，宜五味异功散；脾气下陷，滞而不升者宜补中益气汤；元气大虚，气化不行而痛，宜十全大补汤等。皆补以行气之法，要在补中有运，行而不滞[12]。

《难经·八难》曰："气者，人之根本也。"吴老师亦指出气是构成人体和维持生命活动最基本的物质，对人体具有十分重要的作用。且气病与脏腑的关系也非常密切，气来源于脾肾，出入升降治节于肺，升发疏泄于肝，帅血贯脉而周行于心，所以脏腑一旦受病，就会直接或间接地反映出气的病理变化，出现不同的气病症状。因此，吴老师在临床上十分重视益气。

"阴"在中医学上是构成机体的重要物质，体液及其他精微物质都属于其范畴。津液是人体生命活动的物质基础，在体内保持着动态平衡，津液的充足与否是维持正常生理功能的一个重要因素。它分布于四肢百骸，有滋养肌肉，充养皮肤，滋润脏腑黏膜，涵养脑髓、骨骼的作用。吴老师认为肿瘤是一种消耗性疾病，肿瘤之疾，发展过程长期而缓慢，暗耗气血津液，又或脾胃虚弱，气血生化乏源，又或伴热毒伤津，又或放化疗之热毒损伤，故而阴虚乃常证，"留得一分津液，便有一分生机"，但凡舌苔不厚腻者均可采用养阴为治疗之大法。但纵观吴老师养阴之用药，均为甘凉平补、清轻灵动之品，绝无紫河车、阿胶、鹿角胶、龟甲胶等血肉有情之品养阴养血，因其偏温且又滋腻有碍于胃也。甘凉平补之品，味薄可常用久用，既不留寇又不滋腻，可谓细水长流。加上吴老师补阴往往与渗湿药相结合，以防闭门留寇，又可使体内阴液流动，有进有出，清阳上升，浊阴下流，实为"流水不腐，户枢不蠹"之意也[13]。

吴老师指出，益气能提高和振奋机体的各方面功能，提高抗病能力；养阴是补充维持机体正常生命活动的物质基础；但更主要的是根据阴阳的偏盛偏衰来调整人体阴阳、气血、脏腑和经络等各方面的功能，使人体达到一个新的动态平衡，这就是肿瘤病人为何立法"益气养阴"的依据。

"古之学者必有师。师者，所以传道受业解惑也。人非生而知之者，孰能无惑?惑而不从师，其为惑也，终不解矣。"吴老师总说："我能有今日小小的成就，离不开老师们的谆谆教导。"吴老师学医，谦虚好学、勤访良师，得其径而知其妙，汲取各家之长，融会贯通。秉承师意，治学严谨，朝夕攻读，精研岐黄，普施仁术。

吴老师曾说，各位老师除了在学术上对他指导颇多，更是教了很多为人之理、为医之道。老师们每每教导"为医首重于德""医乃仁术，医者仁心""医先德而后学问"，吴老师均时刻铭记于心。老师们还时常拿古今名医的成长历程来告诫吴老师，正如医圣张仲景，"感往昔之沦丧，伤横夭之莫救"，乃"勤学古训，精研岐黄"；药王孙思邈，淡泊名利，乐居穷乡僻壤，多次辞官不受，"誓愿普救含灵之苦"……

古云："进则救世，退则济民"，近代名医张锡纯也说："人生有大愿力，而后有大建树。一介寒儒，伏处草茅，无所谓建树也，而其愿力固不可没也。老安友信少怀，孔子之愿力也；当令一切众生皆成佛，如来之愿力也。医虽小道，实济世活人之一端。故学医者，为身家温饱计则愿力小；为济世活人计则愿力大。"从医贵在重德，德才兼备，始能医技日进，学有所成，普济万民。老师们的谆谆教诲，实不敢忘。吴老师秉承师意，重德修身，几十年来他一直急病人之所急，想病人之所想。临证仔细认真，一丝不苟，全心全意为病人服务。

三、专攻肿瘤终成业

中华人民共和国成立后，我国取得了第一次卫生革命的决定性胜利，疾病谱发生了根本变化。传染病、寄生虫病的主导地位已经被心脑血管病、恶性肿瘤等慢性非传染性疾病所取代，尤其是恶性肿瘤对人类健康的危害性日渐突出，"恶性肿瘤""癌症"这些词在当时基本上就是绝症和死亡的代名词。

一方面，恶性肿瘤的发病率和死亡率在世界范围内普遍提高，据相关文献报道，1966～1967年欧洲国家肺癌死亡率比16年前，男性增长0.78～2.04倍，女性增长0.4～1.15倍；而在亚洲的日本肺癌的死亡率男性增长4.86倍，女性增长3.76倍，较欧洲诸国增长较快；我国上海市肺癌的死亡率1965年为15.75/10万，1974年为27.02/10万，9年间增加1.1倍；北京市城区1958年调查为7.9/10万，1975年为19.5/10万，17年间增长近1.5倍[14]。另一方面，当时对于肿瘤的治疗手段有限，手术、放疗和化疗为当时治疗癌症的三大方法。然而手术的局限性和并不十分成熟的放化疗技术未能明显延长癌症病人的生存时间，加上伴随放化疗带来的骨髓抑制、消化道反应、放射性炎症等副作用使癌症患者的生存质量明显降低。据报道，1974年对全国11个地区21个医疗机构3254例原发性肝癌患者的临床分析发现2141例治后半年生存率22.5%，治后一年生存率8.6%，治后平均生存期为4.18月（包括随访时仍生存的少数

病人）[15]。1978年陈秀勇等人的研究表明：当时肺癌诊断明确的80%的病例是达不到手术切除指标的，肺癌经手术治疗的五年生存率也仅为5%，而经放疗和化疗治疗的病例的5年生存率更是低于手术治疗病例。联合治疗的临床结果如下：放疗联合化疗共49例病例，半年生存率为76%，1年为48%，2年为19%，平均生存期为12.6月[16]。从某种程度上可见，当时的医疗水平和科学技术条件，并不能明显延长恶性肿瘤患者的生存期。日益增长的发病率和居高不下的病死率，以至于人人谈癌色变。医生诊治癌症，每感踌躇棘手，爱莫能助；患者听到癌症，总是备感绝望，闻而生畏。

当时在群众中比较普遍地流传着这样一种看法：认为癌症似乎是最近一二十年内才出现的一种绝症。但是事实并非如此。人类与各种肿瘤斗争的历史，已经有数千年之久了。例如，在埃及、希腊、印度及俄罗斯等国的古代文献中，都能找到有关肿瘤的记载。在一些埃及的木乃伊中还曾发现骨癌症状。"瘤""癌"等症见于我国古代文献记载为时更早，早在3500多年前的甲骨文中即记有"瘤"的病名。如在《说文》、《尔雅》、《正字通》等书上记载：肿是痈，瘤是流，因血流聚所生肿瘤。并说瘤是息肉；瘤疣二病，似同实异，与肉皆生为疣，病而渐生为瘤。可见当时已认识到息肉、赘疣与肿瘤有着密切的关系，而气血流聚所增生的组织则是肿瘤发生的原因。《周礼》中记载："设疡医士八人，掌肿疡、溃疡、折疡之祝药（外敷药）剧杀之齐（腐蚀的药剂）。"说明我国远在公元前十二世纪的周代已认识到肿疡、溃疡、疮疡等不同，其中所说的"肿疡"有可能包括恶性肿瘤在内；在《黄帝内经》中有"石瘕""肠覃""息肉"等类似肿瘤症状和名称的描述，至后代医籍中有关肿瘤的论述则更为丰富，如对乳岩、阴疮、肠蕈、蚕唇、失荣、舌菌、肾岩翻花等的相关记载。如果仔细地学习历代医家的精湛著作，不仅可以清楚看到他们在肿瘤名称和症状上有极其形象而确切的描述，而且对各种肿瘤的发病原因、病理机制、辨证论治、病程和预后等方面都有许多宝贵的论述。由此可见，从古至今，肿瘤一直是严重影响人们健康和威胁人类生命的疾病之一。

1965年吴老师从中医学院毕业后被分配到浙江省中医院工作，在临床工作中，吴老师发现肿瘤病人其实并不少见，在他接触的病人中有相当一部分是肿瘤患者，尤其是中、晚期肿瘤病人，病人的痛苦、呻吟，家属的哭泣声，以及他们对生命的渴望……这一切都让吴老师感慨万分。吴老师常说："不为良相，宁为良医"，"医乃仁术，医者仁心"，"先有医德，方才医人"。因此为了尽可能地减轻患者的痛苦，提高患者生活质量，延长其生存时间，吴老师毅然而然地选择了肿瘤疾病的临床、科研与教学。吴老师认为："功善百术莫如专攻一艺"，遂重点专攻肿瘤疾病，由博返约。

1967年周恩来总理提出了加强肿瘤、冠心病、消化病研究和治疗的方针。1969年11月，第三届全国肿瘤会议召开，会议传达了周恩来"应研究根治办法"的指示，激起了全国开展肿瘤普查的热情，并在会上宣布全国肿瘤防治研究办公室成立，之后28个省市自治区及肿瘤高发的地区也相继成立了肿瘤防治办公室，形成了全国肿瘤研究与防治试点相结合的统一的指挥系统，使肿瘤防治事业成为一个联系紧密的体系。就是在这样的社会大背景和现实情况下，为了积极响应国家和党的号召，吴老师更加坚定了其致力于从事肿瘤专科的信念。

中华人民共和国成立初期，中医药事业的发展遇到一些迟滞和较大的阻力。曾有些学者发表文章，认为中医是"封建医"，应该随封建社会的消亡而消失。此种论调得到部分人的认同，他们在实际工作中对中医采取了轻视、歧视甚至排斥的做法。这一时期，有关部门颁布的一些规章制度要求过苛、不合实际，限制了中医的发展。这一现象引起毛主席的重视，毛主席指出继承发扬中医药事业，动员广大中医生积极投身于新中国医疗卫生工作，纠正排斥中医药的做法是弘扬中国传统文化和发展卫生事业的大问题。为此，毛主席创造性地提出了一系列指导原则，早在1950年，毛泽东就为第一届全国卫生会议题词："团结新老中西各部分医药卫生工作人员，组成巩固的统一战线，为开展伟大的人民卫生工作而奋斗！"题词提出要建立各部分医药卫生工作人员的统一战线，其中就涵盖了中西医的团结。1958年毛泽东提出对中医药发展影响深远的著名论断："中国医药学是一个伟大的宝库，应当努力发掘，加以提高。"之后，党和国家大力提倡运用近代科学的知识和方法来整理和研究中医中药，创造中国统一的新医学新药学。并把中西医结合定为卫生工作四大方针之一，指出中医和西医是在不同历史条件下劳动人民同疾病斗争中积累的经验，各有所长，各有所短，彼此都不能取而代之。其发展方向应该将中西医有机结合，取其精华，去其糟粕，加以深化提高。

经过长期的临床实践，吴老师进一步认识到中西医治疗肿瘤各自的长处和不足。他认为，虽传统医学和现代医学的治病方法和理论依据有着较大的区别，但传统医学和现代医学治疗的目的都是使人体恢复健康和解除病痛。中西医互补，能取长补短，提高治疗效果，也更容易为病人所接受。就拿当

时肿瘤的治疗方法来说，当时西医对肿瘤的治疗，尤为着重于局部和外因，用化疗、放疗或手术来治疗肿瘤，特别是化疗，操作比较简便，近期效果也较好，所以在临床应用也比较广泛。但化疗药物大多含有一定毒副作用，不能大剂量长期使用，且并不是所有患者都适用。而手术切除也受技术条件及病人身体状况、肿瘤的类型分期等因素限制；放疗除受设备条件限制外，大量长期放疗也不易为病人所接受。西医疗法治疗肿瘤一定程度上见效较快，然而在治疗过程中常常给患者带来较大的损伤，对病人整体影响较大，随后有复发或转移的也不少见。这是现代医学在治疗肿瘤过程中的不足。而中医对肿瘤的治疗，尤其着重于整体和内因，中医主张辨证论治，强调天人合一，根据病情有攻有补，或攻补兼施，或先补后攻，或先攻后补等，从病因出发使用活血化瘀、清热解毒、软坚散结、行气止痛等方法，扶正祛邪。经用中医治疗的患者精神胃口大多数有所改善，痛苦也能够减轻。但是中医疗程较长，有些患者肿块无明显缩小或缩小得很慢，有的也有反复。而且处方给药方法上也比较烦琐，患者又常因药物味道难以入口，或服药后胃脘不适，不能坚持服药从而影响治疗效果。为了更好地诊治肿瘤疾病，吴老师苦心钻研，深研医理，习读国内外医籍，将科学理论与临床实践相结合，汲取中西医之长，融会贯通，立志于在诊治肿瘤疾病上有自己的一番建树。

吴老师认为，对于肿瘤治疗，总的治疗原则在于扶正抗癌，在顾护人体正气的同时祛邪抗癌。他指出，恶性肿瘤本质上是一种本虚标实的慢性、全身性、消耗性疾病，其本虚多为气血不足、脾肾虚损或阴阳偏颇。正如《黄帝内经·素问》中云："正气存内，邪不可干；邪之所凑，其气必虚"，因此他常说"扶正乃治本之法""养正有助于消积"，临证更是时时不忘扶助正气，组方用药将扶正培本贯穿治疗始终，扶正以祛邪。同时在治疗时，不但要扶正补虚培其本，也要注重祛邪抗癌治其标，应把扶正和祛邪灵活贯穿于整个治疗过程中。吴老师指出癌症和恶性肿瘤初期多以祛邪为先，中期应攻补兼施，晚期宜扶正为主。恶性肿瘤的邪实不外乎热毒、痰凝、气滞、血瘀等因素，因此，祛邪抗癌常采用清热解毒、化痰软坚、行气化癥、活血化瘀、攻毒逐水等法。但临证尚须根据病情、病位、患者的体质等辨证论治，病证结合，以邪去为度，中病即止，同时尽可能选用现代药理研究证实具有抗癌活性的药物，争取做到一药多用，才能发挥更好的疗效。

吴老师从事肿瘤临床及教研近50年，博采众长，学贯中西，师古创新，擅长中西医结合治疗肿瘤，尤其是对肺癌、肝癌、胃癌等恶性肿瘤的治疗颇有建树。

肺癌在中医学上属于"肺积""息贲""息积"的范畴。吴老师认为，肺癌的发生多责于正气虚损和邪毒内侵，正气虚损，阴阳失调，邪毒趁机袭肺，邪滞胸中，肺气愤郁，宣降失司，气机不利，血行受阻，津聚成痰，痰凝气滞，瘀阻脉络，于是痰气瘀毒胶结，久而形成肺部积块。因此，肺癌是因虚而得，因虚致实，是一种全身属虚，局部属实的疾病，虚以阴虚、气虚为主，实则不外气滞、血瘀、痰凝、毒聚。故而在治疗上，吴老师始终坚持扶正祛邪，分阶段用药。肺癌早期，邪实正不虚，驱邪为主要矛盾，应当以手术切除为要，并配以中医药治疗；肺癌中期，邪正相争，势均力敌，宜力争手术切除，或其他减瘤治疗（如放疗、化疗、热疗、介入治疗等），再投以中医药；而对于晚期，邪实正气大亏，则以中医药为主，必要时辅以化疗、放疗，手术、放疗、化疗前后，均给以中医药扶正培本，以期减少并发症和毒副作用，并完成疗程[17]。

原发性肝癌病变恶化较快，对放疗、化疗不敏感，易复发转移，且常常诊断时已属晚期，预后较差。吴老师认为本病最主要的病机在于肝郁脾虚、阴虚热毒，对于本病的治疗，吴老师认为中西医结合治疗是其大法。他强调治疗肝癌首先应予最大可能地切除，而对于手术无法切除的中晚期肝癌，可选用经导管动脉栓塞化疗（TACE），热疗，冷冻，射频，微波治疗，超声刀等治疗，导向和诱导分化治疗，全身化疗等带瘤生存的治疗。对于中医药治疗肝癌，吴老师指出当以疏肝健脾、养阴清热、解毒散结为主导，同时强调疏肝必须利胆，据正、邪、虚、实不同程度而予以不同的中医药治疗。对于肝癌初期未手术者，或术后复发或转移者，但体质尚可，吴老师常予疏肝健脾、养阴清热、解毒散结之法治疗，以一贯煎为主加减；对于晚期肝癌有全身转移，或已行手术、介入治疗复发，尤其出现肝功能异常、恶病质，则其治疗宜攻补兼施或扶正为主、祛邪为辅，以期提高生存质量，带瘤生存[18]。

对于胃癌，吴老师认为胃癌患者首责之于脾胃，"中焦如枢"，胃以降为和，脾以升为顺，一升一降，升清降浊，则气血生化有源。若因各种原因致脾胃虚损，升降失常，则致"清气在下，则生飧泄；浊气在上，则生䐜胀""脾胃之气既伤，元气不能充，而诸病之所由生也"[19]。故在治疗上，吴老师临证每每根据肿瘤患者在手术、放疗、化疗前、中、后期的不同证候和体质变化，在治疗主证的同时加入顾护胃气的药物，提出了顾护胃气10法，即益气和胃、降逆和胃、养阴和胃、行气和胃、疏肝和胃、消食和胃、

化湿和胃、温中和胃、祛痰和胃、制酸和胃[20]。

第二节 中医殿堂遇甘露

一、熟读金匮与伤寒

吴老师博览群书，孜孜不倦，对经典更是甘之如饴。特别是张仲景的《伤寒杂病论》，吴老师被其辨证论治的思想深深吸引，对于其中以整体观念为指导，调整阴阳，扶正祛邪等思想更是大加赞赏。在认真学习《伤寒杂病论》后，吴老师认真总结其思想方法，通过临床实践，在继承前贤学术思想和诊治经验的基础上，将其思想进一步发扬，形成了自己独特的遣方组药经验，并广泛应用于临床。

（一）辨证论治，灵活用药

《伤寒论》首先发展并确立了中医辨证论治的基本法则。张仲景把疾病发生、发展过程中所出现的各种症状，根据病邪入侵经络、脏腑的深浅程度，患者体质的强弱，正气的盛衰，以及病势的进退缓急和有无宿疾（其他旧病）等情况，加以综合分析，寻找发病的规律，以便确定不同情况下的治疗原则，系统地分析了伤寒的原因、症状、发展阶段和处理方法，创造性地确立了对伤寒病的"六经分类"的辨证施治原则，奠定了理、法、方、药的理论基础。其次《伤寒论》被后世医家尊为"方书之祖"，记载方剂113首，其中的大部分方剂仍然被后世广泛地应用于临床，取得了骄人的成果，不仅为后世医家确立了组方原则，而且在遣方用药时强调灵活变通成为"活方活用"的典范。纵观整本《伤寒论》，不难发现，仲景组方用药始终强调的原则是重病机、抓主证。辨"证"是立"方"之本，"方"是"证"的归宿，《伤寒论》用药基本原则是根据主证来制订主方，而主证所反映的本质则是病机本身。在确立主证的基础上，对病机进行层层分析，理清病机转化，在顺逆之间，随证变方。抓主证，是为了针对病机制订主方，而有一证则会有其相对证的治则处方，即方证相对或称方证相应。如表寒虚证的桂枝汤，表寒实证的麻黄汤，里热实证的白虎汤、承气汤，少阳病偏表的柴胡汤、少阳病纯里的黄芩汤，太阴病的理中汤，少阴病的四逆汤，厥阴病的乌梅丸等，皆为各经之主方。为了表明自己组方抓主证的原则性，仲景甚至把许多证型直接概括为某某汤证，如"桂枝加桂汤证""小青龙汤证"等。在辨证论治的过程中，方证的运用实际反映的是病机的异同，仲景辨证论治，遣方用药，无不遵从经旨，讲究辨证抓纲，充分体现"同病异治"与"异病同治"的特色。仲景《伤寒论》六经病各有一条主证作为提纲，如太阳病篇"太阳之为病，脉浮，头项强痛而恶寒"，即只要出现上述主证皆可归类为太阳病，其余五经均以此类推，主证之意昭然若揭。由此可见，重病机、抓主证成为仲景立法组方的基本原则，使后世医家不仅能从复杂的病变中找出其共同的规律，也能从相似的证候中找出其不同病机。从表面上看，似乎一方可治多病，或又有一病可用数方，细究其遣方用药的思路不难发现，抓主证、重病机自始至终都是仲景组方思想的精髓所在。吴老师在临床诊治中，遵循着选方用药的原则性，在理清病机之后总能适当地随证选方，抓住疾病发生过程中的主要矛盾，重病机，抓主证。

由于疾病始终处于不断的发展变化之中，故仲景在重病机、抓主证立法设方的基础上，强调重视病机的动态变化，在辨识主证，设立主方的基础上，注意随证加减，主张方随证换、药随症变，充分体现变、辨、活的思想精髓。通过对《伤寒论》方的系统分析可知，仲景立方精而不杂，主方皆依六经病主证而立，其余各方皆是在主方基础上灵活变通、随证加减而得。定方变药是指当主证不变，兼证发生变化时，仲景根据病情的变化，在主方基础上对药味进行加减以适应病情变化的需要。如太阳中风证，用桂枝汤调和营卫，解肌发汗，若发汗后，汗漏不止，则属卫阳不固，在桂枝汤的基础上加附子以扶阳固表，形成桂枝加附子汤；若风寒外束，太阳经气不利，兼项背拘急不舒者，加葛根升津舒筋、散经俞之邪，形成桂枝加葛根汤；若太阳中风兼有气逆作喘时，加性温而宣肺利气的杏仁、厚朴，变为桂枝加厚朴杏子汤；若太阳病误下，表邪未解而胸阳被遏者，去芍药以利桂枝通阳，成桂枝去芍药汤。

吴老师在诊治疾病中，在遵循谨守原则的基础上，善于药随证转，灵活加减。肿瘤作为现代多发疾病，在临床上，吴老师总是能在遣方用药时灵活变通，将《伤寒论》中的方药运用于肿瘤病的治疗中，取得惊人的疗效，例如，一个病案中，患者，男性，80岁，因1月前无明显诱因下出现上腹部胀痛，伴腰酸明显，纳减，口苦伴乏力明显。至当地医院就诊，查肿瘤标志物提示：CA199：6987U/mL，癌胚抗原（CEA）：74.69ng/mL。胆红素轻度升高。腹部CT提示：胰头部占位（42mm×59mm），癌首先考虑，胰管扩张；肝内多发小囊灶；左肾囊肿。临床诊断：胰腺癌晚期。初诊：心下胀痛，按

浙江中医临床名家·吴良村

之则痛，精神萎靡，胃纳欠佳，便秘，1月内体重减轻5kg，稍有咳嗽，咳白痰，舌红苔黄腻，脉弦。吴老师主方予小陷胸汤加味，清热化痰消积。药用瓜蒌仁15g，竹沥半夏15g，黄连5g，蛇六谷（先煎）30g，蛇舌草30g，白豆蔻（后下）9g，绞股蓝15g，没药5g，生谷芽30g，枳实15g，炙甘草5g，7剂，水煎服，日1剂。三剂后，患者主诉上腹不适减轻大半，大便顺畅，此后胃纳渐佳，精神逐渐好转。

病人出现了口苦，纳差，脉弦等似小柴胡汤证的情况，很多柴胡派的医家，会错误地认为是柴胡证，但见一证便是，不必悉具，而其不知仲景此意是想说明小柴胡汤证多变化多端，不必拘泥，但是绝对不能只查症，而舍弃病机用药。吴老师认为胰腺癌腹痛多为上腹，与小结胸病痰热互结正在心下，按之则痛的病证极为相似，且胰腺癌初诊时多为邪气实而正不衰，此时正是正邪交争之时，不可轻易使用带有人参的小柴胡汤。胰腺属于消化器官，必顺应脾胃升降相因规律，其治亦要围绕辛开苦降，使得中焦气机顺畅，此三点切合病机，吴老师在诊治这位病人中，以小陷胸汤清热涤痰，宽胸散结，同时根据患者症状的特殊性，予以加味，充分体现了吴老师在临床诊治中原则性与灵活性的结合。吴老师临床诊治时在遵循用药原则的前提下，根据患者病情随证加减，方随证换、药随症变，充分体现了他对《伤寒论》组方遣药思想的灵活运用。

（二）重视传变，未病先防

治未病的概念首见于《黄帝内经》，而张仲景《金匮要略》更是用条文的方法将其具体化，未病先防、欲病救萌、既病防变、病后防复的治未病原则是对《黄帝内经》中"治未病"思想的继承和发展。"未病先防"，《素问·四气调神大论》载"是故圣人不治已病治未病，不治已乱治未乱，此之谓也。"告诫医师和患者，应重视未病先防。未病先防也自此成为治未病的重要组成部分。而《金匮要略》则对本思想做出了必要的补充。如《金匮要略·脏腑经络先后病》中记载"若人能养慎，不令邪风干忤经络。适中经络，未流传脏腑，即医治之。四肢才觉重滞，即引导、吐纳、针灸、膏摩，勿令九窍闭塞。"这强调疾病是可以通过自身调节、均衡饮食、起居有节或其他人为的外在因素作用下达到五脏元真通畅，使抵抗疾病的能力得到强化，以致外邪不至于侵入经络。即便是一时不慎，邪气侵入人体，只要身体强壮，侵入到经络部分病势较轻，则预后好。如四肢困重便可采用"引导、吐纳、针灸、膏摩"的方法治疗，这些方法能够很好地防止疾病的恶化和传变，并且起到很好的未病先防作用。同一篇中原文"房室勿令竭之，服食节其冷、热、苦、酸、辛、甘，不遗形体有衰，病则无由入其腠理。"这是一种养身防病的原则，提示人们要节制房事，平衡饮食和起居，才能防备疾病，使身体强壮，一切致病因素无法侵袭。将未病先防的概念具体化，细化了养生防病的部分内容。如论发病机制，既要重视内因五脏元真通畅，又不能忽视外因客气邪风中人，故养身防病，需要内养正气外避邪气。《金匮要略》已经把养身防病的理论运用到实践中，并做出了很大的贡献，这也是未病先防的重要范畴。"欲病救萌"，《素问·刺热》原文记载"肝热病者……病虽未发，见赤色者刺之，名曰治未病。"从中可知，疾病初发，就要及时采取措施积极治疗，这也是"治未病"的范畴。《金匮要略·疟病》原文记载"疟脉自弦，弦数者多热，弦迟者多寒。弦小紧者下之差，弦迟者可温之，弦紧者可发汗、针灸也。"脉"弦紧"是同类脉象，均是感受寒邪所致。本条将"发汗"与"针灸"法并列可知针灸亦能宣散在表之邪用于病位浅表之证。再者，疟疾发作有时，在发作之前即用针灸治之亦有"欲病求萌"的"治未病"思想。《金匮要略·奔豚气病》原文中"发汗后，烧针令其汗，针处被寒，核起而赤者，必发奔豚，气从少腹上至心，灸其核上各一壮，与桂枝加桂汤主之"和"发汗后，脐下悸者，欲作奔豚，茯苓桂枝甘草大枣汤主之。"这里所说的都是奔豚病发作之前或刚好发作的治疗方案。其中桂枝加桂汤配合灸法和茯苓桂枝甘草大枣汤都是"欲作奔豚"而使用的治疗方案体现了"欲病救萌"的"治未病"思想，直接把疾病扼杀于萌芽阶段。如《金匮要略·脏腑经络先后病》中记载"适中经络，未流传脏腑，即医治之。"倘若不慎让邪气入侵到人体经络，要尽早医治，避免其更深地入侵脏腑，这体现了"既病防变"的思想。最典范的条文当属《金匮要略·脏腑经络先后病》中的"见肝之病，知肝传脾，当先实脾"，本条看似简单实有丰富的内涵。依据五行生克制化的原理，一者阐述肝病传脾的基本规律，二者提示临证时要注意已病防传是肝实则易传，虚则不易传。如见肝实之病，应最先认识到肝病最易传脾的特点。《素问·五运行大论》中载"气有余，则制己所胜而侮所不胜。"故治肝的同时要注意调补脾脏，达到治未病的效果，使脾脏正气充实，防止肝病蔓延。如果脾气本旺，则不必实脾，说明治未病是建立在明辨虚实的基础上，再加以灵活运用的。本条文对后世的方药及肝病的治疗方法产生了深远的影响，譬如在用苦寒药泻肝的时候，应

浙江中医临床名家·吴良村

避免太过而损伤脾气。"病后防复",即病后通过采取各种措施,防止疾病的复发。如《金匮要略·脏腑经络先后病》中载"五脏病各有所得者愈,五脏病各有所恶,各随其所不喜者为病。"要根据五脏的特性,近其所喜,远其所恶,适当用药,呵护调节,做好疾病后期的善后治疗与调理,方能巩固疗效,防止疾病复发,以求根治。如《金匮要略·痉湿暍病》载"湿家身烦疼,可与麻黄加术汤发其汗为宜,慎不可以火攻之。"本条文是论寒湿表实证的论治,表证当以发汗治疗,但是湿邪不宜大汗只需微微出汗即可。麻黄汤配伍白术能并行表里湿邪,内外同治,防止因为大汗而存体内湿邪,又可防止火热内攻,与湿相结合引起发黄、衄血等变证。

吴老师将《金匮要略》中未病先防、欲病救萌、既病防变、病后防复的治未病原则,进一步传承和发扬在肿瘤疾病的防治中。吴老师认为肿瘤患者往往由于脾虚湿阻,脾失健运,导致气血津液的代谢失调,从而出现水湿停滞、痰凝、湿聚,致使机体机能降低。故吴老师在肿瘤的治疗上首重脾胃,特别是现代医学用手术治疗肿瘤,已成为规范和主要手段。手术治疗方法让患者获益的同时亦致气血两伤。脾胃为气血生化之源,因此重视脾胃就是重视气血,从而防止手术导致气血两伤。吴老师重视脾胃不仅仅表现在治疗的方面,也表现在防病的方面。

叶天士是公认的深受《金匮要略》影响并得以很好运用的医家。其根据此传变规律,提出了"务在先安未受邪之地"的防治原则,主张在温病伤及胃阴时,其病发展趋势将会损耗肾阴,所以主张在甘寒养胃阴的方药中加入咸寒滋养肾阴的药物,防止肾阴的损耗。吴老师将这一思想融入肿瘤的治疗中,肿瘤之疾,发展过程长期缓慢,暗耗气血津液,又或脾胃虚弱,气血生化乏源,又或伴热毒伤津,又或放疗、化疗之热毒损伤,故而阴虚乃常证,"留得一分津液,便有一分生机",但凡舌苔不厚腻者均可采用养阴为治疗之大法。吴老师养阴之用药,大多甘凉平补、清轻灵动之品,正是既病防变的思想,防止癌病患者出现身热头痛、面红目赤、口干咽燥、五心烦热、尿黄便干、舌红苔薄黄、脉弦数或细数等症状。却少使用紫河车、阿胶、鹿角胶、龟甲胶等血肉有情之品养阴养血,因其偏温且又滋腻有碍于胃,而且滋腻之品会助湿,可能导致癌病的复发。药之功效有补有泻,他认为手术后,放疗、化疗后正气受损,脾胃功能虚弱,宜用平补,平补不会影响人体阴阳的失衡,可以常用久用。在非治疗阶段,在扶正同时可以增加清热解毒、软坚散结、活血化瘀之品,达到邪去正自复之效,正所谓病后防复,这说明他在研读《金匮要略》后对于其中的防治原则有着自己独特的见解。

二、东垣学说脾胃论

李东垣，名杲，字名之，晚号东垣老人，始创"脾胃学说"。李东垣根据《黄帝内经》"人以胃气为本"和"五脏六腑皆禀气于胃"等理论，并结合临床医案，阐述了脾胃生理特性、病理变化，提出了"以脾胃为元气之本，脾胃为气机升降枢纽"和"内伤脾胃，百病由生"的病机理论，形成了相对系统的脾胃内伤病的理论体系，并于1249年著其代表作《脾胃论》。《脾胃论》的核心学术思想是强调了脾胃在人体生命活动中的重要性，认为疾病发生的根本原因在于脾胃功能的失常。因此李东垣认为从脾论治疾病，可获得明显的疗效，对于脾胃内伤疾病的辨证论治，李东垣在治疗上总以培土补中、甘温除热、甘寒泻火为原则，对后世医家影响很大，在临床各系统疾病中应用广泛，对临床治病、防病及病后防复具有很好的指导作用。尤其是《脾胃论》的学术思想对于我们认知恶性肿瘤的病因病机及治疗亦有着很好的指导作用，提供了更多有效的关于恶性肿瘤的诊疗思路。吴老师在学生时代就研读《脾胃论》及其他医学专著，遵循《脾胃论》的学术思想，从脾胃论治内科瘤病，对其在今后恶性肿瘤的临床治疗和科研实践中都存在着重要的指导作用。

（一）尊崇《脾胃论》之理论

李东垣在《脾胃虚实传变论》中提出"历观诸篇参考之，则元气之充足，皆由脾胃之气无所伤，而后能滋养元气。"可见脾胃为元气之本，是人体一切生命活动的能量来源。"真气又名元气，乃先身生之精气也，非胃气不能滋之。胃气者，谷气也，荣气也，运气也，生气也，清气也，卫气也，阳气也。又天气、人气、地气，乃三焦之气。分而言之则异，其实一也，不当作异名异论而观之。"李东垣在《脾胃虚则九窍不通论》中详细阐述了胃气与元气的关系。他强调了脾胃对元气影响的重要性，脾胃功能正常是元气充足的必要条件。

李东垣在《天地阴阳生杀之理在升降浮沉之间论》中详细论述了食饮之物在人体内消化吸收的全过程："万物之中，人一也，呼吸升降，效象天地，准绳阴阳。盖胃为水谷之海，饮食入胃，而精气先输脾归肺，上行春夏之令，以滋养周身，乃清气为天者也；升已而下输膀胱，行秋冬之令，为传

化糟粕，转味而出，乃浊阴为地者也。""履端于始，序则不愆。升已而降，降已而升，如环无端，运化万物，其实一气也。"他详尽地阐述了脾升胃降是人体气机升降枢纽作用的体现，强调了脾胃对于人体一身之气机的重要性。

李东垣根据《素问·阴阳应象大论》"谷气通于脾……肠胃为海，九窍为水注之气……五脏皆得胃气，乃能通利"，在《脾胃论》中提出"内伤脾胃，百病由生"的观点，他认为"饮食自倍则脾胃之气既伤……而诸病之所由生也"。强调了正常的脾胃功能对保证整体机能正常运转的重要性。所以他在《脾胃虚则九窍不通论》中提出"胃者，十二经之源，水谷之海也，平则万化安，病则万化危。"同时也在《大肠小肠五脏皆属于胃胃虚则俱病论》中提出"胃虚则五脏、六腑、十二经、十五络、四肢，皆不得营运之气，而百病生焉。"《天地阴阳生杀之理在升降浮沉之间论》中提出"损伤脾胃，真气下溜，或下泄而久不能升，是有秋冬而无春夏，乃生长之用，陷于殒杀之气，而百病皆起。"

李东垣在《脾胃论》的开篇引用《素问·阴阳应象大论》"谷气通于脾……九窍为水注之气。九窍者，五脏主之，五脏皆得胃气，乃能通利。"阐述了九窍与脾胃的生理联系，提出了"五脏之气上通九窍……六腑受气于胃"，"脾不及，令九窍不通……能上升水谷之气于肺……此则脾虚九窍不通之谓也"，强调了脾胃强健则九窍通，脾胃虚弱则九窍生疾，因此，李东垣在诊治九窍病时也多从调理脾胃入手，从而凸显了脾胃在五脏中的重要性。李东垣在《脾胃论·脾胃盛衰论》也提出"大抵脾胃虚弱，阳气不能生长……五脏之气不生"，"盖脾胃不足……其治肝心肺肾有余不足……惟益脾胃之药为切"，他认为治五脏病的根本是在于补脾胃。

吴老师深受李东垣"补土派"的影响，将恶性肿瘤的病因病机与脾胃相结合，从脾胃的角度进行阐述。大多数学者认为恶性肿瘤不外乎是外邪、七情内伤、饮食不节、脏腑功能失调等多种病因综合作用而导致机体阴阳失调，经络气血运行障碍而产生不同的病理产物相互交结形成肿块，吴老师认为这一过程中脾胃功能失常对于肿瘤的发生至关重要。吴老师认为脾胃为后天之本，脾胃虚则气血生化无源，出现气虚或者血虚。气虚则水液运化无力，可出现痰饮、水湿内停，久则形成湿热内蕴；气虚则无力推动血液运行，则出现血瘀；同时血虚也能使血液运行缓慢，出现血瘀。因此脾胃虚损日久，出现痰凝、湿聚、热蕴、血瘀及毒聚或复杂交错的病理因素，由此产生的病理产物在体内日久相互交结形成肿块。因此脾胃功能失常是发生内科瘤病的主要内因之一，所以吴老师十分重视肿瘤患者的脾胃功能，他尊崇李东垣提出的"内伤脾胃，百病由生"的观点，脾旺则正气充盛，脾弱则正气不足，认为肿瘤患者正气亏虚，原因虽多，但脾胃功能失常最为关键，因此吴老师将护胃气的思想贯穿于治疗肿瘤病人的各个阶段。吴老师根据东垣的学术思想，并结合了自身的学习与实践经验，提出了恶性肿瘤的治疗原则，即"一消二扶三平衡"法，其中的"二扶"即所谓扶正，包括培本固元、益气养阴、健脾益肾、滋阴和胃及气血双补、滋阴壮阳等。所谓扶正，就是扶助机体对"邪"的防御能力，使机体达到正常功能。吴老师的"扶法"就是基于这一基本观点设立的，具体表现在治疗时重视培补脾与肾，因脾胃为后天之本尤为重要。

（二）续东垣之治法

关于治法，李东垣根据《脾胃论》的学术思想提出了"益气升清"和"泻火降浊"的治疗大法，他在《胃气下溜五脏气皆乱其为病互相出见论》中提出脾胃内伤引起的"胃气下溜"进而导致五脏皆乱的发病特点，在《脾胃胜衰论》中提出"脾胃虚则火邪乘之，而生大热"的观点。在《清暑益气汤》中提出"清气不升，浊气不降，清浊相干，乱于胸中，使周身血逆行而乱"的观点，从而指出了气的运行失常可以导致机体血运失常。因此提出的"益气"意为保护患者的脾胃之气，有胃气则生，无胃气则死。"升清"就是将精微物质输送到五脏六腑、四肢百骸、五官九窍和全身经脉，以保证它们正常运行。"泻火"就是将脾胃虚损产生的体内阴火祛除，"降浊"就是把脾胃虚损产生的污浊之物如痰湿、瘀血、毒物等排出体外。

因此吴老师根据自身经验并结合已有的理论观点，认为肿瘤患者，往往由于脾虚湿阻，脾失健运，导致气血津液代谢失调，从而出现水湿停滞、痰凝、湿聚，致使机体机能降低。故吴老师在肿瘤的治疗上首重脾胃的调理，补虚、运脾、理气、化湿参合运用。他认为如果脾胃消化饮食不佳，不能受纳药物发挥其药效，纵有神医良药，亦不足以治病奏效。《医权初编》也有曰："治病当以脾胃为先，若脾胃他脏兼而有病，舍脾胃而治他脏，无益也。又一切虚症，不问在气在血，在何脏腑，而只专补脾胃，脾胃一强，则饮食自倍，精血日旺，阳生而阴长矣。"吴老师的学术思想无不体现着对于脾胃的重视。

（三）延东垣之方药

李东垣据其学术思想，确立了益气升清，泻火降浊之法，且特别注重益气、升阳药物的运用。现存其处方中多以参、芪、术、草等甘温补中，以升麻、柴胡等升发脾阳，以羌活辛散祛湿，以当归和血养阴来治疗内伤脾胃导致的各种病症。李东垣在《脾胃论》中制方63首，以升阳法为制者28首，占全部方剂的44.4%。其治疗涉及脾胃损伤之后的湿邪内停，热化阴火上升，寒化中气下陷等多种病症。

《脾胃论·脾胃虚实传变论》云："阴虚则内热，有所劳倦，形气衰少，谷气不盛，上焦不行，下脘不通，胃气热，热气熏胸中，故为内热。"饮食伤胃，脾胃升降失常，郁而发热，此为脾胃气虚发热，则由此提出"甘温除热"治法。《医学入门·发热》记载："内伤劳役发热……乃胃中真阳下陷，内生虚热，宜补中益气汤。"治疗代表方剂为补中益气汤，该方以甘温补气为主，旨在使受损元气得到恢复，中焦枢机得力，阴火自敛。方中黄芪味甘微温，入脾肺经，补中益气，升阳固表，故为君药。配伍人参、炙甘草、白术补气健脾为臣药。当归养血和营，协人参、黄芪补气养血；陈皮理气和胃，使诸药补而不滞，共为佐药。少佐升麻、柴胡之风药，以升发脾胃阳气，使之不下流于肾，行春生之令，则阴火不能乘脾胃之土味。但东垣在治疗上也不是一味地强调益气升阳，对于火热之证，则以泻火为先，治其标，以保护元气，这体现着东垣益气泻火治法。泻阴火除燥热，选用苦寒之药，只能适可而止，不宜久服，因为阴火的产生，总责之于脾胃之气衰，若过用苦寒，则易伤脾胃，反而有损元气之弊。

吴老师在延续李东垣的脾胃观点的基础上，结合自身对恶性肿瘤的体会，临床用药独具特色。吴老师在中药抗肿瘤临床实践中发现患者往往因为抗癌药味道难以入口或服药后胃部不适，难以坚持服药。有些患者因为服药耗伤正气太过，损伤胃气，致使消化吸收不良，甚至呕吐腹泻。《黄帝内经》："四季脾旺不受邪"，故吴老师在抗癌治疗时注重辨证用药，扶正祛邪，顾护胃气，增强了治疗的顺应性，有其独到之处。益气和胃常以香砂六君子汤主之，降逆和胃常以旋覆代赭汤主之，行气和胃常以厚朴温中汤主之，疏肝和胃常以逍遥散主之，消食和胃常以保和丸加减主之，化湿和胃常以平胃散主之，养阴和胃常以一贯煎加石斛主之，温中和胃常以良附丸主之，祛痰和胃常以二陈汤主之，制酸和胃常以瓦楞子丸主之。此外，吴老师认为当肿瘤患者在手术前，属痰瘀互结予以化痰散结；术后多气血两虚，予以益气补血；放疗、化疗和手术中，耗伤胃气，予以益气和胃降逆；放疗、化疗和手术后耗气伤阴，予以益气滋阴；放疗、化疗间歇期，多正虚邪实，急则治其标，加重祛邪抗癌药；晚期肿瘤患者全身衰竭，多气虚伴肾虚，予以益气补肾。除此之外吴老师指导肿瘤患者服抗癌中药时宜餐后半饱半饥时温服，一般可加糖调味和中。饮食应新鲜营养，规律合理，忌烟酒腌熏、辣油炸之品。这些都是顾护胃气的必要措施。有条件的情况下，可以积极运用食疗以养胃气。

三、丹溪思想滋阴说

浙江乃"文化之邦"，人杰地灵，历代名医辈出，中医学术流派纷多，诸如医经学派、钱塘学派、绍派伤寒、温病学派、永嘉学派等，其中影响最大的当首推丹溪学派。朱丹溪（1281～1358年），名震亨，字彦修，义乌（今浙江省义乌市）赤岸人。他所居的赤岸村，原名蒲墟村，南朝时改名赤岸村，继而又改为丹溪村，所以人们尊称他为"丹溪先生"或"丹溪翁"。朱丹溪师从名医罗知悌，采仲景、河间、洁古、子和、东垣等众家之长，针对滥用温燥之时弊，倡导滋阴学说，创立丹溪学派，主张"阳有余，阴不足论""相火论"等，开创了滋阴学派辨证求因、审因论治理论之先河，后人将他和刘完素、张从正、李东垣一起，誉为"金元四大医家"，他的学术思想与贡献为后世的医学发展奠定了一定的基础。

丹溪学派绵延六百余年，至今仍旺盛不衰，尤其是在江南一带流传甚广，对浙派医学的形成和发展有重大促进作用。吴老师自幼博览群书，取诸家之长，承先人之法，其中对丹溪尤为尊崇，深受丹溪"阳常有余，阴常不足"思想的影响。在肿瘤相关疾病的治疗中，吴老师继承前贤学术思想和诊治经验的同时，师古而不泥古，结合自己的临床实践经验，重辨虚实、体质之异同，善变通成方，在辨证论治、遣方用药等方面具有鲜明的个人特色，其中滋阴思想尤为明显。

（一）阴常不足的体质观

体质，是由先天遗传和后天获得所形成的，人类个体在形态结构和功能活动方面所固有的、相对稳定的特性。个体体质的不同，表现为在生理状态下对外界刺激的反应和适应上的某些差异性，以及发病过程中对某些致病

因子的易感性和疾病发展的倾向性。丹溪思想中的阴虚体质产生的病因与天地自然、先天禀赋及后天各种因素的影响有关。《格致余论》云："天地为万物父母。天大也为阳，而运于地之外；地居天之中为阴，天之大气举之。日实也，亦属阳，而运于月之外；月缺也，属阴，禀日之光以为明者也。人身之阴气，其消长视月之盈缺。故人之生也，男子十六岁而精通，女子十四岁而经行，是有形之后，犹有待于乳哺水谷以养，阴气始成而可与阳气为配，以能成人，而为人之父母。古人必近三十、二十而后嫁娶，可见阴气之难于成，而古人之善于摄养也。"《礼记》注曰："惟五十然后养阴者有以加。"《内经》曰："年至四十阴气自半而起居衰矣。"从人之生长壮老而言，阴精迟成而早竭，男子二八而精通，女子二七而经行，此时人体阴精相对充盛，而年幼与年老之时阴精皆不足，故人之一生阴与阳相比，阴易不足而阳有余，此是人生之常。同时朱丹溪认为体质禀受于先天，与乳母关系最为密切。"乳母禀受之厚薄，性情之缓急，骨相知坚脆，德行之善恶，儿能速肖，尤为关系。"且"儿之在胎，与母同体，得热则俱热，得寒则俱寒，病则俱病，安则俱安。"丹溪所居之地气候炎热，环境潮湿，其民多阴虚湿热内蕴。再加之当时社会崇尚《局方》，《局方》多辛温燥剂，此辛温香燥之剂，易耗伤人的精气，久而形成阴虚之体质。

吴老师承袭朱丹溪"阳有余，阴不足"的体质思想，认为人身之阴难成而易亏，尤其是在受到病邪侵袭，久病不愈的状态下，生理和病理状态常表现为后天因素影响而形成阴虚体质。如恶性肿瘤患者由于手术中的体液丢失，放疗时的火灼伤阴，化疗引起的呕吐或腹泻，以及晚期患者的慢性消耗或感染发热等，均可造成阴津耗损，导致体液内环境紊乱，愈久阴伤愈甚，进而导致癌病恶化。

（二）相火妄动的阴虚观

朱丹溪明确指出"阴常不足"常与"相火妄动"有关，以致精血津液最易耗伤，即所谓"主闭藏者肾也，司疏泄者肝也，二脏皆有相火，而其系上属于心。"《格致余论》曰："惟火有二：曰君火，人火也；曰相火，天火也。火内阴而外阳，主乎动者也，故凡动皆属火。以名而言，形气相生，配于五行，故谓之君；以位而言，生于虚无，守位禀命，因其动而可见，故谓之相。"相火为生命活动所系，正常生理状态下，相火与心火一上一下，一君一相，禀命守位。心，君火也，为物所感而易动，心动则相火易动，动则精自走，相火翕然而起，虽不交会，亦暗流而疏泄。且"偏厚味之味为安者，欲之纵，火之胜也。"若相火不禀命守位，则有燔灼之虐焰，阴精飞走之势狂。丹溪云："相火易起，五性厥阳之火相煽，则妄动矣。火起于妄，变化莫测，无时不有，煎熬真阴，阴虚则病，阴绝则死，故曰相火元气之贼。"食欲失节、色欲过度、五志过极等均导致相火不潜藏守之，呈妄动之相，则病变丛生，耗伤阴精，而成阴虚之证，此为相火之变，即为"元气之贼"。而阴虚与相火的翕然而起互为因果，当人体的阴液亏损，尤以肾阴亏损为重点，则使阴阳平衡失调，阴液不能制约阳火的亢动，致使相火妄动，相火的妄动必然煎熬真阴，使阴精暗流涌泄，使阴虚的状况进一步加剧。

吴老师传承了朱丹溪"相火妄动"而致阴虚的学术观念，并将其理论运用于临床。如有关肝癌的辨治，吴老师从肝的生理特性"肝体阴而用阳"出发，以《医学衷中参西录》中："肝为厥阴，中见少阳，且有相火寄其中，故《内经》名为将军之官，其性至刚也"为参，认为肝在功能上主疏泄，故肝气常郁而肝阳常亢，唯阴血常虚。肝阴是肝脏功能的基础，所谓"阴在内，阳之守也；阳在外，阴之使也。"因此吴老师认为肝癌正虚的表现并不突出，以肝气乃至肝火过旺为主，相火妄动所致的肝阴虚为表现者多，故肝阴宜养，法在柔润，取药宜甘，常用药物有生地黄、枸杞子、麦冬、北沙参、白芍、女贞子、墨旱莲、当归等。

（三）审证求因的诊断观

朱丹溪临证非常注重诊法的应用，而且擅长运用四诊，审察病机，无失气宜。《丹溪心法》谓："邪气各有所属也，当穷其要于前；治法各有所归也，当防其差于后。盖治病之要，以穷其所属为先，苟不知法之所归，未免于无差尔。""欲知其内者，当以观乎外；诊于外者，斯以知其内。盖有诸内者，必形诸外，苟不以相参而断其病邪之逆顺不可得也。"其《格致余论·治病先观形色然后察脉问证论》述："经曰：诊病之道，观人勇怯，骨肉皮肤，能知其情，以为诊法也。"言简意赅，却指出了望诊当辨患者的整体和局部（勇怯、骨肉和皮肤），并强调"形色既殊，脏腑亦异，外证虽同，治法迥别"，此言极具辨证论治精神，即同病异治。另外，取脉亦当须因人而异，"所以肥人责脉浮，瘦人责脉沉，躁人疑脉缓，缓人疑脉躁，以其不可一概观也。"由此可见丹溪临证的灵活性和全面性。

吴老师在临床疾病的诊断中仿效朱丹溪，主张要四诊并重，司外揣内，

诸法共参，通过望闻问切，观其习性，察其病史，充分检查病情和收集临床资料，综合分析疾病的病因病机，于错综复杂的因素中，根据患者正、邪、虚、实程度决定治疗的主、次、轻、重。同时吴老师强调运用中医的整体观念和辨证施治原理，主张中医药治疗应贯穿于现代医学治疗的各个阶段，根据患者各项检查结果、体征和症状，权衡利弊，治疗时应根据不同病种、不同病人、不同病期，审证求因，辨证论治，即"因时""因地""因人"的不同，采用不同的方法，做到"同病异治""异病同治"。如吴老师常言关于肺癌阴虚证病本为虚，局部亦可有痰气瘀结，临床亦可分为阴虚热毒、阴虚痰浊、气阴两虚、阴虚瘀滞等不同证型，当辨证精准，据患者虚实之比以调攻补力度，不可见阴虚之证，概投生津润肺之剂。

（四）滋阴清热的治疗观

"阳有余，阴不足论"是朱丹溪的核心学术思想，也是后世称其为"滋阴学派"代表人物的主要依据。朱丹溪认为人体外环境与内环境的阴阳状态都指向阳偏盛而阴偏不足，人身之阴气难成而易亏，人体的生理就是处于阳有余而阴不足的状态。他指出阴虚是天地之常，亦是人生之常。从物质方面而言，气动则火生，人体相火易动，翕然疏泄；从心理方面而言，人之情欲无涯，不知节制，故阳气处于偏多过盛的状态。同时究之人身之气血，则气常有余、血常不足。所谓"人受天地之气以生，天之阳气为气，地之阴气为血，故气常有余，血常不足"。有余之气，即妄动过亢之气，实际是指邪气，邪火或脏腑功能偏亢，而致人体精血、津液每易耗伤，使阴常不足。因此丹溪众多组方立意多从"阴常不足，阳常有余"出发宜常养其阴，阴与阳齐，则水能制火。

吴老师深受"阳有余，阴不足"思想的影响，他认为肿瘤病程久长，暗耗气血津液，又或脾胃虚弱，气血生化乏源，又或伴热毒伤津，又或因手术、放疗、化疗及疾病本身的发展和恶化，严重耗竭人体的气血津液，故阴虚乃常证，所以滋养阴津，确保阴阳平衡至关重要。"阴"包括构成机体的物质，体液及其他精微物质都属于其范畴。津液是人体生命活动的物质基础，在体内保持着动态平衡，津液的充足与否是决定维持正常生理功能的一个重要因素。它分布于四肢百骸，有滋养肌肉，充养皮肤，滋润脏腑黏膜，涵养脑髓、骨骼的作用。所谓"留得一分津液，便有一分生机"，但凡舌苔不厚腻者均可采用滋阴为治疗之大法。因此吴老师在治疗肿瘤时，最重要、最基本的治疗原则是滋阴清热。如针对乳腺癌阴虚证本虚标实的本质，运用其"滋阴疏肝，宁心安神"的治法，用药则以"寒""甘""苦"为主。而关于肺癌阴虚的治疗中，吴老师善拟益气滋阴之法，治以"补""润""清""消"四大法则，善用沙参麦冬汤，多以"甘""苦""辛""寒"性味为主进行配伍，以滋阴贯穿肺癌治疗始终。在肝癌治疗时吴老师亦以养肝阴为首选，倡"滋阴"而达"柔肝"之法。对手术后、介入后阴虚之至的患者，吴老师常在辨证方药基础上加用玉竹、石斛、五味子等肝肾同治，木水相生。依如丹溪之法，重养阴，戒燥热，"大剂滋润，则津液充而本自柔，故积自开矣。"

　　临床纵观吴老师之用药清轻灵动，滋阴为本的用药，长滋阴而不留寇。常用北沙参、天冬、麦冬等养上焦之阴；用石斛、玉竹等补胃阴之不足；用生地、黄精、龟板、鳖甲等滋下焦之亏损。而当患者为胃癌、肠癌等脾胃系统的疾病时，他往往补阴与渗湿相结合，加入车前草、川萆薢等，以防闭门留寇。药之功效有补有泻，当顺势、顺时而用。吴老师认为手术、放疗、化疗后正气受损，脾胃功能虚弱，宜用平补，平补不会影响人体阴阳的失衡，可以常用久用。在非西医治疗阶段，扶正滋阴的同时可以增加清热解毒、软坚散结、活血化瘀之品，达到邪去正自复之效。

（五）气血痰郁论的杂病观

　　朱丹溪以"气、血、痰、郁"作为杂病的辨证纲领，提出"气血冲和，百病不生，一有怫郁，诸病生焉"的观点。气是人体中运行不息的精微物质，全身血与津液的正常运行都依赖于气机的调畅，若是气虚不足，或者气机失畅，则会导致血液津液等运行输布的异常，进而产生相关病变。他在《局方发挥》首提"自气成积，自积成痰，痰挟瘀血，遂成窠囊"的论点。就痰病论治而言，朱丹溪指出"善治痰者，不治痰而治气，气顺则一身津液随气而顺矣。"故因"气积成痰"而发病时，言其"或半月或一月，前证复发"，而针对痰病不愈，较之其他病证易于复发的特点，朱丹溪认为气火、气逆、气虚、气滞皆可以成痰。同时朱丹溪首创痰瘀致病之说，在治疗上提出"痰瘀并存，痰瘀同治"的理论。他认为痰和瘀均为阴邪，同气相求，在病理上二者相互影响，既可因瘀血生痰，亦可因痰生瘀，而致痰瘀同病，主张择其痰瘀多寡而治，治痰应活血，血活则痰化，即"善治痰者，必先治气，同时也要治血"。气血流畅则津液并行，无痰以生；气机阻滞则血瘀痰

结，气虚则血涩少而痰凝，血瘀气滞则络阻，津液不能行，血少脉道不通，迁缓流塞，津液不能布化畅通，从而瘀积。有血瘀者应活血化瘀，血寒者温通经脉，血虚者补血助气。朱丹溪对郁证也做了进一步的发挥，首提"六郁"学说，他认为诸病多主于郁，有气郁、湿郁、痰郁、热郁、血郁、食郁之不同，且制越鞠丸，通治诸郁。

吴老师以朱丹溪的气血痰郁理论为基础，认为肿瘤的病因病机多由阴阳失调、七情郁结、脏腑受损等因素而致气机郁滞不畅，痰凝血瘀，留滞不去，乃成积聚。痰、湿、瘀为肿瘤最主要的病理产物，湿毒、热毒、痰核、瘀血相互为因，随病情的不断发展，四者相互胶结，缠绵难愈，久郁化热，熬液伤津。故吴老师临证中多重用理气去痰湿，活血消瘀肿之药剂，通过疏畅气机，使气机获得畅通，血行畅通，瘀血消散，癌肿消退。临床上，吴老师喜用香附、青皮、八月札、木香等理气行滞之药，配合丹参、当归、皂角刺等活血消瘀之药；如需加大散结力量，可予三棱、莪术、地鳖虫等破气行血药物；痰湿较重，则酌加化痰散结之土贝母、南沙参、浙贝、海藻、夏枯草、天葵子、昆布、连翘等。

吴老师在充分继承朱丹溪"阳有余，阴常不足"滋阴思想的基础上，勇于实践，积极地将理论应用于临床，求证于临床，不断探索，大胆创新，形成了独具特色的诊治理论，并在临床疾病的治疗中取得良好疗效。

第三章

声 名 鹊 起

第一节 组建肿瘤协作组 中西合璧治肿瘤

一、组建肿瘤协作组

在吴老师的带领下浙江省中医院肿瘤科在几十年的时间中茁壮成长，不断扩大，至今已发展为两个病区，拥有一百四十余张床位。在此期间，科室分别参加了全国肺癌、胰腺癌等肿瘤协作组，并任胰腺癌副组长单位。

由吴老师带头的胰腺癌协作组副组长单位于21世纪初期建立，积极配合上海复旦大学附属肿瘤医院肿瘤科胰腺癌组长单位进行诊疗方案的梳理，确定了适合肿瘤科发展的临床路径验证和实施工作，进一步整理出浙江省中医院肿瘤科最精华的中医治疗方法提供给协作组，供全体协作组成员进行讨论和验证。

2013年4月在浙江省中医院院领导的高度重视与支持下，肺癌多学科团队（multidisciplinary team，MDT）协作诊疗模式正式启动。该MDT由吴良村学术继承人时任浙江省中医院副院长的沈敏鹤为负责人，以肿瘤科为牵头科室，成员单位分别由胸外科、放疗科、呼吸科、病理科、放射科、B超室组成。各科室负责人选取专家进入MDT专家组，制定肺癌综合诊疗方案。成立之初，沈敏鹤副院长明确指出：MDT是为了贯彻和实施肿瘤多学科联合治疗原则而建立的工作小组，旨在使传统的个体经验性医疗模式转变为现代的小组协作规范化决策模式，是当前恶性肿瘤治疗的国际趋势。成立以来，肺癌多学科协作诊疗团队于每月第一个周三举行例会进行分享与交流，始终做到

精诚合作、优势整合，促进内外科协作、中西医结合，以提高肺癌综合诊疗水平。

浙江省中医院肿瘤科除在院内成立MDT外，还与中国中医科学院广安门医院、中国中医科学院西苑医院、中日友好医院、上海中医药大学附属龙华医院、广州中医药大学第一附属医院等组建了学术网络，扩大了与兄弟单位的合作和交流。

二、中西合璧治肿瘤

在吴老师的带领下科室能够充分利用中医及现代医学的优势，规范化地开展各类常见恶性肿瘤的诊断和治疗。如吴良村学术继承人舒琦瑾在1996年初研究生刚毕业任主治医师时就开展了CT引导下经皮穿刺肺活检术，当时浙江省中医院是浙江省内第二家开展此项技术的医院。同时放化疗、分子靶向治疗、胸腹腔热灌注化疗等多种手段也相继开展，并与相关科室协作开展介入治疗、粒子源植入治疗、射频、消融等微创治疗，辅以中医中药治疗，减轻放疗、化疗带来的副作用，改善患者的生活质量。

目前门诊、病房中医参与率达到99.9%，病房各个医疗组之间中药针剂使用各有特点。住院患者通过中医与西医的综合治疗，包括中药汤剂、中成药、中药静脉制剂，治愈好转率达90%以上。

（一）制定中医优势病种诊疗方案

浙江省中医院肿瘤科的优势病种为肺癌、大肠癌和胰腺癌，除四诊合参、辨证选方外，还可酌情选用2～3味抗癌中草药，如白花蛇舌草、白英、半枝莲、半边莲、鱼腥草、金荞麦、藤梨根、马齿苋、土茯苓、败酱草、龙葵等。

此外，据病情可选用口服中成药或中药静脉注射制剂。如肺癌可选用金复康口服液、康莱特软胶囊、紫龙金片、消癌平片、养正消积胶囊或康莱特注射液、艾迪注射液、复方苦参注射液、参麦注射液、消癌平注射液等。

中药外治及针灸治疗是中医治疗的特色，科室陆续开展诸如中药外敷、中药泡洗、中药熏洗及体针、头针、电针、耳针、腕踝针、眼针、灸法、穴位埋线、穴位敷贴、耳穴压豆和拔罐等治疗手段。

（二）应用中医药减轻肿瘤放疗、化疗毒副反应

1. 直肠癌放疗后局部炎症、疼痛、肿胀者，可予保留灌肠疗法。

推荐药物：生大黄20g、黄柏15g、山栀子15g、蒲公英30g、金银花20g、红花15g、苦参20g。

方法：将上方药物加水800mL，煎至200mL。从肛门插入导尿管20～30cm深，注药后保留1～2h。每日1次，30天为一疗程。局部红肿热痛者可用上方适量加水给予坐盆。腹痛、脓血便或便血甚者，易山栀为山栀炭，加罂粟壳15g、五倍子15g收敛止血。高热、腹水者加白花蛇舌草30g、徐长卿30g、芒硝15g。

2. 手足综合征或化疗导致手足麻木不仁，可选用中药泡洗法。

推荐药物：川乌10g、草乌10g、透骨草30g、艾叶30g、红花30g。

方法：将上方药物煎取200mL，加入温水1000mL，每日手足浸泡约20min，每日1次，每周5天。

3. 耳穴按压疗法对化疗后胃肠道反应。

取穴：①恶心呕吐取内分泌、胃；②食欲不振取胃、内分泌、交感；③呃逆取食道、贲门。

配穴：上述各症分别取肾、贲门、食道；脾俞；胃。

方法：用胶布将王不留行贴于穴上，每日按摩3～4次，每贴7日。

4. 化疗引起的骨髓抑制，可予针灸治疗。

取穴：主穴足三里、三阴交、血海、膈俞，配穴太冲、太溪。

方法：行多补少泻手法，每日或隔日针刺1次，6次为一疗程，一般治疗1～3疗程。

5. 中药敷脐治疗肿瘤化疗药如阿糖胞苷、5-氟脲嘧啶、盐酸拓扑替康引起的腹泻。

推荐药物：补骨脂、肉豆蔻、五倍子各等分。

方法：上三味研末过筛备用，取药末10g，敷贴脐部神阙穴，用胶布固定，24h一换，直至腹泻消失。

（三）开展恶性肿瘤的特色疗法及护理

根据病情需要选择，如食疗改善患者消化道反应，音疗、心理治疗改善抑郁状态等，可酌情选用中医诊疗设备如按摩椅、音疗设备等。

肿瘤科在吴老师的带领和各位科室成员的努力下，取得了较为令人满

意的成绩。科室现为浙江省重点创新团队"常见实体肿瘤综合诊治科技创新团队"核心成员单位、浙江省重点创新团队"重大疾病中西医结合临床研究创新团队"、浙江省高等学校创新团队"消化道肿瘤中西医结合防治创新团队"建设单位。现阶段科研方向集中在中医肿瘤的维持治疗，中医药维持治疗克服表皮生长因子受体酪氨酸激酶抑制剂（EGFR-TKIs）耐药，不同阶段肿瘤的中医药治疗模式研究，"病证质"结合防治恶性肿瘤，抗肿瘤中医药效学基础研究等。

第二节　引进技术新项目　多管齐下攻难关

一、引进技术新项目

在吴老师的带领下，科室锐意进取，不断引入新技术新项目，是浙江省最先开展激光和冷冻、CT引导下瘤内注射、经皮穿刺肺活检术等技术的单位之一。

（一）激光和冷冻治疗

直肠癌多呈溃疡型围管浸润生长，至中晚期，肿瘤在局部进展迅速形成了较大的肿块，易引起肠腔狭窄并发肠梗阻，以往主要是分期施行外科手术，虽然部分患者可获得姑息性切除肿瘤机会，但也有不少患者发生肠梗阻时已经失去手术根治机会而需行肠造口术，患者创伤大，生活质量较低，心理难以接受。

而激光加冷冻联合治疗法有显著优势，高功率激光可迅速将肿瘤汽化而打开通道，通路一旦打开，冷冻头就可以通过，再用低温冷冻法使残留肿瘤坏死、缩小或消失。这样既克服了继用激光治疗可能产生盲目破坏性，又弥补了因梗阻冷冻头不能通过而无法采取冷冻治疗之不足。激光加冷冻联合治疗法可以很好地解除梗阻，患者在身体状况可以耐受的前提下再辅以放疗、化疗及免疫治疗等，受益颇多。

（二）CT引导下瘤内注射

CT引导下瘤体注射是指在CT引导下明确进针点、进针深度及角度，并将抗肿瘤药物直接注射到肿瘤组织内的给药方式。这种方法能提高局部治疗效果，减少毒副反应，提高患者生活质量。对于某些晚期或不适宜手术的肿

浙江中医临床名家·吴良村

瘤患者，瘤体注射也显示一定的效果。由此演变而来的CT或超声引导下射频消融术已成为恶性肿瘤治疗的有效手段之一。

（三）CT引导下经皮穿刺肺活检术

在吴老师的支持下，科室成为浙江省第二家也是目前国内为数不多的独立开展CT引导下经皮穿刺肺活检术的单位。

1. 经皮穿刺肺活检术

经皮穿刺肺活检术是胸膜腔脏层胸膜穿刺入肺，它用于肺周边部病变或弥散性肺病变的诊断和鉴别诊断。主要是抽吸空洞或支气管腔内的液体进一步检查，明确诊断，其次通过肺穿刺对某些疾病进行治疗，如对一些引流不畅空洞中的脓液进行抽吸，必要时注入药物达到治疗的目的。

（1）经皮穿刺肺活检术分类

1）模拟机引导经皮穿刺肺活检术定性诊断肺部病灶：本方法是指用X线模拟机进行中心定位确定肺部病灶的进针方向、深度，而后进行穿刺活检。对于在正侧位上均能清晰显示且与肺门血管有一定距离的肺部肿块，用模拟机引导是合适的。模拟机能在透视下实时进针切割，也可采取切割与针吸相结合的方法提高诊断阳性率。

2）CT引导经皮穿刺肺活检术诊断肺部疾患：CT引导下穿刺适用范围广，临床应用最多。CT横断层扫描有良好的空间分辨率和密度分辨率，可准确显示病灶的大小、位置及内部情况，以及与血管等周围结构的解剖关系，尤其适用于定位难度大、病灶在肺门及纵隔附近者。当肿块与肺不张、阻塞性肺气肿混合后，有时需行增强扫描才能确定肿块的实际大小。方法是指先作CT扫描确定病灶最佳的穿刺点，进针深度和角度，而后进行穿刺活检。常规CT下不能直接观察进针状况，必须在确定进针点后估算进针深度及进针方向，进针后再次扫描确认后方可行穿刺活检。

（2）CT或B超引导下的经皮穿刺肺活检术

1）CT引导下经皮穿刺肺活检术：精确度高，对于0.5～1cm的病灶也可在CT引导下成功活检。因此对常规方法未能确诊的肺结节、肺空洞、双肺弥漫性病变及纵隔肺门占位病变，应用CT引导下经皮穿刺肺活检术抽吸和切割针活检能取得较满意结果。尤其直径≤2cm肺结节活检的准确性较高且并发症较低，可作为肺内孤立性小结节灶定性诊断的首选方法，其操作简单、安全、可靠。

2）B超引导下穿刺：B超引导下进行肺部疾病诊断时，如果病变紧贴胸壁时，在B超下可清楚显示。B超实时引导进针、切割，可减少进针时间，有时还能区别肿块、肺不张和炎症，且费用低廉。但因超声不能透过气体，故适合于与胸壁紧贴的肿块。

2. 经皮穿刺治疗的肺部疾病

（1）经皮穿刺技术治疗肺部良性疾病：经皮穿刺治疗肺部的良性疾病主要是肺结核。对肺结核单发空洞患者行经皮穿刺介入术向空洞内注入异烟肼、阿米卡星等抗结核药物治疗，是继外科手术后，解决空洞性肺结核复治失败或病情反复的另一种有效的治疗手段。

（2）经皮穿刺技术治疗肺癌：包括经皮穿刺多电极射频消融或微波、冷冻等方式治疗肺癌。

二、多管齐下攻难关

肿瘤发展到后期出现的并发症及西医抗肿瘤治疗引起的副作用等都给癌症患者带来了很大困扰与痛苦，吴老师带领科室成员开创中医药特色疗法为癌症患者治疗，疗效显著。

（一）抗肿瘤治疗引起的腹泻

抗肿瘤治疗引起的腹泻主要原因是由于抗癌药物对肠黏膜细胞的直接抑制或者破坏所致，同时也与肠道继发性感染、情绪紧张等许多其他因素有关。化疗药如阿糖胞苷、5-氟脲嘧啶、盐酸拓扑替康均可引起腹泻、腹痛，尤以5-氟脲嘧啶、盐酸拓扑替康引起的腹泻最为常见。由于肠黏膜细胞分裂增殖速度很快，因而易遭受细胞毒抗癌药物的直接抑制或者破坏，引起肠黏膜的萎缩，肠绒毛变短或剥脱，小肠吸收面积减少，黏膜完整性破坏。

除了抗癌药物直接损伤肠黏膜细胞而引起的腹泻以外，还有其他许多因素也可以引起或加重腹泻的发生。①继发性肠道感染：化疗造成骨髓抑制，机体免疫力低下，肠道正常菌群增殖活跃，发生肠道感染，引起或加重腹泻。②肠道肿瘤：瘤体溃烂及合并炎症使肠道分泌增多。③手术及放疗：手术切除大部分肠管，吸收面积减少，造成吸收不良性腹泻；腹部及子宫、阴道或宫颈放疗，破坏肠绒毛或微绒毛上皮细胞。④对化疗存在恐惧、焦虑或紧张情绪，使胃肠蠕动及消化液的分泌量增加而致腹泻。

而中药敷脐治疗此类腹泻有较好的疗效。用补骨脂、肉豆蔻、五倍子各等分，研末过筛备用。取药末10g，敷贴脐部神阙穴，用胶布固定，24h一换，直至腹泻消失。

（二）癌性腹水

癌性腹水是由各种恶性肿瘤引起的腹水，是癌症晚期常见的临床表现，具有顽固性量大，反复出现的特点。癌性腹水严重影响患者的生活质量，预后较差，平均生存期约20周，其中以胃肠道恶性肿瘤来源的癌性腹水预后最差，生存期仅12周左右。

目前现代医学治疗手段不多（利尿、补充白蛋白、放腹水等为主的综合治疗），且疗效不尽如人意。科室用中医药治疗，采用川椒目10g、桂枝10g、细辛3g等共研细末，加白醋适量调成膏状，敷于神阙穴，外用艾条灸脐部药物，每次2h以上，每日一次，药物去除后外涂红花油防烫伤。疗效较为满意，一般当日起效。

（三）癌性疼痛

癌性疼痛是肿瘤常见的并发症之一，目前治疗疼痛方法较多，配合中药可明显加强治疗疼痛的效果。吴老师在治疗癌痛时创立独具特色的中医三梯级止痛疗法。中医三梯级止痛疗法，第一步针对Ⅰ级疼痛用理气止痛法；第二步针对Ⅱ级疼痛用祛瘀止痛法；第三步针对Ⅲ级疼痛用排毒止痛法。第一步：理气止痛法，由于癌症气机郁滞引起腹痛，但痛能忍受，不影响睡眠，属Ⅰ级疼痛者，方用柴胡疏肝散、天台乌药散、金铃子散等加减，或在辨证分型主方中加柴胡、金铃子、延胡索、香附、乌药、砂仁、豆蔻、川朴、枳实、木香等。第二步：祛瘀止痛法，由于癌症血络瘀阻，疼痛固定持久难忍，不能入睡，属Ⅱ级疼痛者，方用桃红四物汤、失笑散或少腹逐瘀汤等加减，或在辨证分型主方中加桃仁、红花、蒲黄、五灵脂、当归、三棱、莪术、乳香、没药、丹参等。外敷Ⅳ号癌痛粉，日2次。第三步：排毒止痛法，由于癌毒泛滥，侵犯脏腑，压迫神经，以致疼痛剧烈不能忍受，属Ⅲ级疼痛者，方用膈下逐瘀汤、仙方活命饮、蟾酥丸等加减，或在辨证分型主方中加蟾酥、马钱子、白芷、全蝎、蜈蚣、地鳖虫、蛞蝓、穿山甲、乌头、狼毒等。外涂擦Ⅴ号癌痛水，2h一次。

科室在研究中医药治疗癌痛过程中，得出了一些有效的经验方，如药用蜈蚣2条、白屈菜15g、徐长卿15g、川乌15g、延胡索15g、麝香3g，以上诸药粉碎后研末，过筛、黄酒调匀成膏，敷于脐部，外用艾条灸脐部药物。每

次2h以上，灸后用伤湿止痛膏封闭固定药物，24h一换，7天为一疗程。

（四）肿瘤化疗引起的呕吐、胃胀、呃逆

恶心呕吐是化疗最常见的早期毒性反应，大多数是化疗药物引起的胃肠功能紊乱，如顺铂可引起剧烈恶心呕吐。化疗反应严重者可致脱水、电解质失调、体质衰弱及体重减轻，可能导致患者拒绝接受有效治疗。现代医学治疗呕吐效果较好，但患者应用止吐药后会感觉胃部满胀不适，我们应用中医脐疗的方法不但有明显的止吐作用，而且还能很好地消除胃部胀满。

顽固性频繁呃逆，给患者带来很大的痛苦，因呃逆患者彻夜难眠，并引起呕吐，甚至导致消化道出血，应及时有效地进行治疗。一般的呃逆给予体针或中药汤剂很快可治愈，但肿瘤及肿瘤治疗中所致的呃逆，持久顽固，采用西医及一般治疗效果甚微，有的患者也只是暂时缓解，不久又反复，所以在治疗上必须给予持续地和胃降逆，抑制膈肌兴奋，故而采用耳穴皮内针疗法，可持续长久地抑制膈肌兴奋。

（五）化疗引起的周围神经损伤

周围神经毒性是化疗常见的不良反应之一，是其剂量限制性毒性，主要表现为手足麻木，遇寒加重，甚者出现肢体功能障碍。其发生率高，且目前尚缺乏明确有效的防治方法。中医外治法源远流长，"外治之理即内治之理，外治之药即内治之药，所异者法耳。"中医外治法具有简、便、廉、验等特点。科室采用中药外洗防治化疗所致周围神经毒性患者，取得较好疗效。

采用温经通络法，自拟通络散（红花、川乌等中药配方颗粒剂）。每剂3g，使用时用温水溶解后稀释至1000ml。患者使用通络散外用洗浸患部，温浴（水温35℃～40℃），每次20min，每日早、晚各1次，连用7天为1个观察周期。

第三节 开展科研研新药 临床经验放异彩

一、开展科研研新药

近几十年来，吴老师继往开来，不断开展科研项目，研制各类新药，以求造福人类。吴老师曾与李大鹏教授一起承担了国家"七五""八五"攻关

浙江中医临床名家·吴良村

课题"康莱特注射液"的研制工作并获得巨大成功，该药获国家二类新药证书，该成果获国家科学技术进步奖二等奖、国家中医药管理局科技进步奖一等奖和国家发明奖三等奖。此外，吴老师还结合自身多年临床经验，以沙参麦冬汤为底方，酌加清热解毒药，开创新加沙参麦冬汤，养肺阴而不恋邪，清热化痰而不伤正，临床疗效优越，其相关基础研究获得浙江省科学技术奖三等奖。

在吴老师的带领下，科室团队开发了诸多院内制剂，如安体优冲剂、癌痛胶囊系列、癌痛栓、三根糖浆、升白冲剂及升血小板冲剂等，用于肺癌、肝癌、癌性疼痛、消化道肿瘤及恶性肿瘤放疗、化疗后白细胞减少症和血小板减少症的治疗。同时科室团队还对参麦注射液的剂型及适应证进行了改革、研究，拓展了参麦注射液的使用范畴。此外，本科室通过基础研究对院内制剂和创新药物的开发提供科学依据。目前，用于治疗结肠癌及预防转移的中药制剂及其制备方法，已申请专利。

（一）康莱特注射液

国家中药二类新药——康莱特注射液系从传统中药薏苡仁中提取有效抗癌活性成分，并用现代制剂工艺研制而成的可供静脉、动脉直接注射的双向广谱抗肿瘤新药。目前已广泛应用于临床，对肺癌、肝癌、食管癌、胃癌、乳腺癌、恶性淋巴瘤等多种恶性肿瘤具有明显治疗效果；可有效减轻癌症相关恶病质、癌性疼痛及癌症相关的其他症状；显著提高机体的免疫功能和改善患者的生存质量；合放疗、化疗能明显提高放疗、化疗的临床效果；手术前应用康莱特能明显提高肿瘤的反应性，促进肿瘤液化坏死，从而提高手术的切除率，且康莱特注射液质量稳定，对机体无明显毒副作用。

1. 康莱特注射液抗肿瘤药效学

（1）直接抑杀癌细胞作用：体外培养细胞抑制实验和动物移植性肿瘤试验，以及人体肿瘤移植于裸鼠的疗效试验证明，康莱特注射液对体外培养的小鼠白血病细胞P388、L1210，人宫颈癌细胞HelaS3，人体结肠癌细胞M7609等均有显著的抑制效果。

（2）增强机体免疫功能：研究证明康莱特注射液对机体免疫功能有显著的增强作用，与香菇多糖一样，康莱特注射液对小鼠体外脾淋巴增殖有明显促进作用，并呈量效关系。

（3）对化疗药物的增效减毒作用：大量的实验及临床药理证明，康莱

特注射液联合化疗具有显著的相加协同抗肿瘤作用，可明显提高疗效，并且降低化疗药物的毒副作用。

此外，康莱特注射液还有减毒增敏、抗肿瘤细胞转移、抗恶病质等作用。

2. 康莱特注射液抗肿瘤作用机理研究

（1）康莱特注射液对细胞周期的影响：康莱特注射液作用环节主要是阻滞细胞周期中G_2+M时相细胞，减少进去G_0、G_1时相细胞，并导致S期细胞百分比下降，从而减少有丝分裂，抑制肿瘤细胞增殖，同时导致受影响的细胞凋亡[21]。

（2）康莱特注射液诱导肿瘤细胞凋亡：细胞凋亡是当前肿瘤研究的热点之一，促进凋亡治疗开创了恶性肿瘤治疗的一种新手段、新途径。研究证实[22]康莱特注射液诱导凋亡与坏死的发生与其剂量有密切关系，不同细胞系凋亡所发生的比例不同，康莱特注射液诱导人肿瘤细胞发生凋亡是其抗肿瘤作用的关键机制之一。

（二）新加沙参麦冬汤

吴老师结合多年从事肿瘤防治工作的宝贵经验，认为在肿瘤发生发展过程中阴虚热毒是其主要病因病机，提倡用养阴清热解毒法防治肿瘤的复发和转移，吴老师以沙参麦冬汤为底方，配伍清热解毒等药物，精心研制了新加沙参麦冬煎剂（北沙参、麦冬、天花粉、石斛、蛇舌草、白英、三叶青、山豆根、太子参、炒薏苡仁、杏仁、全瓜蒌、陈皮、鸡内金）用于防治肿瘤的转移和复发，取得了不错的疗效。

1. 新加沙参麦冬汤的抗肿瘤机制

（1）增强机体免疫：前期研究[23]荷瘤小鼠较正常小鼠胸腺指数比有下降（$P<0.01$），提示小鼠荷瘤后，其胸腺急性萎缩，未成熟的皮质细胞受损，进而加重了免疫功能的损伤。新加沙参麦冬汤组的小鼠胸腺指数较生理盐水组有一定升高（$P<0.01$），并接近正常小鼠水平（$P>0.05$），所测得的自然杀伤细胞（NK）活性、淋转率，新加沙参麦冬汤组较生理盐水组均有升高。

因此，新加沙参麦冬汤对移植性肿瘤的抑制作用可能是通过增强机体免疫功能，特别是细胞免疫功能而实现的，同时它还具有一定的抑制Lewis肺癌的自发转移率，延长荷小鼠艾氏腹水癌细胞（EAC）鼠生存期并提高其生存质量的作用。

（2）抑制染色体畸变：研究表明[24]新加沙参麦冬汤具有一定的抑制丝裂毒素-C（MMC）诱导小鼠染色体畸变、抗突变的机理，且其升高荷瘤小鼠体内过超氧化物歧化酶SOD水平，无疑会是对抗启动因子导致体内过量自由基产生而致细胞突变和癌变的机制之一。

2. 新加沙参麦冬汤抑制肿瘤转移作用

为明确新加沙参麦冬汤防治肿瘤转移的机制，前期研究[25]检测了皮下移植瘤血管内皮细胞生长因子（VEGF）、血管内皮细胞第Ⅷ因子（CD34）、黏附分子（CD44V6）、基质金属蛋白酶2（MMP2）和基质金属蛋白酶抑制酶（TMP2）的表达情况。

新加沙参麦冬煎剂组表达TMP2比空白组明显增加（$P<0.01$）。新加沙参麦冬煎剂治疗组皮下移植瘤MVD、VEGF、CD44V6蛋白表达较空白组、环磷酰胺组明显下调。CD 44V6、VEGF、MVD与小鼠肺转移灶数呈正相关。提示新加沙参麦冬煎剂可以上调肿瘤组织表达MMP2，进而抑制MMP2的生物活性，降低肿瘤细胞进入微血管循环，透过微血管形成转移灶及下调肿瘤组织CD44V6的表达，降低脱落的肿瘤细胞与血管内皮细胞的黏附，抑制肿瘤细胞表达VEGF蛋白，进而降低肿瘤组织微血管密度，抑制了肿瘤新生血管的形成等多个环节，从而达到其抑制肿瘤转移的临床疗效。

因此，新加沙参麦冬煎剂对小鼠肺腺癌细胞（LA795）高转移小鼠肺腺癌模型有较好的抑制转移、抑制肿瘤生长和延长荷瘤小鼠生存时间的作用，可能是通过调控肿瘤转移过程中黏附、基质降解、血管生成相关分子的表达成为其主要作用途径。

二、临床经验放异彩

吴老师系首批国家级名老中医，享受国务院政府特殊津贴，从事中西医肿瘤临床工作50余年，擅长各种恶性肿瘤的诊治。吴老师在临证治疗上注重临床与理论相结合，主张中西医结合、取长补短，重视临床经验的传承与创新。

（一）一消二扶三平衡

恶性肿瘤在证候表现和发展转归上有着和一般疾病相似的规律，但也有和一般疾病不同的特征，其往往疗效差、进展快，预后不理想。由于恶性肿

53

瘤证候多数深藏于内，再加上历史因素的限制，祖国医学对其病因病机理论体系缺乏统一的认识。吴老师认为，恶性肿瘤是由多种病理因素所致，是邪实与正虚夹杂的一类复杂疾病，强调邪深毒盛，正虚体弱。针对其特殊而复杂的发病规律，吴老师归结为：气滞、血瘀、痰凝、火盛相互交结，导致正气受损，气阴两伤，邪毒乘虚聚集而入，必然进一步阻滞气血津液流通，耗伤正气，致气愈滞、血愈瘀、痰愈凝、火愈结，因果相联，变证从生。而其病理关键在于邪深毒盛；正气不足是其内在原因也是其必然结果。根据恶性肿瘤庞杂多重的病机，吴老师组合多种治法，提出了"一消二扶三平衡法"论治肿瘤的思想精髓。其实质是以中医辨证为依托，量证拟方。吴老师不主张用大方，尤其是那种不讲究辨证，靠堆砌药物以"广络原野，冀获一兔"的方法，提倡用药精灵。

（1）一消：消即所谓的祛邪，包括清热解毒、解毒消肿、以毒攻毒及活血化瘀、软坚散结等，吴老师还把现代药理认为有抗癌作用的药物来抑制肿瘤的治疗方法也归属消法。他认为，在恶性肿瘤的正邪矛盾之中，邪气占据着主导地位，癌毒瘀滞、痰浊火热是恶性肿瘤不断发展恶化的主要原因。强调祛邪在恶性肿瘤治疗中的地位，在于癌毒是恶性肿瘤的主要病理因素，更在于祛邪之法立足于辨证与辨病的基础上，祛除邪毒，疏调气机，畅通经络，调整脏腑，从而改善机体整体状况，提高机体抑癌抗癌的能力，因此祛邪法应贯穿于恶性肿瘤治疗的始终。恶性肿瘤在初期以邪实为主，治疗重在祛邪；中期邪实正虚，治疗重祛邪扶正；晚期正虚邪实，治疗重扶正祛邪。吴老师认为治疗肿瘤无纯粹的补法，只要体质尚可，则不应放弃攻，反对见癌就补。在有邪实的情况下，单纯扶正易滞邪，甚至助邪。

（2）二扶：扶即所谓扶正，包括培本固元、益气养阴、健脾益肾、滋阴和胃及气血双补、滋阴壮阳等。吴老师把现代药理认为有提高机体免疫功能的治疗也归属扶法。中医学对疾病发生之认识都是基于"邪之所凑，其气必虚""正气存内，邪不可干"的基本理论。所谓扶正，就是扶助人体对"邪"的防御能力，使人体达到正常功能。吴老师的扶法就是立足于这一基本观点，具体措施在一定程度上落实在培补脾、肾方面，而脾胃尤为重要。因为脾胃为后天之本，精微之源，是任何补养的基本保障。即《黄帝内经》中提到的"治病必求于本"。李士材的"善为医者，必责根本。而本有先天后天之辨，先天之本在肾，后天之本在脾。"由此可见，扶法的总则就是重点扶脾、肾，其中包括了对气、血、阴、阳的扶助补益。由于正气不足是恶性肿瘤病变过程中的内在原因和结果，因此扶正治疗也是肿瘤治疗的重要组成部分。肿瘤正气本虚，复加刀圭、放化疗及中医祛邪等以毒攻毒之法，先后天之本弥虚，因而扶正法中以健脾益肾法运用最为普遍，这与中医以"脾肾为本"的理论相一致。

（3）三平衡：所谓平衡就是祛邪扶正的有机结合，使消长平衡，阴平阳秘，是消和扶的合理运用，是吴老师论治恶性肿瘤的概括。他强调祛邪的重要性，但不主张偏倚祛邪。一味峻猛强攻，肿瘤固然铲动而病人已奄奄一息，"玉石俱焚"的做法是不妥当的。应根据机体情况的差异，邪正力量的不同，合理地把握好祛邪和扶正的关系，做到攻补有度、以平为期。他认为，李中梓倡导的治疗癥积分初、中、末三期的原则就是对平衡的一种诠释[26]。李中梓在《医宗必读》云："正气与邪气，势不两立，若低昂然，一胜则一负，邪气日昌，正气日削，不攻去之，丧亡从及矣。然攻之太急，正气转伤，初中末之法不可不讲也。初者，病邪初起，正气尚强，邪气尚浅，则任受攻；中者，受病渐久，邪气较深，正气较弱，任受且攻且补；末者，病魔经久，邪气侵凌，正气消残，则任受补。"

（二）益气养阴法

"益气养阴法治疗恶性肿瘤"是吴老师提出的一种治疗思路，他认为恶性肿瘤是一种消耗性疾病，手术治疗耗伤气血，而中医认为放化疗乃热毒之邪，耗伤阴血，损伤脾胃功能，气血生化乏源，导致患者机体功能难以恢复，肿瘤容易复发、转移，生存质量降低和生存期缩短。益气能提高和振奋机体的各方面功能，提高抗病能力；养阴以补充维持机体正常生命活动的物质基础，但更主要的是根据阴阳的偏盛偏衰来调整人体阴阳、气血、脏腑和经络等各方面的功能，使人体达到一个新的动态平衡。

扶正始终是肿瘤治疗之大法，牢牢把握"邪之所凑，其气必虚"的经典理论，将益气养阴法始终贯穿在肿瘤的治疗之中。益气养阴法治疗肿瘤具体体现在：①手术前的中医治疗以益气为主；②手术后的中医治疗以益气养阴、理气顺腑为主；③放化疗前益气养阴佐活血；④放化疗后益气养阴，和胃降逆佐理气顺腑；⑤晚期肿瘤治疗以扶正为主。在临床实践中取得了良好的疗效。

（三）结直肠癌

结直肠癌属中医"肠覃""脏毒""锁肛痔""下血"等病证范畴。临

浙江中医临床名家·吴良村

床起病隐匿，50%～60%的患者确诊时已是局部晚期（Ⅱ、Ⅲ期），往往已失去手术切除的机会。吴老师对结直肠癌的诊治有独特的临证经验，能改善患者临床症状和生活质量，降低复发转移率，延长总生存期，提高机体免疫功能。

吴老师临床治疗结直肠癌以健脾益气为主，随证辅以熄风通络、活血化瘀、解毒抗癌、消食和中之法，临证用药善于甘、苦、辛、平配伍。他认为结直肠癌患者发现之初多为中晚期，脾虚之象明显。加之西医手术刀圭耗气伤血，化疗苦寒伤脾败胃，因而临床多见脾虚之证，故治疗以健脾益气为主。此外，吴老师认为清热药配伍得当，亦可提高临床疗效，辨病与辨证相结合，扶正之时不忘祛邪，以达"邪去积自消""邪去正自安"。然清热解毒之品多苦寒，易败胃伤中，组方遣药宜顾护脾胃阳气，配伍用药以炒、炙之类居多。结直肠癌多为痰瘀互结而成，血瘀日久则成水，水湿胶结则化痰，故临证适当配伍利水渗湿药，血水同治，痰湿同消。且利水渗湿药常能健脾，脾运健则水湿自消，水湿化则脾运复健，气血生化有源，正气以复。

（四）肝癌

我国是肝癌高发区，且肝癌早期检出率较低，病情进展迅速，预后极差。治疗上，现代医学多采用手术、射频、肝动脉栓塞化疗等方法，但疗效有限，而中医药干预能明显提高肝癌患者的临床症状及生活质量，并能延长生存期。吴老师对原发性肝癌亦有独特的诊治经验，他认为肝癌乃肝肾亏虚，故当从肝肾论治，宜予滋水涵木法调养肝肾。

滋水涵木，即滋养肝肾法，根据五行相生理论而确定的滋肾阴以养肝阴的方法，适用于肾阴亏损而肝阴不足或肝阳偏亢之证。吴老师认为，补法在肿瘤患者中常被使用，但其临床适应证难以掌握，影响遣方用药。肝癌属中医学"肝积"范畴，其根本原因是正虚邪实，多为正气虚弱，邪毒踞之；或饮食不节，毒邪内生，以致气滞血瘀，邪凝毒聚，渐成积块。邪毒炽盛，后天之本无以供养，而耗先天之本，肾阴亏损，肾水无以制肝阳，则肝肾同病。据此，治以滋水涵木，经典方为地黄丸，其核心为两个药对，生地黄、枸杞子配山药、茯苓。生地黄、枸杞子均属甘润之品，入肝、肾经，合用则共滋肾阴，固先天之本；山药、茯苓均属甘平之品，合用则补中有泻，泻中有补，补阴而不滋腻，平补"五脏之阴"。吴老师认为，滋水涵木法乃滋养肾阴，肾阴足，则肝体得养，肝阴足，肝气调畅，肝阳得潜，阴足则阳潜，阳平不灼阴。故本法乃肝肾同治、标本兼治之策。

吴老师指出"滋水涵木"法在临床运用过程中，当灵活多变，如地黄丸具有多种类别，如杞菊地黄丸、麦味地黄丸、知柏地黄丸等，根据肝肾亏虚的具体情况，均属"滋水涵木"法，可随证酌以加减。《杂病广要》曰："大抵积之初固为寒，积之久则为热矣。"在肝癌临证中，应注意清热解毒药的使用。吴老师喜用三叶青、白花蛇舌草、龙葵、重楼、蛇莓、蛇六谷等苦寒药，但因其易伤脾胃，故常少量用之，适时祛邪。肝胆互为表里，肝癌之病，邪常入肝胆经，袭少阳经，使少阳受湿热熏蒸。对此，吴老师多用药对黄芩、青蒿，取"蒿芩清胆汤"之义，一清一透，以达清热泻火，燥湿透邪，但不可久煎，以使药效达于中焦。《血证论》曰"肝属木，木气冲和条达，不致遏郁，则血脉得畅。"又"瘀血在经络脏腑之间，则结为癥瘕"。吴老师认为，肝癌疼痛常因气滞血瘀，可以将活血药寓于疏肝理气药中，行气活血，多用丹参、三七、莪术、仙鹤草等，但中病即止，不可大量久服。

吴老师认为"补法"在肝癌中的运用宜随证加减，谨记"不断扶正，适时祛邪"。肝癌患者多数经介入射频、放疗、化疗、手术等攻邪峻猛，导致热毒内聚，易耗伤正气，灼伤肾阴，使肝阴益亏。故治疗当用"滋水涵木"法，标本兼顾，临床运用应随证灵活配伍，方能取得满意疗效。

（五）胰腺癌

胰腺癌是消化系统常见的恶性肿瘤之一，有发病隐匿、侵袭性强、进展迅速、预后极差的特点，是当前最难治的恶性肿瘤之一。吴老师认为在现代医学治疗胰腺癌临床有效方案极其有限的现状下，若要提高胰腺癌临床疗效，必须中西医有机结合，两者缺一不可。

中医文献中未见胰腺癌之病名，但有类似胰腺癌的记载，属中医学"伏梁""心积"等范畴。吴老师认为胰腺癌的发生与脾胃关系较大，认为本病病位在脾，凡外感六淫、内伤七情、饮食不节等因素，均可伤脾生积成癌。如起居失宜，外感湿毒，损伤脾气，脾失运化，湿浊内聚，日久化积；内伤忧思，思则伤脾，脾虚肝乘，脏腑失于调和，气机阻滞，痰浊内生，血行瘀滞，痰瘀搏结成积；饮食不节，喜食肥甘厚味，酒食湿热之品，伤及脾胃，湿热内蕴日久成积；或由他病迁延不愈，如砂石、虫阻等，正气亏虚，邪毒不去，结而成积。因此，他认为胰腺癌是以脾胃亏虚为本，气血痰毒凝滞为标的本虚标实病。

吴老师认为胰腺癌临床症候错综复杂，常规分型论治难免以偏概全。但

为便利教学，他在临证指导仍将其分为气滞血瘀、肝胃蕴热、脾虚湿阻、气阴两虚四型，但反复告诫切勿拘泥于分型，需"谨守病机，各司其属，有者求之，无者求之，实者责之，虚者责之"，进行辨证论治。

吴老师贯通中西，在临床中善于中西医结合，根据患者分期制订较佳的个体化方案。两者缺一不可。早期胰腺癌术后，仍应长期服用中药，以期提高5年生存率。胰腺癌胰十二指肠切除术（Whipple术）为重大手术，术后患者多较虚弱，易发生消化不良、脂肪泻、营养不良等并发症。消化不良可作脾气不足为治，予以健脾益气；若久泻伤阴或营养不良，又多为阴液不足，拟滋阴补血为主；另外术后病人又多气滞血瘀，旧血不去，新血不生，可稍佐理气活血之品。术后患者的治疗当以尽快恢复体力为主，为按期完成下一步治疗方案做准备。此阶段脾虚湿阻、阴虚内热两型多见，可选用异功散、沙参麦冬汤等方辨证论治，常可取得较好的疗效。

胰腺癌对化疗欠敏感，但化疗仍然作为胰腺癌术后辅助或者姑息治疗的一个重要手段。在化疗期间可加车前子、泽泻等通利小便，加快化疗药物代谢产物的排泄，此时中药当起减少毒副作用的辅助作用，使患者尽快恢复食欲与体力，按期行下一周期的化疗。胰腺癌属放射不敏感肿瘤，但由于疼痛为常见症状，临床中也常采用放疗来缓解疼痛症状，改善生活质量，但又因胰腺部位较深，放疗可能损伤周围消化器官，产生较为明显的消化道症状。吴老师认为电离辐射是一种热性物质，可蕴热于肝胃，更易耗气伤阴，故放疗阶段以肝胃蕴热、阴虚内热为常见，可酌情选用茵陈蒿汤、柴胡疏肝散或生脉饮、沙参麦冬汤等辨证施治，也有较好的疗效。

吴老师认为胰腺癌是以脾胃亏虚为本，气血痰毒凝滞为标的本虚标实的顽疾，通过长期临床积累，将其分为气滞血瘀、肝胃蕴热、脾虚湿阻、气阴两虚等四型，讲求不同阶段灵活辨证、扶正祛邪、辨病与辨证有机结合、中西医结合综合治疗等原则，取得了较好的疗效，为更好地进行中西医诊治胰腺癌提供了宝贵的经验。

第四节　成果累累斩收获　名医名药名远扬

一、成果累累斩收获

在吴老师的精心指导下，科室成员团结一致谋发展，中西医并重防治肿瘤，临床诊疗水平不断提升，科研事业成果累累，同时薪火相传，孜孜不倦。

（一）科室现状

1. 工作总量

肿瘤科共有床位140张，年门诊量约7万人次，年病房出院人数约4千人次，统计以来每年门诊量、病房出院人数均持续稳定增长。

2. 优势病种

肺癌，大肠癌，肝癌。肺癌15 056人次，大肠癌6715人次，肝癌3172人次，为门诊优势病种。病房优势病种分别为肺癌1134人次，大肠癌827人次，肝癌162人次。由于近年来大肠癌治疗的进步，治疗日趋合理，患者生存期延长，门诊量增长符合规律，住院大肠癌增长与科室近年开展大肠癌研究有关。

3. 中医参与及辨证准确率

门诊中医参与率在99%以上；门诊处方抽查四次，中医辨证符合率95%以上。住院患者中医参与率100%，5个中医单病种全部实行单病种管理，中医辨证准确率100%。

4. 中医症候改善率

对住院肺癌患者改善率为91.11%，大肠癌患者为90.09%，肝癌患者为89.06%。

5. 平均住院日

整个病区平均住院天数为10.3天，处于省内领先水平；优势病种：肺癌为10.37天，肝癌12.94天，大肠癌8.53天。

6. 门诊均次医疗费用

门诊人均费用在1100元左右，呈持续降低趋势。

（二）中医医疗技术应用情况

1. 中医脐疗

中医脐疗是选用适当的药物，制成一定剂型（粉、糊、丸、膏、饼等）填敷脐部，或对其施以物理刺激，如艾灸、热熨、拔罐、推拿、针刺等，以达到治疗疾病的一种方法。我们根据清代外治大师吴师机的"外治之理即内治之理，外治之药即内治之药"这一理论，应用中药敷脐治疗肿瘤及其并发

症，取得良好疗效。

（1）化疗引起的腹泻：化疗药如阿糖胞苷、5-氟脲嘧啶、盐酸拓扑替康均可引起腹泻、腹痛，尤以5-氟脲嘧啶、盐酸拓扑替康引起的腹泻最为常见。中药敷脐治疗腹泻有较好的疗效。用补骨脂、肉豆蔻、五倍子各等份，研末过筛备用。取药末10g，敷贴脐部神阙穴，用胶布固定，24h一换，直至腹泻消失。

（2）癌性腹水：癌性腹水的成因不外肿瘤直接侵犯腹膜、继发感染、肿瘤阻碍血液及淋巴回流、门脉高压、低蛋白血症等。目前现代医学治疗手段不多，且疗效不尽如人意。采用川椒目10g、桂枝10g、细辛3g等共研细末，加白醋适量调成膏状，敷于神阙穴，外用艾条灸脐部药物，每次2h以上，每日一次，药物去除后外涂红花油防烫伤。疗效较为满意。一般当日起效。

（3）癌性疼痛：癌性疼痛是肿瘤常见并发症，目前治疗疼痛方法较多，配合中药可明显加强治疗疼痛效果。药用蜈蚣2条，白屈菜15g，徐长卿15g，川乌15g，延胡索15g，麝香3g。以上诸药粉碎后研末，过筛，黄酒调匀成膏，敷于脐部，外用艾条灸脐部药物，每次2h以上，灸后用伤湿止痛膏封闭固定药物，24h一换，7天为一疗程。

（4）化疗所致呕吐、腹胀：恶心呕吐是化疗最常见早期毒性反应。如顺铂可引起剧烈恶心呕吐。严重呕吐可致脱水、电解质失调、衰弱及体重减轻，可能导致患者拒绝接受有效治疗。现代医学治疗呕吐效果较好，但患者应用止吐药后腹部胀满不适，我们应用脐疗不但有明显的止吐作用，还能很好地消除腹部胀满的作用。

2. 耳针治疗

各种肿瘤在进行手术、放疗、化疗过程中，或刺激了膈神经，或因膈神经痉挛，或肿瘤侵犯膈肌直接压迫膈肌都会出现呃逆。顽固性呃逆因频繁呃逆，给患者带来了很大的痛苦，很多患者因呃逆彻夜难眠，并引起呕吐，更甚至导致消化道出血，需及时有效地进行治疗。一般呃逆给予体针或中药汤剂很快可治愈，而肿瘤及肿瘤治疗中所致的呃逆，持久顽固，采用西医及一般治疗没有效果，有的患者也只是暂时缓解，不久又起，所以在治疗上必须给予持续地和胃降逆，抑制膈肌兴奋，故而采用耳穴皮内针疗法，可达到持续长久地抑制膈肌兴奋。为了避免穴位刺激疲劳，故每天更换一侧耳穴。

3. 中药煎剂保留灌肠治疗直肠癌

直肠癌是我国常见的恶性肿瘤之一，列于常见癌症的第五位，近年来由于饮食结构的改变，直肠癌的发病率有上升的趋势。中医认为直肠癌属脏毒、积聚、肠风、肠覃等范畴，在辨证上大致分为湿热蕴结，下迫大肠；脾虚湿蕴，毒结大肠；脾肾阳虚，寒迫大肠；肝肾阴亏，阴虚燥热；气血双虚，中气下陷诸型。早期以寒湿热为主，中期以肝肾阴虚为主，晚期多气血双亏、阴阳皆虚。在治疗方面，中医以扶正培本、利湿解毒、活血化瘀为治则，但收效甚微，治愈率低。中药煎剂保留灌肠法在此基础上又增加了祛邪抗瘤、散结消肿、气血双补之要药，使治疗更加完善，经临床观察，患者应用此法后，能缩小包块，提高机体免疫力，疗效显著。热疗治癌在国外国内已受重视，体温高出正常5℃时，癌细胞受热或是死亡，或是停止生长，中药煎剂保留灌肠也运用了此原理，以抗癌渗透力强的药物，通过灌肠，药力直达病灶，共奏软坚散结、破瘀、收敛癌毒之功效，使癌体萎缩、软化，从而收到事半功倍的效果。因此，我们认为中药煎剂保留灌肠治疗直肠癌，不失为一种疗效持久、安全可靠、独具特色的治疗方法，值得进一步加强基础和临床应用的研究。

（1）中药组成：白花蛇舌草30g、半枝莲30g、木香9g、红藤15g、苦参15g、生薏仁30g、丹参15g、土鳖虫9g、乌梅肉9g、瓜蒌仁30g、延胡索30g、八月札5g、守宫4.5g、甘遂1g、五倍子30g、白及15g。上述药物为1剂用药，水煎200～300mL，分为两份，每日两次，保留灌肠。

（2）灌肠方法：嘱病人先排便，取侧卧位，双膝弯曲，用5号橡皮导尿管，接注射器，插入肛门16cm以上，徐徐灌入100～150mL药液，保留1h以上，以利药物吸收，药液温度约38℃左右，14天为1疗程。

（3）注意事项：①药液温度适宜；②插管深浅适度；③灌入肠内的药液保留时间越长越好，有利于肠黏膜充分吸收，睡前灌肠为妥。

4. 中药外洗治疗化疗所致周围神经毒性

周围神经毒性是化疗常见的不良反应之一，是其剂量限制性毒性，主要表现为手足麻木、遇寒加重，甚者出现肢体功能障碍。其发生率高，且目前尚缺乏明确有效的防治方法。中医外治法源远流长，"外治之理即内治之理，外治之药即内治之药，所异者法耳。"中医外治法具有简、便、廉、验等特点。科室采用中药外洗防治化疗致周围神经毒性患者，取得较好疗效。采用温经通络法，自拟通络散（红花、川乌等中药配方颗粒剂）。

每剂3g，使用时用温水溶解后稀释至1000mL。患者使用通络散外用洗浸患部，温浴（水温35℃~40℃），每次20min，每日早、晚各1次，连用7天为1个观察周期。

二、名医名药名远扬

吴老师创建了浙江省中医院肿瘤科，并带头与科室成员一起搞科研、专临床，硕果累累，声名远扬。

（一）学科创始人

吴良村，男，二级教授，主任中医师，博士生导师，首届浙江省名中医，第二、五批全国老中医药专家学术经验继承工作指导老师。

1959年吴老师就读于浙江中医学院，并在浙江医科大学学习西医，中西医理论基础扎实。1965年毕业后分配到浙江省中医院工作，并于1967年开始组建肿瘤治疗协作小组，1978年在肿瘤组基础上组建成肿瘤科。1988年被授为硕士生导师，1992年晋升为主任医师、教授，1996年被浙江省政府授为首届浙江省名中医，1997年被国家人事部（现中华人民共和国人力资源和社会保障部）、国家卫生部（现中华人民共和国国家卫生健康委员会）、国家中医药管理局命名为第二批全国老中医药专家学术经验继承工作指导老师，1998年享受国务院政府特殊津贴，1999年被授为博士生导师，2013年被聘任为二级教授。吴老师从事医疗临床工作50余年，临证善于辨证论治，博采众长，注重临床与理论相结合，擅长用中医药治疗内科疑难杂症；专长用中西医结合方法治疗各种肿瘤，取长补短，临床经验丰富，理论造诣精深，创立"益气养阴法"用于治疗肿瘤，尤其擅长肝癌、肺癌、胃癌、肠癌、乳腺癌、卵巢癌等的治疗，在国内享有很高声誉，并先后应邀赴日本、澳大利亚、新加坡、美国、德国、荷兰等国及香港讲学和学术交流、会诊。主持科研课题20余项，其中获国家科学技术进步奖二等奖1项，获省部级、厅局级科研成果奖10余项，培养博士、硕士研究生30余名；吴老师和李大鹏教授一起承担了国家"七五""八五"攻关课题"康莱特注射液"治疗癌症的研制工作并获得巨大成功，该药获国家二类新药证书，该成果获国家中医药管理局科技进步奖一等奖、国家科学技术进步奖二等奖、国家发明奖三等奖，为国家科学技术委员会"九五"国家科技成果重点推广项目。在国家级、省级杂志上发表学术论文50余篇。曾任中华中医药学会肿瘤学会全国委员、中国抗癌协会传统医学委员会委员、浙江省抗癌协会常务理事、浙江省中医肿瘤研究会副主任委员、浙江省中西医结合学会疼痛专业委员会副主任委员、浙江省中医药高级技术职称评审委员会成员和新药评审委员等职，《中国肿瘤》《浙江中医杂志》《实用肿瘤杂志》《浙江中医学院学报》和《浙江临床医学》编委。

（二）学术带头人

沈敏鹤，男，主任中医师（专业技术二级），博士生导师，全国优秀中医临床人才，浙江省名中医。

从事中西医结合肿瘤内科工作30余年，擅长常见肿瘤（尤其是肺癌、胃癌、乳腺癌、大肠癌、肝癌及卵巢癌等）综合治疗方案的制订，重点从事中药与化疗、生物治疗结合的基础与临床研究，在中药抗肿瘤多药耐药、中西医结合治疗肿瘤的时机、规律方面有开拓性成就。1986年毕业于浙江中医学院中医系，1997年入选第二批全国老中医药专家学术经验继承人，2005年入选浙江省"新世纪151人才工程"第三层次培养人员，2008年入选第二批全国优秀中医临床人才研修项目。曾任浙江省中医院副院长、肿瘤中心主任，国家中医药管理局"十二五"中医药重点学科"中医'治未病'学"学科带头人，国家中医药管理局"吴良村名老中医药专家传承工作室"负责人，浙江省中医药重点学科"中医肿瘤维持治疗学"学科带头人，浙江省中医药肿瘤科技创新平台中医肿瘤负责人，浙江省高等学校创新团队"消化道肿瘤中西医结合防治创新团队"负责人，浙江省教育厅"中医人才创新实验区"负责人，浙江省肿瘤多学科治疗创新团队中医平台负责人，浙江省名中医研究院办公室副主任，浙江省中医药学会副会长兼秘书长，中华中医药学会理事，中华中医药学会肿瘤分会副主任委员，中华中医药学会亚健康分会常委，中华中医药学会膏方分会常委，中国中西医结合学会肿瘤分会常委，中国抗癌协会传统医学专业委员会常委，浙江省中医药学会肿瘤分会主任委员，浙江省抗癌协会理事，浙江省抗癌协会中医肿瘤分会主任委员，浙江省中西医结合学会科普工作委员会副主任委员，《肿瘤学杂志》编委等。主持并参与国家级、省部级、厅局级课题多项。在国内外期刊杂志上发表学术论文100余篇，参编《浙江中医药名家之路》、《中医康复学》等著作，获浙江省科学技术进步奖2项，浙江省中医药科学技术奖等6项。先后培养博士研究生与博士后、硕士研究生、基层名中医、西学中学生共80余名。

浙江中医临床名家·吴良村

（三）学科带头人

舒琦瑾，男，医学博士，主任中医师，教授，博士生导师。

现为浙江中医药大学肿瘤研究所副所长，浙江省中医院肿瘤二区主任，国家中医药管理局重点专科学科带头人。国家自然科学基金、省自然科学基金评审专家、浙江省抗癌协会传统医学专业委员会主任委员、中国中医肿瘤防治联盟常务理事、中华中医药学会肿瘤分会常委、世界中医药学会联合会癌症姑息治疗研究专业委员会副会长、世界中医药学会联合会肿瘤精准治疗专业委员会副会长、中国医师协会中西医结合肿瘤分会常委、浙江省中医药学会肿瘤分会副主委、浙江省医师协会肿瘤精准治疗专业委员会常委、中国抗癌协会肿瘤传统医学委员会委员、中国中西医结合学会肿瘤专业委员会委员等，浙江省"新世纪151人才工程"培养对象，省市医疗鉴定专家库成员，*Intergrative Cancer Therapies*、《中华中医药杂志》等审稿专家等。师承国家名老中医吴良村教授，擅长肺癌、肝癌的微创诊断和治疗，在胃肠道恶性肿瘤、乳腺癌等常见肿瘤的中西医结合治疗领域积累了丰富的经验；秉承院训"融汇中医西医，贯通传统现代"，不断开拓中西医结合治疗，坚守"大医精诚"的行医理念，推广和宣扬中医特色疗法，为中医现代化发展贡献力量。2007年6～9月曾于澳大利亚昆士兰州Mater医院交流学习，具有熟练的英语听、说、写能力。国家重点专科中西医结合肿瘤学主要技术骨干，长期从事中西医结合肿瘤临床、教学与科研工作。主持国家自然科学基金3项，浙江省自然科学基金1项，浙江省中医药管理局、浙江省科学技术厅重点及浙江省教育厅重点/一般项目各1项等，参与国家、省自然科学基金及其他省部课题多项；主持和参加多项国家药物临床验证工作。主持并获浙江省中医药科学技术奖一二等奖各1项，参与并获浙江省科学技术进步奖一等奖1项、三等奖2项。获2018年"第十六届全国中西医结合肿瘤学术大会"优秀论文三等奖、"2014年全国中医肿瘤学术年会"优秀论文二等奖、2011年首届"之江中医药论坛"优秀论文一等奖及2010年"第十二届全国中西医结合肿瘤学术大会中国中西医结合学会——金港榄香烯优秀论文奖励基金"三等奖。在国家TOP中文期刊《中国中西医结合杂志》《中国中药杂志》《中华中医药杂志》《中医杂志》等刊物上发表学术论文70余篇，发表SCI文章2篇，参编著作2部。培养硕士研究生47名，博士研究生2名，其中已毕业研究生35名，在读硕博研究生14名；培养基层名中医1名。

作为专科负责人,组织制订并实施专科建设规划。自2012年起每半年召开一次专科工作会议,讨论专科建设规划及各优势的临床诊疗方案的优化及验证工作。并积极组织专科人员进行肿瘤病临床诊疗方案优化及验证工作,积极组织人员参加肺癌、大肠癌、肝癌、胃癌及乳腺癌的临床诊疗方案优化及验证工作。每年承办一次全国肿瘤专科协作组会议,讨论各重点病种的诊疗方案优化和验证,并积极开辟临床路径试点方案。积极组织落实学术带头人及名老中医临床经验的继承工作。组织人员对科室名医尤其是吴良村教授的学术经验进行系统的梳理和总结,形成了在肿瘤系统疾病的系列治疗思想和理念,形成了专科病种的健康教育宣传,开辟了专病门诊。

（四）"解毒三根汤"治疗结直肠癌

学科组分支在前期单病种研究中发现,晚期结直肠癌患者常伴有脾气虚、痰湿、血瘀、肝郁等证候要素,主要以脾气不足证、脾虚湿蕴证、湿浊内蕴证、脾虚肝郁证、肝肾阴亏证这5种证候常见。由学科负责人牵头的国家公益性行业科研专项项目"大肠癌不同治疗阶段中医规范化方案研究"得出建立了以健脾益气为基础治法,随证加减的结直肠癌中医干预方案"大肠癌不同治疗阶段中医规范化方案",该方案在临床五家三甲医院前瞻性队列研究结果提示,Ⅲ～Ⅳ期结直肠癌患者1年生存率提高8.47%,2年生存率提高19.38%;中医干预可以增加化疗疗效,改善患者的生活质量,改善部分中医症状,提高化疗完成率。"十一五"国家科技支撑计划"名老中医临证经验、学术思想传承研究"项目同样得出类似的结论,并总结出院内制剂解毒三根汤（藤梨根、虎杖根、水杨梅根）治疗结直肠癌的有效性,基于解毒三根汤为清热解毒治法的结肠癌中医、中西医结合防治方案,降低同期不使用该方案患者早期远处转移风险,同时在前期基础研究中在抗结肠癌转移,提高生存期方面取得令人鼓舞的数据。

在以上研究背景下,该分支主要工作内容是通过随机、双盲对照,前瞻性的研究方法,观察中医药基于"病证结合"模式在结直肠癌辅助化疗后维持治疗的远期生存疗效,并对该方案的毒副作用和安全性做出评估。采用多中心、随机、双盲对照的前瞻性研究方法,将Ⅱ～Ⅲ期的结直肠癌带瘤患者随机分为4组:试验组（中药+辅助化疗组、中药+姑息化疗组）、对照组（安慰剂+辅助化疗组、安慰剂+姑息化疗组）。维持治疗至肿瘤进展或死亡,对患者进行定期随访。主要疗效评价指标为无进展生存时间（PFS）;

次要疗效评价指标：①总生存期（OS）；②客观缓解率（ORR）；③疾病进展时间（TTP）；④生活质量评分（QoL）。中医证候评分：同时对治疗方案的年龄分层、毒副作用和安全性做出评估。预期中药联合化疗组能延长进展生存时间、总生存期，提高患者生存质量，疗效优于单纯化疗，尤其在老年患者中，取得更大获益。通过研究，为优化和推广中西医综合治疗方案提供证据。

（五）中医药维持治疗克服EGFR-TKI耐药

学科组分支既往研究表明南方红豆杉水提物主要活性物质为非紫杉醇及紫杉烷类复合物，有着与紫杉醇完全不同的抗肿瘤特性。前期研究结果表明南方红豆杉水提物可显著抑制EGFR表达，下调Survivin蛋白，诱导EGFR表达的肺癌细胞凋亡。学科组将在此基础上，进一步研究其对EGFR-TKI耐受肺癌细胞的活性及其分子机制，为临床合理用药提供理论基础。

学科组证实了南方红豆杉水提物与紫杉醇抗肿瘤作用机制完全不同，进行的体外研究表明了两者的本质不同。①体外实验用红豆杉水提物及紫杉醇分别处理人肺腺癌A549细胞后，镜下形态显著不同。南方红豆杉水提物处理后镜下观察细胞以凋亡改变为主，细胞膜出芽，冒泡但完整性好；而紫杉醇处理后细胞以坏死改变为主，细胞完整性破坏，成片细胞死亡，破坏组织结构。②流式细胞仪检测细胞周期示：经南方红豆杉水提物处理后的细胞呈现细胞周期阻滞，表现为G_1期细胞增多，S期细胞相应减少，使其发生G_1期阻滞，呈现一定的剂量—效应关系。而紫杉醇主要作用于G_2、M期。同时，对南方红豆杉水提物抗肿瘤机制的初步研究：①噻唑蓝溴化四唑（MTT）还原法药物敏感性试验表明南方红豆杉水提物处理A549细胞24h后，对A549细胞增殖有明显的抑制作用，且随着药物浓度的增加，其抑制作用逐步增强，呈明显的剂量—效应关系。②显微镜及电镜下观察到南方红豆杉水提物处理A549细胞24h后与正常细胞相比，随着南方红豆杉水提物剂量增加，A549细胞增殖受抑制，形态发生明显变化，呈凋亡的典型形态学改变。③细胞凋亡流式定量检测结果显示：与对照组相比，经药物处理24h后的细胞早期凋亡的比例明显升高，且早期凋亡的比例呈现一定的剂量—效应关系。④Western blot ting检测结果显示：与对照组相比，南方红豆杉水提物对EGFR蛋白的表达有明显抑制作用，随着南方红豆杉水提物剂量增加EGFR表达量逐渐减少。同时，对p38-丝裂原激活的蛋白激酶（p38MAPK）和ERK1/2的磷酸化水平进行了初步研究，实验结果显示南方红豆杉水提物可诱导p38蛋白磷酸化，并且下调P-ERK1/2蛋白的表达。

本分支拟下一阶段明确南方红豆杉水提物调控*EGFR20*外显子*T790M*突变及*c-Met*扩增逆转人肺癌吉非替尼耐药的机制。基于以上研究成果，学科组将进行细胞培养实验及动物实验、临床实验三方面，以明确南方红豆杉水提物对*T790M*突变细胞株的干预、对*c-Met*基因扩增细胞株及信号通路的干预作用，分组后分别对其进行MTT、免疫组化、RT-PCR、DNA测序、Western-blotting等实验，比较各细胞株对吉非替尼药物敏感性，分析比较耐药相关性。围绕耐药机制，明确南方红豆杉水提物逆转吉非替尼耐药的机制。最后，在基础性研究的基础上，筛选出多途径、多靶点的、毒副作用少的EGFR-TKI耐药逆转药物进行临床研究，采用多中心、随机、双盲对照的研究方法，明确其疗效和安全性，以及其治疗的适应范围、系统评价患者的耐受能力、生存质量、复发转移率，制定具有中医药疗效优势的综合诊疗方案，并进行卫生经济学分析，开辟治疗肺癌的新途径。

第四章

高超医术

第一节　衷中参西治肿瘤

"衷中参西"理念是由清末民国初期的医家张锡纯提出的。他是近代中西医汇通派的先驱，其代表作《医学衷中参西录》开创了中西医结合之先河，对后世临床治疗用药产生极大影响。中医学有着悠久的历史和独特的理论体系，在数千年的预防保健和医疗实践中，积累了极其丰富的经验，对中华民族的繁衍昌盛，做出了卓越的贡献。鸦片战争以后，西方文化大量传入中国，而医学是先锋。生活在这个时期的名医张锡纯不为流俗所惑，力主中西贯通，取长补短，以中为本，以西为用。他提出"合中西融贯为一"的设想，并以"中医包括西医之理"的学说为理论依据，力图沟通中西医。张锡纯认为："西人之治病，惟治局部，但知理其标，而不知清其本，本既不清，标亦终归不治耳。"因此在用西药针对病原或病理进行辨病论治或对症治疗的同时，张锡纯常参以辨证论治，认为"西药治其标，中药治其本，标本并治，奏效必速也。"他强调西药辨病论治必须与中药辨证论治相结合。用西药针对病原进行特异性治疗，配以中药辨证论治，既可以制西药偏性，又能从整体上调整病理反应状态。

吴老师深受"衷中参西"思想的影响，认为在对肿瘤疾病治疗上，以中医的辨证论治为基础，参照西医有关的病理变化认识，及中药的现代药理研究结果，采用中药治疗，既可以发挥中医中药的特长，提高临床治愈率，又可避免长期服用西药带来的副作用。西医治疗肿瘤有靶点明确、见效迅速等特点，手术、放疗、化疗、介入、射频等治疗多着眼于局部，属祛邪治疗。这些治疗手段在杀死癌细胞的同时，对患者身体造成不同程度的损害，尤其减弱了人体正气。因此，目前对于恶性肿瘤的治疗，已经逐步由单纯治疗转变为多学科协同参与，治疗理念由积极消灭肿瘤转向带瘤生存、注重生存质量。在治疗肿瘤疾病中，中医药治疗从"扶正祛邪"角度出发，在发挥抑制肿瘤生长作用的同时，更多的是通过扶助人体正气，以减轻手术、放疗、化疗及生物治疗等所带来的不良反应。吴老师认为在中医药治疗时应综合考虑西医治疗手段，如手术、放疗、化疗等治疗，治法因时制宜。针对手术治疗后的患者，考虑手术创伤，注重补气养血，促进机体恢复；对于接受放疗的患者，要注重养阴生津，减少放疗所致的"热毒之象"；对于化疗患者，重在益气补血养阴、健脾和胃以减少骨髓抑制和胃肠道反应等。中医与西医相互配合，相辅相成，协同抗癌。

　　同时，吴老师又强调中医在治病时并不是一味地故步自封，而是应该与时俱进，在继承中加以创新，应该吸收西医学中值得学习的东西。中西结合，扬长避短，存古纳新，才能不断增强中医的生命力和创造力。中西医各有所长，中医除了要提高自身的学术水平外，还应掌握一些现代医学知识，以相互取长补短，不断提高临床疗效。在中医四诊合参，辨证论治的基础上，一些现代医学检查是非常必要的，通过明确现代医学诊断，以丰富中医辨证内容。他主张在中医辨证与辨病统一论的前提下，可以把中医的"证"和西医的"病"结合起来，统一考虑，即"辨证寓于辨病，辨病必须辨证"的唯物辩证观。中医辨证，具有整体观，西医辨病针对性强，各有千秋，应互相结合，这样可以对疾病的认识更微观化、系统化。吴老师说，在辨病时，西医的现代诊疗技术就显得非常重要了。西医对疾病的诊断，注重以检验、检查为依据，具有一定的优越性，这正是中医学在诊断方法上需要借鉴之处。"中医精于气化而粗于形质，而西医则精于形质的解剖"，参考仪器检查并非是丢掉中医特色，反可增加临床"四诊"的手段，如B超、CT、MRI、胃肠镜等可以让望诊有"透视"功能。所以吴老师在20世纪70年代肿瘤科组建早期就积极开展胃镜等诊疗手段，为诊断食管、胃恶性肿瘤等提供了技术支持。吴老师主张既要利用现代医学与高科技结合的"辨病"之长，又要充分发挥自身的"辨证"优势，兼收并蓄，开拓创新，以此丰富和发展中医肿瘤的理论和治疗方法。

　　吴老师认为中西医各有所长，应当相互取长补短，把中西医割裂，甚至对立起来的观点是非常错误的。中医学在形成和发展过程中，历来都不是故步自封的，它需要不断吸取同时代先进的科技成果，应该吸收西医学的先进

浙江中医临床名家 · 吴良村

知识，才能不断丰富、发展自己。因此，在临床上，吴老师始终秉承着"衷中参西"的理念治病救人。

吴老师认为早期肿瘤病人能手术者要尽量先争取手术治疗，不能盲目地推崇中医，以免错过最佳的治疗时机。如在治疗肝癌方面，有相关文献表明，小肝癌手术切除后5年生存率达60%~70%，10年生存率仍有53%，这是其他任何方法都不能替代的。但又存在大部分肝癌患者在发现时已属晚期或者是经历多次复发的患者，这时候多方法综合治疗是十分必要的。吴老师认为许多肝癌患者在手术、化疗、靶向治疗、生物治疗之后，此时辅以中医药的治疗，能有效减轻其他治疗方法所带来的并发症和不良反应，促进功能恢复，提高血红蛋白和免疫功能。吴老师的病人中有许多中西医结合治疗的例子，吴老师回忆，有一个肝癌患者，是萧山的一位工人，因不能行肝癌切除术，做了二次介入治疗，期间以一贯煎加红豆杉为主要方药加减坚持服用1年，之后复查肝内病灶全部消除。

康莱特注射液是吴老师和李大鹏教授共同研制的国家中药二类新药，是可供动静脉输注的双相广谱抗癌中药针剂。吴老师是第一位用康莱特治疗癌症的医生，而第一位用康莱特治疗的肿瘤患者是肝癌患者。吴老师曾用肝动脉灌注法这种西医临床技术理念与中药康莱特注射液结合治疗了很多肝癌患者。他用肝动脉内灌注康莱特治疗的第1例肝癌患者是通过将康莱特注射液以100ml/次经肝动脉灌注，2周内先后灌注2次的方法，在1个月后B超复查。让人惊喜的是肝脏肿块从9.2cm×8.4cm缩小至4.4cm×4.6cm。

第二节　以人为本彰疗效

中医学一向强调"人"命至重，中医学中所体现的浓厚的人文特色是其与其他医学体系的重要区别。中医学认为生命是最为宝贵的，要处处懂得重视人、尊重人、关心人和爱护人。《黄帝内经》彰显了以人为本的思想，如《素问·宝命全形论》曰："天覆地载，万物悉备，莫贵于人"，强调病人的生命高于一切，医家当以病人的生命为本。中医学理论以《黄帝内经》为基础，在"以人为本"思想的渗透下，建立起以脏腑经络及精血津液为生理病理学基础，以辨证论治为诊疗特点的理论体系。

从中医学整体观念和辨证论治两大特点来看，其核心思想都立足于人，都主张从人体自身出发，以此来探索人体内在的根源和规律。中医学对疾病的治疗不单单着眼于实验室指标的改善，更强调针对人整体功能状态进行综合干预调节。中医学主张用全面的观点看待问题，对患者进行整体调节，综合治疗。当前，西医学分科越来越细，导致医生治病像修理机器一样把人分为几部分来治疗，"头痛医头，脚痛医脚"，如果像这样割裂地看待疾病，采取"见症给药""见病给药"，在疗效上可能会大打折扣。而中医学注重的是"以人为本"。

从20世纪60年代开始，肿瘤内科学成立之际，临床医生们认为把肿瘤负荷减得越低越好，从而追求大剂量的化疗以达到无瘤生存的理想状态。"生命不止，化疗不息"成为当时的流行口号并影响了之后许多临床医生。但事与愿违，无限制的各种肿瘤扩大根治术、超大剂量化疗、超高剂量放疗、以毒攻毒等过度治疗并未达到延长患者生存的目的，反而造成了"人财两空""瘤去人亡"。造成这种现象的原因是在临床诊疗中将关注的重点由"人"转换为"瘤"。吴老师在临床工作中，发现有些患者耐受不了大剂量甚至标准剂量的化疗，出现了严重的骨髓抑制、消化道等副作用，这不仅不能达到预期抗癌致病的效果，反而削弱了人体的免疫力，破坏了人体自身的整体调节功能。为此，吴老师提出"小剂量化疗联合中医药治疗"的理念，并将这一理念在肿瘤科病房开展，取得了较好的疗效。吴老师认为通过减小化疗剂量以减轻患者对化疗的副作应，减轻患者对化疗的抵触心理；而通过联合中医药治疗一方面改善由于剂量减小而影响化疗疗效发挥的情况，所谓对化疗"增效"；另一方面通过中医药治疗减轻化疗毒副作用，从整体治疗的角度出发，增强人体抵抗力，所谓对化疗"减毒"。吴老师"小剂量化疗联合中医药治疗"的理念正是从"以人为本"角度出发的。

自20世纪90年代开始，现代肿瘤治疗遇到疗效提高的瓶颈，生存期得不到明显延长，临床医生们开始意识到患病之"人"的重要性，将生存期、生存质量作为重要疗效评估指标。"个体化"精准治疗等概念的提出无不体现了开始重视患病之人的思想。近年来研究发现，同样的肿瘤及病理分型，因没有相同的治疗靶点，同一药物的疗效迥异；不同的肿瘤，因存在相同的治疗靶点，用相同的药物治疗，都可收到较好的疗效。如多种靶向药物，在有共同突变基因的不同肿瘤中表现出较好的疗效，而在同一肿瘤中无基因突变者则无效。"个体化"精准治疗的治疗理念逐渐趋同于中医学"以人为本"的观点，体现了"因人制宜"的思想。

21世纪的医学模式是集心理、环境、社会、医学、生物、信息为一体

的，它的研究对象不仅仅是人体，还包括人所处的自然环境、社会环境和人的心理状态。我们要改变以往简单粗暴的生物医学模式，不能只单纯地治疗肿瘤，而应该注重患者的全身状况，从整体上治疗肿瘤患者。因此，面对肿瘤患者，从局部思维转向整体思维，从标准化模式到更加强调个体化方案，从单一治疗到综合治疗是极其重要的。肿瘤的发生往往是全身疾病在局部的表现，对肿瘤的治疗必须要从整体着手。肿瘤的发展过程，是一个因虚致实、因实致虚的恶性循环过程，虚者全身虚，实者局部实。在疾病的发展过程中，局部实质性病灶能使受侵脏腑组织受损，并影响到全身，产生全身各系统的功能失调和形态变化。同时，全身整体状况的好坏又是治疗成败的关键因素。近年来，肿瘤微环境越来越受到重视，肿瘤的治疗、预后与微环境关系密切，微环境就相当于一个整体，肿瘤就是其中一个局部病变，这个局部病变产生于微环境中，也深深影响着微环境。当我们手术、放疗、化疗处理了局部病变后，若不及时处理整个微环境，肿瘤将很容易复发和转移。中医药在改变肿瘤微环境方面有自己独特的优势，通过益气补血、活血通络、填精补髓等辨证施治，改善人体体质，减少癌症的复发和转移。

医疗模式的发展变化使人们的观念也由以往的只针对疾病逐渐转变为更加关注个体的精神因素和社会关系。比如在临床诊疗过程中，医生应注重与患者的交流沟通，对患者要进行人文关怀。在诊疗中，中医学立足于人，重视人胜于重视病，把患者看作有个性有感情的人，而不只是疾病的载体。医生从生理、心理、社会和环境中各种影响健康的因素来考虑和解决患者的问题，一方面可以改善不良的医患关系，另一方面可以调动患者的积极心态，使患者变得坚强、乐观，从而更有利于恢复健康。吴老师认为情志因素可以影响肿瘤的发生与治疗，研究发现许多肿瘤的发生与预后和情绪有直接或间接的关系。《素问·阴阳应象大论》曰："人有五脏化五气，以生喜怒悲忧恐。"肿瘤患者由于生理的变化产生了诸多不良心理反应，如面对癌症的恐惧、面对死亡的绝望等。怒伤肝、忧伤肺、恐伤肾，不良情志刺激导致人体气血逆乱、阴阳失调而变生他证，使病变更加复杂。因此，对于肿瘤患者的治疗，常规的药物治疗很重要，但是心理、情绪上的治疗与开导也尤为关键。吴老师总说，医生看病的心态会影响患者的心情，所以他在门诊看病时，总是习惯以平和、亲切、放松的心态去跟病人交谈，特别是肿瘤病人本身就是敏感人群，医生的言语举止更要注意。

第三节　肿瘤治疗案举隅

一、头颈部癌

病案一　脑瘤术后放疗后

吴某，男，36岁，2006年1月6日初诊。

主诉：脑胶质瘤术后，伽玛刀治疗后近1月。患者一月前因"反复头晕头痛"就诊，检查发现颅内占位性病变，遂行手术切除。术后病理：脑胶质瘤。后加做伽玛刀治疗。

刻诊：头晕，头痛隐隐，无恶心呕吐，口渴欲饮，神倦乏力，少气懒言，纳呆少食，夜寐不安，二便如常。舌红中有裂纹，少苔，脉弦细数，尺脉沉取无力。

西医诊断：脑胶质瘤术后放疗后。

中医诊断：脑瘤，辨证为气阴两虚。

治法：益气养阴，平肝熄风。

处方：北沙参15g，玉竹15g，石斛（先煎）12g，怀山药20g，茯苓15g，炒黄芩15g，天麻15g，钩藤（后下）30g，白花蛇舌草15g，葛根15g，鸡内金12g，夜交藤30g，忍冬藤30g，炒枣仁20g，枸杞15g，怀牛膝15g，川芎12g，生黄芪15g，石菖蒲12g，蛇六谷（先煎）15g，三叶青15g，杜仲15g，陈皮12g，砂仁12g，益元散（包煎）15g。7剂，水煎服，每日1剂，分早晚温服。

二诊：2006年1月13日。患者面色较前红润，头晕头痛发作次数减少，但偶有头痛剧烈，精神转佳，舌象如前，脉细。患者正气渐复，唯久病入络，痰瘀交阻，致脉络不通，不通则痛。此时辨为气阴两虚，痰瘀交阻，前方加地龙15g，全蝎6g，制胆星12g，车前子（包煎）30g，治以益气养阴，祛痰化瘀，通络止痛。14剂，水煎服，每日1剂，分早晚温服。

按语　吴老师认为肿瘤发病原因无外乎正虚、邪实两方面。而颅内肿瘤之实，实在痰、瘀也，火兼而有之，痰瘀之邪随虚而生，留而不去则发为脑瘤。证型多为肾精不足，肝肾阴亏。仲景云："观其脉证，知犯何逆，随证治之。"吴老师根据患者的病史、主症、舌脉来进行辨证，不忘本虚标实之病机，遵"急则治标，缓则治本"之法，分型论治，功效明显。初诊时吴

老师认为，患者脑胶质瘤术后，伽玛刀治疗后不足1月，正气亏虚，气阴不足。治疗应补益气阴为先，故投北沙参、玉竹、石斛、怀山药、茯苓共奏益气养阴之功，而为君药。探其发病之由，实为肝肾亏虚，阴不制阳，风自内生，挟痰火上扰清空所致。故臣以天麻、钩藤平肝息风；枸杞、怀牛膝、杜仲补养肝肾；炒黄芩、白花蛇舌草、蛇六谷、三叶青清热解毒；葛根升发清阳，上充脑窍；陈皮、砂仁理气醒脾；夜交藤、益元散安神均为佐使之用。二诊时，吴老师认为当时痰瘀互结为标实之证，遂加制胆星化痰；地龙、全蝎通络止痛；车前子利水减轻颅内水肿。颅脑肿瘤贵在守方，心有定见，则临证微调，患者服中药至今，病情稳定。

病案二　脑瘤术后放疗后

王某，女，53岁，2012年9月24日初诊。

主诉：左顶叶胶质瘤术后5月余，放疗后近3月。患者2012年3月31日在宁波市第一医院行"开颅左侧顶叶病变活检切除术"，病理：星形细胞瘤（WHO Ⅱ级），2012年7月初行放疗，未化疗。

刻诊：右下肢活动不利，阵发下肢抽搐，头痛，前额为主，寐劣，无恶心、呕吐，大便干，胃纳一般，舌暗红，质干，中有裂纹，苔薄白腻，脉细弦。

西医诊断：脑胶质瘤术后放疗后。

中医诊断：脑瘤，辨证为肝肾亏虚，痰瘀阻络，毒邪内蕴。

治法：益肾健脑，清肝熄风，化痰通络，解毒抗癌。

处方：生地15g，枸杞子15g，山茱萸15g，天麻12g，钩藤（后下）15g，葛根20g，川芎15g，牛膝15g，白蒺藜12g，制南星12g，茯苓15g，僵蚕15g，藁本12g，龙葵30g，蛇六谷（先煎）15g，决明子15g，生甘草10g。14剂，水煎服，日服1剂，分早晚两次温服。

二诊：2012年11月8日。头痛稍有减轻，下肢抽搐仍有发作，大便通畅，仍宗上方去决明子，加全蝎6g，牛膝改30g。14剂，水煎服，日服1剂，分早晚两次温服。

三诊：2012年12月25日。服上方1月余，头痛明显减轻，胃纳一般，下肢抽搐较前减少，持续时间缩短，夜寐改善，舌暗红，中有裂纹，苔白腻，脉细弦。仍宗上方稍作加减。

处方：生地15g，枸杞子15g，山茱萸15g，天麻12g，钩藤（后下）15g，葛根20g，川芎15g，牛膝30g，白蒺藜12g，制南星12g，茯苓15g，僵蚕15g，藁本12g，龙葵30g，蛇六谷（先煎）15g，全蝎6g，决明子15g，蚤休15g，山慈菇15g，生甘草10g。14剂，水煎服，日服1剂，分早晚两次温服。

以上方为基础调理1年余，下肢抽搐消失，右下肢活动好转，2013年11月复查MRI示：左侧顶叶胶质瘤术后改变。

按语 脑胶质瘤是发生于神经外胚层，由间质细胞形成的肿瘤，其发病率约占脑肿瘤的40%，因其独特的生物学特性和解剖及免疫特性，而使手术、放疗及药物治疗难以达到理想的效果，复发率很高，平均生存期6个月，综合治疗生存期不足2年。

我国古代中医文献中无"胶质瘤"明确的记载，但在头风、真头痛、厥逆、癫痫等疾病中有类似症状的论述。《中藏经》明确指出："头目久痛，卒视不明者，死。"这与胶质瘤的临床表现及预后非常相似。诸髓者属于脑，肾乃髓（脑）之根本。吴老师认为脑肿瘤属"髓海"病变，多为肾精不足，肝肾亏虚，肝阳上亢，化风内动，上扰清空，痰瘀内阻，脑窍闭塞，脑中络脉痹阻。正如《黄帝内经》所曰："髓海不足则脑转耳鸣""诸风掉眩，皆属于肝"。可见本病的基本病机为肝肾亏虚，痰瘀阻络，毒邪内蕴。

方中生地、山萸肉、枸杞子滋肝养肾、补益脑髓；天麻、钩藤平肝潜阳；牛膝、白蒺藜补益肝肾，牛膝还能引血下行；川芎为"血中之气药"，能活血行瘀、理气，走而不守，且能引药上行，现代药理已证实该药能透过血脑屏障，故为治疗颅内肿瘤所常用，为本方的引经药。龙葵利水消肿，降低颅内压；茯苓健脾利湿。脑瘤病位在上，"巅顶之上，唯风药可到"，故用祛风化痰之药，葛根为升举清阳之品，使药物直达病所；用全蝎、僵蚕熄风搜剔之药熄风通络止痛，配制南星、山慈菇、蛇六谷等化痰软坚、消肿散结之品引药上行，疏通络脉、消肿散结。扶正祛邪，标本兼顾，审证精当，用药恰切，因而收效满意。

明代医家张景岳在《景岳全书·杂证谟》提出"五脏为人身之本，肾为五脏之本"的观点，认为"肾阳为真火，可以扶脾土而生肺金；肾阴为真水，可以化肝阴而生心阴。"吴老师认为肿瘤辨治除应补益本脏之虚外，还需时时兼顾"益肾"，体现出"肾为五脏之本"的理论。

病案三 鼻咽癌放疗后放射性口腔炎

郎某，男，60岁，2013年12月10日初诊。

主诉：鼻咽癌放疗后1月。患者于2013年9月因"涕血伴双颈淋巴结肿大1月"就诊于当地医院，鼻咽活检提示：未分化型非角化型癌。2013年10月

至11月行根治性放疗，对原发灶和区域淋巴结放射34次共68Gy，50天内完成。放疗后原发灶及区域淋巴结完全消失。

刻诊：神疲乏力，口干，口腔溃疡，咽喉肿痛，鼻塞，耳鸣，偶有涕血，颈部肌肉强硬，舌质红，苔少，脉细弱。

西医诊断：鼻咽癌放疗后，放射性口腔炎。

中医诊断：失荣病，辨证为阴虚热毒。

治法：养阴清热，和营凉血解毒。

处方：北沙参15g，麦冬15g，玉竹15g，石斛（先煎）12g，生地15g，天花粉15g，知母30g，水牛角（先煎）30g，玄参12g，银花15g，野菊花9g，丹参15g，连翘15g，人中白15g，紫草15g，三叶青15g，胖大海10g，生甘草10g。14剂，水煎服，日服1剂，分早晚两次温服。

二诊：2013年12月31日。涕血停止，口腔溃疡、口腔黏膜充血水肿及咽喉肿痛等症状消失，鼻塞、耳鸣减轻。于上方去人中白、紫草加灵磁石30g。14剂，水煎服，日服1剂，分早晚两次温服。

三诊：2014年1月28日。口干咽燥明显缓解，夜寐欠佳，颈部肌肉仍强硬。宗上方稍做加减。

处方：北沙参15g，麦冬15g，玉竹15g，石斛（先煎）12g，生地15g，天花粉15g，知母30g，水牛角（先煎）30g，银花15g，丹参15g，三叶青15g，胖大海10g，酸枣仁15g，灵磁石30g，葛根15g，白毛藤30g，生甘草10g。14剂，水煎服，日服1剂，分早晚两次温服。

四诊：2014年5月30日。患者回当地医院按上方略加减服用4月，配合口服羚羊角胶囊及西黄丸，症状明显改善。复查鼻咽部CT提示鼻咽癌治疗后改变，未见明显肿瘤复发。

按语 鼻咽癌属于中医"鼻疳""鼻渊""失荣"等范畴。鼻咽癌的主要病理特点为热结、痰阻、血瘀、津亏，故鼻咽癌的辨证论治总以清热解毒、化痰祛瘀、益气养阴为主。现代医学对于鼻咽癌的治疗，主要以放疗为首选的综合治疗。中医认为放射线属热毒之邪，可耗气伤阴，损伤津液，引起阴津亏损，虚火内扰之证。若能"存得一分津液，便有一分生机"，故养阴保津在肿瘤放射治疗中贯穿始终，不仅能减轻放疗的副作用，还有增效、祛邪抑瘤的作用。实验证明某些养阴药具有提高免疫功能及抑制肿瘤细胞生长与转移的作用。

吴老师认为，放疗损伤是一种热损伤，可引起口咽黏膜的充血水肿、溃疡糜烂等炎症反应和受照射野皮肤的纤维样改变。相当于中医学热邪入侵，于是内外热毒交困结合，化火灼津，损伤正气，从而造成人体气阴两虚，局部津液不足。

患者放疗后热毒明显，热郁化火，火热灼津，炼津成痰，所谓"壮火食气"，阴精皆为之耗，故见口干；热毒灼伤上焦，上串清窍，故出现溃疡、偏头痛等症；痰火上升，郁于耳中故耳鸣。治疗上以养阴清热，凉血解毒，清心和营为法，方用清营汤合沙参麦冬汤加减。

放射性口腔炎症见口腔黏膜充血、水肿、溃疡，甚则出血，舌体生疮，咽喉肿痛，口舌干燥，舌红，苔薄黄，脉细数。口腔溃疡可用水中草颗粒，该方根据清热凉血解毒法，以水牛角、人中白和紫草等为主组成颗粒剂。紫草苦、涩、凉，能凉血化瘀止血，清热解毒；水牛角片苦寒，善清营阴之热；人中白咸凉，能清热降火，止血化瘀；《本草纲目》曰："人中白，降相火，消瘀血，盖咸能润下走血故也。今人病口舌诸疮，用之有效，降火之验也……"该方是浙江省中医院肿瘤科多年来一直使用的治疗复发性口腔溃疡的效验方，在临床上治疗本病取得了较好疗效。

病案四 甲状腺癌术后

倪某，男，65岁，2012年12月3日初诊。

主诉：双侧甲状腺癌术后1月余。患者2年前体检发现双侧甲状腺结节，0.3mm～0.7mm，无明显不适，2年来也未进一步增大。2012年9月26日至浙江大学医学院附属第二医院就诊，B超：双侧甲状腺多发结节，双侧较大结节癌首先考虑，双侧胸骨上窝多发肿大淋巴结，不除外转移癌。2012年10月10日在浙江省第一医院超声刀辅助下行"双侧甲状腺癌根治术"，术后病理：（右）甲状腺微小乳头状癌（双灶，直径分别0.3cm，0.5cm），转移至右喉返神经2/2淋巴结，（左腺叶+峡部）甲状腺微小乳头状癌，伴周围淋巴结转移。术后未予^{131}I治疗，现口服优甲乐每日2片治疗中。

刻诊：神疲乏力，双足麻木，腰膝酸软，口干喜饮，睡眠欠安，二便尚调。舌红，苔薄，脉细沉。

西医诊断：双侧甲状腺癌术后。

中医诊断：瘿瘤，辨证为阴虚热毒。

治法：养阴生津，清热解毒，软坚散结。

处方：北沙参15g，麦冬15g，生地15g，玉竹15g，石斛（先煎）12g，三叶青15g，夏枯草12g，猫爪草15g，蛇舌草15g，梅花12g，合欢皮15g，杜

仲15g，怀牛膝15g，夜交藤30g，酸枣仁20g，生甘草10g。14剂，水煎服，日服1剂，分早晚两次温服。

二诊：2013年1月17日。患者乏力，腰酸，口干等症好转，拟守前方，加黄药子12g，忍冬藤30g。28剂，水煎服，日服1剂，分早晚两次温服。

三诊：2013年2月28日。患者腰酸好转，感头晕。

处方：北沙参15g，麦冬15g，生地15g，玉竹15g，石斛（先煎）12g，三叶青15g，夏枯草12g，猫爪草15g，蛇舌草15g，梅花12g，合欢皮15g，怀牛膝15g，天麻9g，钩藤（后下）30g，夜交藤30g，酸枣仁20g，生甘草10g。14剂，水煎服，日服1剂，分早晚两次温服。

后以上方为基础进行加减，先后佐加石斛、白毛藤、元参、木蝴蝶、瓜蒌皮、山慈菇、蚤休、猫爪草、黄药子、蛇舌草等，随症治之，服药1年余，症情平稳。

按语 中医学将本病归属于"瘿瘤"范畴。细究之，又是瘿瘤中"石瘿"。宋代陈无择《三因方》："坚硬不可移者，名曰石瘿；皮色不变，即名肉瘿；筋脉露结者，名筋瘿；赤脉交络者，名血瘿；随忧愁消长者，名气瘿。"《济生方·瘿证治》："夫瘿瘤者，多由喜怒不节，忧思过度，而成斯疾焉。大抵人之气血，循环一身，常欲无滞留肉之瘿、治疗之法，五瘿不可决破……"

近年来，甲状腺癌的发病率显著增高，已经成为发病率增长最快的恶性肿瘤之一。手术治疗是甲状腺癌最佳的治疗方法，吴老师认为肿瘤是全身性疾病，甲状腺癌患者即使手术后，也有部分"邪气"残留机体，成为复发的根源，故而主张术后或放疗后长期服用中药治疗。他认为甲状腺肿瘤患者气血阴不足较为常见，阳虚很少见。治宜益气养阴，滋阴养血。祛邪方面尤其要注意气滞、血瘀、痰浊、火热等因素，治宜清热解毒，理气解郁，化痰软坚。甲状腺肿瘤病程较长，进展缓慢，且多数有情志不畅、气机郁滞因素，无论痰阻、血瘀，还是气滞，都会郁久化热，积久化毒，而毒邪进一步损伤机体，从而产生多种复杂证候。因此，清热解毒是其常用治法。

本例患者初诊时双侧甲状腺癌切除术后1月余，由于手术丢失部分血液，中医认为"津血同源"，可导致患者津液亏乏，治宜益气养阴清热，可加清热解毒、理气解郁中药。方中以北沙参、麦冬、生地、石斛滋养肺胃肝肾之阴；三叶青、夏枯草、猫爪草、蛇舌草清热解毒，化痰软坚散结，活血化瘀；梅花疏肝理气；合欢皮解郁安神；夜交藤、酸枣仁养心安神；杜仲、怀牛膝补肝肾，强腰膝。因患者有淋巴结转移，西医建议[131]I治疗，但患者拒绝。故中药抗肿瘤复发转移用药方面相对较强。二诊时加黄药子凉血降火，消瘿解毒；忍冬藤清热解毒，并长于祛风通络。三诊时患者头晕，原有高血压史，予天麻、钩藤平肝潜阳。后予清热解毒类的抗癌中药白毛藤、蚤休、蛇舌草、夏枯草，化痰软坚散结的山慈菇、瓜蒌皮，养阴清热、软坚散结消肿的元参等随症治之，诸症好转。

吴老师认为夏枯草、黄药子、山慈菇可作为治疗甲状腺癌的基本用药。夏枯草性味苦、辛、寒，入肝、胆经，有清肝火、散郁结及清肝明目之功。该药既能苦寒清热，又能辛散开郁，尤善清泻肝火而明目止痛。《本草纲目》言"此物生血，乃治瘰之圣药也。其草易得，其功甚多。"《本草求真》谓："夏枯草，辛苦微寒……凡结得辛则散，其气虽寒犹温，故云能以补血也。是以一切热郁肝经等证，得此治无不效，以其得藉解散之功耳。若属内火，治不宜用。"李时珍在《本草纲目》中载有用黄药子酒治疗瘿病，谓黄药子可"凉血降火，消瘿解毒"，但该药久用量大有肝毒性，临证需注意。山慈菇甘、微辛、寒，入肝、胃经，功效清热解毒，消痈散结，有明显抑制甲状腺球蛋白产生的作用，防止和延缓甲状腺癌的复发和转移。

病案五 甲状腺髓样癌术后

季某，女，56岁。2017年6月28日初诊。

主诉：甲状腺癌术后1年余伴转移。患者于2016年6月7日在浙江省肿瘤医院行"右甲状腺癌根治术+左甲状腺腺叶切除术"，术后病理示：①（右）甲状腺髓样癌（瘤体直径1.8cm）。②（左甲、左甲部分）结节性甲状腺肿伴多核巨细胞反应。③8只淋巴结慢性炎症。术后无声音嘶哑，无手足麻木抽搐等不适。2017年4月25日浙江省肿瘤医院复查B超：右颈淋巴结，部分结节伴钙化，性质待定。2017年4月27日右颈部Ⅲ、Ⅳ区结节针吸：考虑淋巴结转移性（髓样）癌。2017年5月16日患者在全麻下行"右颈淋巴结清扫术"。2017年5月23日常规病理：甲状腺恶性肿瘤术后：（右颈Ⅱ区）1/6只、（右颈Ⅲ区）4/5只、（右颈Ⅳ区）10/10只、（右颈Ⅴ区）3/6只淋巴结及部分结周纤维、脂肪组织内见低分化癌（结合形态及病史，符合甲状腺髓样癌转移）。

刻诊：情志抑郁，胃纳欠佳，便溏，矢气少，时或咽中有黏痰，夜寐欠安，舌淡红，苔薄腻，脉弦缓。

西医诊断：甲状腺癌术后。

中医诊断：石瘿，辨证为脾虚肝郁，气滞痰凝。

治法：健脾疏肝，理气化痰。

处方：太子参15g，北沙参12g，炒白术12g，炒白芍12g，茯苓15g，生薏苡仁30g，佛手10g，制黄精15g，枸杞子12g，山药15g，百合12g，梅花5g，淮小麦30g，灵芝15g，炒稻芽15g，焦六神曲15g，菊花10g，芡实10g，木蝴蝶3g，炙甘草6g。14剂，水煎，分温再服。

二诊：2017年7月12日。诸症好转，然咽中仍有痰，舌淡红，苔薄腻，脉弦缓。守方加减。

处方：太子参15g，炒白术12g，炒白芍12g，茯苓15g，生薏苡仁30g，佛手10g，制黄精15g，枸杞子12g，山药15g，百合12g，梅花5g，淮小麦30g，灵芝15g，炒稻芽15g，焦六神曲15g，菊花10g，芡实10g，猫爪草15g。14剂，水煎，分温再服。

三诊：2017年8月3日。咽喉不利，舌边尖红，脉弦缓。守方加减。

处方：太子参15g，炒白术12g，炒白芍12g，茯苓15g，生薏苡仁30g，佛手10g，制黄精15g，枸杞子12g，山药15g，百合12g，梅花5g，淮小麦30g，灵芝15g，炒稻芽15g，焦六神曲15g，菊花10g，芡实10g，石见穿20g，白花蛇舌草15g，木蝴蝶3g。14剂，水煎，分温再服。

按语　患者初诊时，为甲状腺癌术后1年余，右颈淋巴结清扫术后1月余，患者胃纳欠佳、便溏、咽中有黏痰、舌苔薄腻，皆因术后中气耗伤，运化失职，致使湿聚痰凝，而情志抑郁、矢气少、脉弦缓，则为肝木失其条达之性，以致气机郁滞，辨证属脾虚肝郁，气滞痰凝证，治以健脾疏肝，理气化痰。方中太子参、炒白术、山药、炙甘草健脾益气，和中补虚；茯苓、生薏苡仁、芡实利水渗湿，健脾固肾；炒白芍、佛手、梅花疏肝理气，燥湿化痰；北沙参、制黄精、枸杞子入肺、肾经，可滋补肺肾，养阴生津，以正水液之清源；百合、淮小麦、灵芝入心经，可养心除烦，补气安神，以定精神之根本；佐以炒稻芽、焦六神曲以消食和中，健脾开胃；菊花、木蝴蝶为因时制宜，以应夏季之暑热，可清肺利咽，疏肝和胃。全方用药灵动和序，通调五脏，重治肝脾，共奏健脾疏肝、理气化痰之功。二诊时，患者诸症好转，然仍咽喉有痰，故守效方，减木蝴蝶、炙甘草，加猫爪草以化痰散结，解毒消肿。三诊时，患者咽喉不利，舌边尖红，减猫爪草，加石见穿、白花蛇舌草、木蝴蝶以清热解毒，利咽疏肝。甲状腺髓样癌五年生存率70～80%，而伴有颈部淋巴结转移的患者则预后较差。该患者坚持服用中药整体调理，随诊至今，心态佳，胃纳可，睡眠安，定期复查，2018.11.7复查B超、CT均提示病情稳定，未见复发、转移征象。

病案六　颌下腺样囊性癌

徐某，男，49岁。2014年9月3日初诊。

主诉：左颌下腺样囊性癌术后8年余伴肺转移术后4月余。患者于2005年12月因左颌下肿块进行性增大到海盐县人民医院就诊，2005年12月29日行"左颌下肿块+颌下腺摘除+肩胛骨上淋巴结清扫术"，术后病理："左颌下区腺样囊性癌，部分小区侵犯神经及横纹肌组织，左颌下淋巴结0/1，左肩胛上淋巴结0/11。"术后于2006年1月12日至2006年2月27日在浙江省肿瘤医院行左腮腺区、左下颈放疗。2014年4月7日复查CT：双肺多发结节，较前增多增大。遂于2014年5月1日在浙江省人民医院行"左上肺结节楔形切除术"，术中冰冻病理："考虑转移性癌"，2014年5月13日至8月19日行TP方案化疗5个周期。

刻诊：咽干，咳嗽少痰，神疲乏力，纳差，睡眠欠佳，大便偏干，小便无殊，舌红，苔薄黄，脉细。

西医诊断：腺样囊性癌伴肺转移。

中医诊断：失荣，辨证为脾虚气滞，痰热伤阴。

治法：健脾疏肝，清热化痰，养阴益气。

处方：党参12g，炒白术12g，茯苓15g，温山药15g，制黄精5g，佛手10g，生薏苡仁30g，浙贝母10g，金荞麦30g，厚朴花9g，木蝴蝶3g，淮小麦15g，瓜蒌皮10g，无花果10g，矮地茶30g，云芝15g。30剂，水煎服，日服1剂，分早晚两次温服。

二诊：2014年10月8日。上述方服月余，自觉睡眠改善，咳嗽咳痰仍在，偶有痰中带血丝，仍感乏力，舌苔薄黄，脉细。考虑放疗后热毒伤阴，加入清热利咽之品，上方去党参、云芝加生黄芪15g，肿节风15g，仙鹤草15g。30剂，服法同前。

三诊：2014年12月18日。上述方继续服用月余，大便已正常，咽干、乏力有所好转。近日天气骤冷，患者偶感鼻塞喷嚏。考虑酌减养阴之品，加益卫固表、消痰散结之品。在二诊处方基础上去温山药、制黄精、肿节风、无花果，加防风6g，猫爪草15g。服法同前。

四诊：2015年6月3日。上述处方加减服用半年余，自觉乏力、纳差改善，咽干，咳嗽咳痰，偶有痰中带血丝，舌稍红，苔薄，脉细。辨证为脾虚

气滞，热毒伤阴。拟健脾疏肝，清热解毒之法。

处方：炒白术12g，茯苓15g，生薏苡仁30g，防风6g，浙贝母10g，猫爪草15g，金荞麦30g，厚朴花9g，肿节风15g，佛手10g，木蝴蝶3g，淮小麦15g，矮地茶30g，石见穿20g，仙鹤草12g，生黄芪15g。服法同前。

后患者间断服中药治疗，并定期复查，2018年8月29日查颈部+胸部增强CT：两肺多发转移瘤较前（2018年4月12日片）大致相仿。近次中医门诊就诊时间为2018年11月19日。

按语 本病化疗后表现为脾气亏虚为本，兼有气滞痰凝，热毒伤阴。患者初诊时脾虚气滞，痰热之象较重，方中党参、炒白术、茯苓、生薏苡仁、云芝健脾益气，佛手、厚朴花、木蝴蝶、淮小麦疏肝理气，浙贝母、金荞麦、瓜蒌皮清热化痰，温山药、制黄精养阴益气。患者大便偏干，随症加无花果润肠通便。复诊时则以疏肝健脾治本，兼顾清热解毒，以炒白术、茯苓、佛手、生薏苡仁、生黄芪健脾益气，以厚朴花、佛手、木蝴蝶、淮小麦疏肝理气，以猫爪草、金荞麦、肿节风、矮地茶清热解毒，以浙贝母、石见穿化痰散结，兼以防风益气固表，仙鹤草收敛止血兼补虚。腺样囊性癌具有局部侵袭性生长，早期易沿神经扩散，且容易侵入血管，造成血行性转移的独特的生物学特性。头颈部腺样囊性癌因局部浸润性生长、早期神经侵袭及髓腔侵犯，预后并不乐观。该患者首诊时已出现肺转移，且经过手术、化疗，但未根治全部转移病灶，后口服中药治疗并定期复查，现随访提示病情稳定，实现了长期的带瘤生存。

二、肺癌

病案一　小细胞肺癌放疗、化疗后

郭某，男，60岁。2010年12月15日初诊。

主诉：右肺小细胞癌放疗、化疗后4月余，反复咳嗽咳痰1月余。患者于2009年12月底因无明显诱因下发现右颈核桃大小肿块并逐渐增大到东阳市人民医院就诊，查胸部CT示：右侧颈部、锁骨上及右纵隔多发肿大淋巴结；口咽腔轻度狭窄。2010年4月28日至浙江省肿瘤医院查胃镜示：浅表性胃炎，食管壁外压迹可能。胸部CT示：右上纵隔、右肺门、隆突下、右前下纵隔见多发结节影，最大病灶直径约6.5cm，右侧主支气管后方见一直径约2.3cm结节灶，突于肺表面，右侧主支气管轻度受压，转移性肿瘤首先考虑；右侧锁骨上见多发结节灶，最大者直径约3.0cm，增强后见所有病灶不均质强化。右锁骨上淋巴结穿刺活检示：转移性（小细胞）癌（F0101982）。于2010年5月11日、2010年6月1日行EP方案化疗2周期。2010年6月17日至2010年8月3日行右锁骨区及纵隔病灶区放疗，期间出现Ⅲ度骨髓抑制，肝功能损伤1级，放射性食管炎2级，经西医对症处理后好转。2010年12月2日全身骨显像：第1胸椎左侧、第6后肋（近胸椎旁）代谢活跃。

刻诊：反复咳嗽咳痰，痰量少，色稍黄，痰中偶有血丝，咽干，进食时梗阻感，乏力，纳差，舌红，苔薄，脉细。

西医诊断：右肺小细胞癌（广泛期）。

中医诊断：肺积，辨证为气阴两虚，湿热蕴结。

治法：益气养阴，祛湿化痰。

处方：太子参15g，炒白术15g，麦冬15g，茯苓15g，生薏苡仁30g，温山药15g，百合15g，姜半夏12g，炒黄芩12g，金荞麦15g，猫人参30g，瓜蒌皮15g，仙鹤草30g，云芝15g。10剂，水煎服，日服1剂，分早晚两次温服。

二诊：2013年12月31日。2010年12月20日至2010年12月30日行全脑预防性放疗。自觉咽部不适，呃逆频频，进食梗阻感仍在，纳差，舌淡红，苔薄，脉细。上述方剂去云芝，加北沙参15g，佛手10g，陈皮9g，炒稻芽15g，炒鸡内金12g。28剂，服法同前。

三诊：2014年5月30日。上述方剂加减间断服用4月余。自觉咽部不适、进食梗阻感已明显减轻，偶感乏力，纳差，舌淡红，苔薄白，脉细。

处方：太子参15g，北沙参15g，炒白术15g，茯苓15g，佛手10g，生薏苡仁30g，麦冬15g，温山药15g，百合15g，炒稻芽15g，炒鸡内金12g，姜半夏12g，瓜蒌皮15g，炒黄芩12g，仙鹤草30g，金荞麦15g，猫人参30g，猫爪草15g，蛇六谷（先煎）10g。30剂，水煎服，日服1剂，分早晚两次温服。

后上述处方加减服用，定期门诊就诊，近次2018年9月28日，胸部增强CT显示：两肺、纵隔未见新出占位灶，T_1椎体右侧结节高密度影较前相仿。

按语 本病病机表现为肺脾气虚为本，兼有气阴两虚、湿阻痰凝。治法当益气养阴，祛湿化痰为主。方中太子参、炒白术、茯苓、生薏苡仁、温山药、云芝健脾益气，麦冬、百合、温山药养阴润肺止咳，生薏苡仁、姜半夏、瓜蒌皮理气化痰，生薏苡仁、炒黄芩、金荞麦、猫人参清热利湿，兼以仙鹤草入肝经、肺经收敛止血。方中既有温山药、太子参补益肺气，又补脾以益肺，蕴培土生金之意。患者二诊呃逆频发，咽部不适，加陈皮、佛手、

炒稻芽、炒鸡内金以运脾消食和胃。患者三诊时诸症减轻，但仍感乏力、纳差，舌淡红，苔薄白，脉细，脾虚之象更明显。在上方基础上，仍以炒稻芽、炒鸡内金健脾开胃；该患者病灶未能根治性切除，本着既病防变、病后防复的原则，以猫人参、猫爪草、蛇六谷清热解毒，消肿散结。全方共奏补脾益气，养阴润肺，清热化痰之功。广泛期小细胞肺癌虽然约占肺癌15%，但恶性度很高，化疗仅有20%的长期控制率，且脑预防性放疗的生存获益未见明确证据，确诊后2年生存率小于5%。该患者确诊右肺小细胞肺癌（广泛期）已经近8年，放疗期间和治疗结束后坚持服用中药治疗，随访至今未见复发转移。

病案二　肺癌术后

李某，男，72岁，2012年4月11日初诊。

主诉：左肺癌术后近1月。患者2012年3月17日在浙江省肿瘤医院行"胸腔镜下左下肺癌根治术"，病理：中分化腺癌，2.5cm×2cm×1.5cm，LN（－），累及脏层胸膜，术后未行放疗、化疗。

刻诊：神疲乏力，咳嗽，痰略黄，口干，无寒热，胃纳如常，二便调，睡眠一般。舌红，苔薄黄，脉细。

西医诊断：左肺癌术后。

中医诊断：肺积，辨证为阴虚内热。

治法：养阴清热，解毒散结。

处方：沙参麦冬汤加减。北沙参15g，麦冬15g，五味子15g，石斛（先煎）12g，浙贝15g，杏仁15g，黄芩15g，青蒿15g，瓜蒌皮15g，枇杷叶15g，款冬花15g，羊乳参15g，三叶青15g，茯苓15g，黛蛤散15g，生甘草10g。14剂，水煎服，日服1剂，分早晚两次温服。

二诊：2012年7月2日。复查血常规、肿瘤指标、生化均无异常，肺部CT：左下肺癌术后改变。乏力好转，咳嗽，痰仍多，胸闷不适，夜寐欠佳，舌红，苔薄黄，脉细。

处方：北沙参15g，麦冬15g，五味子15g，石斛（先煎）12g，浙贝15g，杏仁15g，黄芩15g，青蒿15g，瓜蒌皮15g，枇杷叶15g，款冬花15g，羊乳参15g，三叶青15g，茯苓15g，黛蛤散15g，远志15g，丹参15g，鱼腥草15g，生甘草10g。14剂，水煎服，日服1剂，分早晚两次温服。

三诊：2012年10月22日。咳嗽、睡眠已瘥，上方去鱼腥草，加桑白皮15g，蚤休15g。14剂，水煎服，日服1剂，分早晚两次温服。

四诊：2012年12月24日。患者咳嗽少，少痰，口略干，睡眠好转，舌红，苔薄，脉细。

处方：北沙参15g，麦冬15g，石斛（先煎）12g，浙贝15g，杏仁15g，黄芩15g，瓜蒌皮15g，枇杷叶15g，款冬花15g，百合15g，灵芝15g，陈皮12g，三叶青15g，桑白皮15g，猪苓15g，红枣15g，生甘草10g。14剂，水煎服，日服1剂，分早晚两次温服。

服上方后诸症减，服中药1年余，一般情况可，偶有咳嗽，定期复查未见肿瘤复发转移。中药主方以扶正祛邪为主，养阴清热，解毒散结为法，加以对症处理。

按语 肺癌是最常见的肿瘤之一，近年来发病率逐年升高，具有治疗效果差，预后不良等特点。历代中医虽无"肺癌"病名的论述，但通过对肺癌病因病机、症状、预后等特点的研究，其应属于中医学"肺积""息贲""咳嗽""咯血""胸痛""肺胀"的范畴。病机为本虚标实。中医认为肺为娇脏，喜润而恶燥，邪毒袭肺，极易耗伤肺气，灼伤肺阴，造成阴虚内热或气阴两虚的病理变化，故临床上肺癌患者的虚以阴虚、气阴两虚为多见，实则不外乎气滞、血瘀、热毒、痰凝。故气阴两虚、热毒痰凝是最重要病机。

本例患者辨证为阴虚内热型，故治疗以养阴清肺，解毒散结为法。方中北沙参、麦冬、石斛、百合等养阴润肺生津；浙贝、杏仁、黄芩、瓜蒌皮、桑白皮、枇杷叶、款冬花清热解毒，软坚散结，化痰止咳；远志既可化痰又可安神；灵芝提高免疫；五味子收敛肺气，亦可生津养阴；三叶青、蚤休等解毒抗癌。全方用药平和，不寒不热，不滋不燥，以平为期。吴老师治肺癌多以益气养阴扶正以治其本，清热解毒、化痰散结祛邪以治其标，标本兼顾，共奏补虚扶正、祛邪除积之功。

病案三 肺癌胸腔积液

刘某，女，69岁，2013年5月10日初诊。

主诉：体检发现右上肺占位14月，气急3月余。患者2012年3月体检发现右上肺占位，约2.8cm×3cm，因患者高龄，拒绝行肺穿刺及手术，予中药对症治疗，肿块逐渐增大。3月余前出现气促，胸痛，B超示右侧大量胸腔积液，在浙江省人民医院住院，予行"右侧胸腔穿刺+闭式引流术"，抽得血性胸腔积液，胸腔积液中找到腺癌细胞。引流后气急促好转。2013年4月28日复查肺部CT：右上肺占位，4.5cm×3.5cm，右下肺、胸膜转移，右侧大量

胸腔积液。既往有"冠心病、心功能不全"史。

刻诊：气急，胸闷，乏力，面色不华，咳嗽，痰黄，纳差，夜寐欠安，大便偏干，尿量偏少。舌红少津，脉细涩。

西医诊断：右上肺癌伴右下肺、胸膜转移，右侧胸腔积液。

中医诊断：肺积，悬饮，辨证为阴虚水停。

治法：养阴清肺，泻肺利水。

处方：北沙参15g、生玉竹15g、麦冬15g、石斛（先煎）12g、生地15g、知母15g、浙贝15g、杏仁15g、黄芩15g、枇杷叶15g、瓜蒌皮15g、丹参15g、蚤休15g、三叶青15g、蛇六谷（先煎）15g、龙葵30g、车前子（包煎）30g、桑白皮15g、茯苓15g、苏梗15g、菟丝子15g、红枣15g、生甘草10g。14剂，水煎服，日服1剂，分早晚两次温服。

二诊：2013年5月24日。咳嗽好转，痰转白，胸闷气促略瘥，尿量增多，夜寐仍欠安，舌质紫红，舌中稍有津液，上方去菟丝子，加远志15g、枣仁20g。14剂，水煎服，日服1剂，分早晚两次温服。

三诊：2013年6月21日。咳嗽少，痰白，胸闷气促好转，尿量多，夜寐好转，胃纳欠佳，舌质红，苔薄腻，脉细。

处方：北沙参15g、生玉竹15g、麦冬15g、石斛（先煎）12g、生地15g、知母15g、浙贝15g、杏仁15g、瓜蒌皮15g、丹参15g、蚤休15g、三叶青15g、蛇六谷（先煎）15g、龙葵30g、车前子（包煎）30g、桑白皮15g、茯苓15g、苏梗15g、猫人参15g、猪苓15g、神曲12g、远志15g、枣仁20g、红枣15g、生甘草10g。14剂，水煎服，日服1剂，分早晚两次温服。

四诊：2013年9月25日。上方加减服用3个月，患者咳嗽除、气急平，2013年9月6日复查肺部CT示：右肺癌灶稳定，右侧胸腔积液明显减少。继以养阴清热，健脾散结之法治本。

按语 癌性胸腔积液是恶性肿瘤进入晚期的一种并发症，是由于恶性肿瘤浸润或转移至胸膜而产生，为渗出液，增长迅速，大量胸腔积液可压迫肺、纵隔、心脏，引起呼吸循环功能衰竭。肺癌是恶性胸腔积液的主要原因之一，以肺腺癌为多见。目前，西医治疗以胸腔穿刺引流术及胸腔内化疗药物灌注为主，但仍存在容易复发、病人耐受差等缺点。中医治疗方法较为缓和，疗效持久。

肺癌恶性胸腔积液临床主要表现为喘憋、短气、不能平卧、咳嗽及咳嗽引起的胸痛，这与张仲景在《金匮要略》中关于悬饮和支饮的论述极为相似，即"饮后水流在胁下，咳唾引痛，谓之悬饮"，"咳逆倚息，短气不得卧，其形如肿，谓之支饮"。癌性悬饮虽然病因复杂，但一个基本病机贯穿始终：多由于脾失运化，肺失通调水道，气机不畅，水湿邪毒内聚而成，属"本虚标实"之证。因此，在临证时，围绕气虚、阴虚和饮停这三种证候要素为基础进行辨证施治。吴老师根据"治病必求于本"的原则，认为治疗上除利水逐饮之外，应当从其根本的病因即肺癌出发。因肺为娇脏，喜润而恶燥，肺脏有瘤，多耗气伤阴，肺癌之虚以阴虚及气阴两虚多见，过用温燥之品虽一时有效，但难免进一步伤阴。故仍从肺癌之根本入手，采用养阴，益气，健脾等扶正，同时针对性地选用泻肺行气利水之品治疗胸腔积液。肺虽在上焦，然气行水亦行，肺之饮邪可运用泻肺利水之法使其从肠腑缓泄而去。吴老师逐饮喜用桑白皮、龙葵等泻肺平喘、利水消肿之品，一般不选用甘遂、大戟、芫花等峻下之品，以免徒伤正气。桑白皮性甘、寒，归肺经，具有泻肺平喘、利水消肿功能，主治肺热喘咳、水肿胀满、尿少、面目肌肤浮肿。现代药理研究发现，桑白皮的活性成分对促癌因子有抑制作用，同时具有镇咳、祛痰、平喘和利尿的作用。龙葵出自《药性论》，具有清热解毒、活血化瘀、利水消肿、止咳祛痰的功效。近年的研究表明龙葵具有抗炎与抗休克，解热镇痛，祛痰止咳，抗菌与抗病毒等作用。可通过多个环节促进细胞凋亡，阻止细胞的恶性增殖发挥抗肿瘤作用。

本患者就诊时胸腔积液较多，气急明显，当以祛邪为要。"急则治其标，缓则治其本"，方以新加沙参麦冬汤加减，配以桑白皮、龙葵、车前子等泻肺利水之品，共奏养阴泻肺利水之效。"病痰饮者，当以温药和之"，适当应用菟丝子等温阳化气，茯苓等健脾利水渗湿，使邪有出路。胸腔积液减少后，继以养阴清热，健脾益气为治本之法，增强正气，有利于祛邪于外。

病案四 肺癌晚期靶向治疗

蔡某，男，62岁，2014年11月17日初诊。

主诉：咳嗽咳痰20余天，确诊肺癌1天。患者于20余天前无明显诱因出现咳嗽咳痰，2014年11月8日在浙江大学医学院附属邵逸夫医院查胸部CT示：右上肺癌伴双肺多发转移，肝囊肿。遂至浙江省肿瘤医院行"右肺肿块穿刺活检术"，2014年11月16日病理示：低分化腺癌，EGFR检测：19，21外显子突变。与家属商议后，一线治疗选择分子靶向药物，昨起始服厄洛替尼150mg每日1次。

刻诊：咳嗽咯痰，痰色白，偶有痰中带血，胸闷气急，无发热，无胸痛，纳眠可，体重2个月下降约10kg，舌质红，苔少，脉细数。

西医诊断：右上肺癌伴双肺多发转移。

中医诊断：肺积，辨证为气阴两虚。

治法：益气养阴，清热散结。

处方：沙参麦冬汤加减。北沙参30g，麦冬15g，玉竹15g，浙贝15g，杏仁15g，海浮石20g，金荞麦30g，蜂房15g，三叶青15g，蛇舌草15g，仙鹤草15g，桑白皮15g，瓜蒌皮15g，焦三仙各30g，生甘草10g。14剂，水煎服，日服1剂，分早晚两次温服。

二诊：2014年12月1日。患者口服厄洛替尼治疗第8天起，全身陆续出现红色皮疹，头面部明显，伴瘙痒，咳嗽咳痰较前缓解，无发热、胸闷气急、腹痛腹泻，纳眠及二便可，皮疹评价：Ⅱ°，舌质红，苔少，脉细数。复查血常规、肝功能、肾功能均正常。辨证为肺阴亏虚，邪毒内结。治以益气养阴，疏风凉血止痒。上方去金荞麦、海浮石，加石斛（先煎）12g，生地15g，丹皮10g，白蒺藜30g，浮萍15g，地肤子15g。14剂，水煎服，日服1剂，分早晚两次温服。

三诊：2014年12月15日。上方加减两周后，新发皮疹减少，评价：Ⅰ°。现腹泻，呈水样便，无黏液、脓血便，每日7～8次，阿泰宁止泻无效；头面部及四肢仍有少量皮疹，伴瘙痒。复查血常规、肝功能、肾功能均正常。

处方：南沙参15g，北沙参15g，麦冬15g，白蒺藜20g，浮萍15g，蜂房15g，三叶青15g，白花蛇舌草15g，炒白术15g，茯苓15g，山药15g，炒米仁30g，炒扁豆15g，苏梗12g，石斛（先煎）12g，诃子10g，生甘草10g。14剂，水煎服，日服1剂，分早晚两次温服。

四诊：2015年1月17日。患者口服厄洛替尼治疗2月，头面部及四肢少量散在皮疹，无咳嗽咳痰，无腹泻，饮食可睡眠可，二便畅。复查血常规、肝功能、肾功能正常；肿瘤指标：CEA：6.6ng/ml，CA199：48.7U/ml，较前下降；复查胸部CT示：右肺癌转移灶较前明显减少，右上肺肿块最大者约2.8cm×1.9cm，较前减小（治疗前5.5cm×3.2cm）。疗效评价为：PR，皮疹、腹泻等症状稳定。予前方加减巩固疗效。

按语 厄洛替尼与吉非替尼是非小细胞肺癌治疗的代表性小分子酪氨酸激酶抑制剂，是肺癌个体化治疗的里程碑。它们能有效遏制肿瘤的进展，相对于化疗能更好地改善患者的生活质量和提高5年生存率,但药物相关毒副作用的发生仍给治疗带来困难,是导致患者停药、病情恶化的主要原因。《诸病源候论》曰:"凡药物云有毒,当有大毒者,皆能变乱,与人为害,也能杀人。"因此,在临床诊治过程中,我们应特别注意药物不良反应的发生。靶向治疗与中医"辨证论治""同病异治、异病同治"有异曲同工之处,中医学在辨证论治的基础上处方用药,以中药配合分子靶向治疗药物不仅可以减低分子靶向治疗药物的不良反应,同时还能增加其疗效,在增效减毒方面发挥了极大优势。

应用靶向治疗药物后出现的皮疹为药疹,属祖国医学"中药毒""药毒疹"等范畴。祖国医学认为本病的发生是由于患者素体禀性不耐,血热内蕴,与外泛之药毒相合,客于皮毛肌表,使皮毛失养、气血失和,发为药疹,其本质是本虚在内而毒邪结聚于外。因此,补内在之虚尤为关键,故以沙参麦冬汤合消风散加减。

除皮疹外,靶向药物最常见的不良反应为腹泻。曾报道厄洛替尼的腹泻总发生率为54%,吉非替尼也有相似的腹泻发生率。《景岳全书》:"泄泻之本,无不由于脾胃。"吴老师认为,分子靶向药物较化疗药物不良反应较小,但仍属攻伐之品,易损伤脾胃功能。肺癌的形成多由肺气亏虚,子病及母则脾失健运、湿浊内生,加之药毒损伤、脾胃更虚,不能受纳水谷和运化精微,水谷停滞、清浊不分,混杂而下,故而大便溏薄。治以益气健脾止泻,方以参苓白术散加减。以此思路调治,本例患者腹泻症状得以缓解。方中沙参、茯苓、炒白术益气健脾,薏苡仁、炒扁豆助茯苓、炒白术健脾渗湿,石斛、诃子相伍敛阴止泻,苏梗行气宽中的同时又可开宣肺气。如患者气滞甚,加木香、佛手;如湿热重,加黄连、黄芩;如食欲不佳,加砂仁、焦三仙;如日久不愈,加五味子、菟丝子。此证的治疗关键在益气健脾,同时又培土生金,切忌重用苦温燥湿之品,以免伤阴益甚之弊。

病案五 肺癌化疗后

陈某,女,59岁。2015年5月4日初诊。

主诉:发现肺癌2月余,咳嗽咳痰伴乏力2周。患者于2015年3月体检时发现肺占位,胸部CT示:右上肺后段实性密度结节,首先考虑周围性肺癌,两肺多发散在磨玻璃样结节,右肺门及纵隔多发淋巴结肿大。行左锁骨上结节针吸:少量纤维脂肪组织及淋巴细胞,未见明确肿瘤依据。纵隔肿块:腺癌。患者未行手术治疗,2015年3月24日、2015年4月21日行吉西他滨+顺

浙江中医临床名家·吴良村

铂方案化疗两次，2015年5月12日复查肺CT：右肺癌化疗后，与前片大致相仿。CEA：10.73ng/ml。化疗后恶心呕吐明显，骨髓抑制及食欲减退，遂于2015年5月4日初诊求治。

刻诊：神疲乏力，面色少华，自汗，咳嗽咳痰较剧，痰白清稀易咳出，胃纳差，舌淡胖质暗，舌苔白腻，脉细。

西医诊断：右肺癌化疗后，纵隔、淋巴结转移。

中医诊断：肺积，辨证为肺脾两虚，痰湿内蕴。

治法：健脾益气，燥湿祛痰。

处方：生晒参9g，白术9g，茯苓12g，猪苓9g，厚朴6g，豆蔻（后下）3g，炒黄芪30g，麻黄根6g，山药30g，三叶青15g，姜半夏6g，陈皮6g，炒稻芽15g，炒麦芽15g，甘草3g。7剂，水煎服，日服1剂，分早晚两次温服。

二诊：2015年7月28日。上述为主方加减服用两月余，症状明显改善，患者于2015年7月1日、2015年7月26日行培美曲塞+奈达铂化疗2周期，化疗后感恶心呕吐，乏力明显，查血常规：白细胞计数$4.5×10^9$/L，中性粒细胞$2.1×10^9$/L，血红蛋白（HGB）117g/L，血小板计数$80×10^9$/L。

处方：炒党参9g，茯苓12g，炒白术9g，炙甘草3g，陈皮6g，姜半夏6g，厚朴6g，熟地黄9g，女贞子9g，墨旱莲15g，桑葚子15g，制黄精15g，蔻仁（后下）3g。14剂，水煎服，日服1剂，分早晚两次温服。

三诊：2015年9月25日。上述方已服用1个月，复查血常规恢复正常，就诊时无恶心呕吐，乏力较前改善，偶有咳嗽，无咳痰，夜寐欠安，胃纳一般，二便尚可，舌淡白，苔薄，脉细。

处方：生晒参9g，炒白术12g，山药30g，枳壳6g，厚朴6g，陈皮6g，生山楂6g，鸡内金12g，神曲15g，炒谷芽15g，炒麦芽15g，红豆杉12g，炒米仁30g，夜交藤15g，酸枣仁15g。14剂，水煎服，日服1剂，分早晚两次温服。后续就诊时根据患者四诊，上述处方加减，患者随访至今已有三年余，复查胸部CT提示：右上肺后段实性密度结节较前相仿。

按语 该病例为肺癌患者，邪滞日久，正气本虚，又行化疗，一再攻伐，正气愈虚。辨证为患者机体正气受损，脾虚失健，无力运化水液，水液停滞体内，上渍于肺故咳嗽咳痰，痰多清稀；脾失健运，痰饮滞于中焦，受邪则气逆而呕；脾失健运，运化水谷精微功能失职，机体吸收能力失常，则乏力懒言，纳呆。治疗主要以"扶正祛邪"为主，正所谓"正气存内，邪不可干；邪之所凑，其气必虚"。脾胃为气血生化之源，脾胃健则气血得养，肺病日久，调理脾胃宜平补不宜骤补，可选甘淡性平之品。故选方中生晒参、白术、茯苓、甘草、炒黄芪健脾益气，培土生金，使脾胃气旺，则金生有源；姜半夏、豆蔻、厚朴温中止呕，燥湿祛痰；红豆杉、三叶青清热解毒，抗癌散结；酌加炒麦芽、陈皮疏肝理气之品以防木刑金，同时配合鸡内金、生山楂等可达到"松土"防止壅滞。二诊时患者骨髓抑制明显，加用制黄精、熟地黄金水相生，改善骨髓抑制；肺为娇脏，喜润而恶燥，酌加甘寒之品女贞子、墨旱莲、桑葚子养阴润肺，清热凉血，生津止渴。三诊时，患者夜寐欠安，于夜交藤、酸枣仁养血安神随症加减。数次就诊，患者病情渐趋平稳，后诊根据症状变化加减用药，患者现已随诊三年余，多次复查胸部CT，肿瘤虽未缩小，但患者病情平稳，生活质量明显提高，生存期延长。

病案六 肺癌术后化疗后

王某，男，53岁。2016年6月6日初诊。

主诉：肺癌术后近1月，乏力1月。患者于1月前体检发现左肺占位，随后至浙江省第一医院就诊。PET-CT显示：左肺下叶结节影，FDG代谢轻度增高，双肺门及纵隔内多发淋巴结显示。于2016年5月11日行VATS辅助下左肺癌根治术。术后病理：（左下肺）周围型中-低分化鳞状细胞癌伴淋巴结转移。2016年6月8日开始行紫杉醇+卡铂化疗方案1周。

刻诊：面色少华，神疲乏力，胃纳可，少量咳嗽咳痰，舌淡，苔白，脉虚弱。

西医诊断：肺癌术后。

中医诊断：肺积，辨证为肺脾气虚。

治法：补肺健脾，益气养阴。

处方：生晒参9g，炒白术9g，茯苓12g，炙甘草3g，陈皮6g，厚朴9g，沉香曲15g，炒黄芩12g，鱼腥草15g，野荞麦根15g，三叶青15g，枇杷叶12g，竹沥半夏12g，桔梗6g，炒麦芽15g，炒谷芽15g。14剂，水煎服，日服1剂，分早晚两次温服。

二诊：2016年6月27日。上述方服半月余，症状明显改善，今次继续进行原方案化疗。2016年6月29日开始行紫杉醇+卡铂化疗方案1周。自觉乏力明显，食欲一般，夜寐可，偶有全身关节酸痛。舌质淡红，舌苔薄白，脉虚缓。上方去炒黄芩、鱼腥草、枇杷叶、竹沥半夏、桔梗，加鸡内金12g，北沙参9g，红豆杉12g滋养胃阴。14剂，水煎服，日服1剂，分早晚两次温服。

三诊：2016年7月18日。上述方服半月余，症状明显改善，今次继续进

浙江中医临床名家·吴良村

行原方案化疗，2016年7月20日开始行紫杉醇+卡铂化疗方案1周。自觉关节酸痛症状好转，偶感乏力，精神尚可，舌质淡红，舌苔薄白，脉沉细。上方去野荞麦根、炒麦芽、炒谷芽、北沙参、红豆杉，加藿香9g，苏梗6g，姜半夏6g，生山楂9g，枳壳6g，车前草12g，秫米9g降逆和胃。14剂，水煎服，日服1剂，分早晚两次温服。

四诊：2016年8月8日。上述方服半月余，症状进一步改善，检查指标正常。2016年8月10日开始行紫杉醇+卡铂化疗方案1周。患者目前病情稳定，偶感神疲乏力，无咳嗽咳痰，无发热头痛，无胸闷胸痛，无腹胀腹痛。舌质淡红，舌苔薄白，脉沉细。上方去三叶青、藿香、苏梗、姜半夏、生山楂、枳壳、车前草、秫米，加红豆杉12g，制黄精15g，女贞子12g，旱莲草15g，大枣12g，野荞麦根15g，冬凌草12g。14剂，水煎服，日服1剂，分早晚两次温服。上述处方加减服用，随访至今，情况良好。

按语　患者素体脾胃虚弱，脾虚运化失调，湿聚痰生，痰蕴肺络，肺气宣降失司，痰凝毒聚，日久形成肺部肿块。脾胃虚弱，运化乏力，水谷精微化生乏源，不能上荣于面则面色欠华；肺失宣降，肺气上逆故咳嗽咳痰；综上，中医辨病为肺癌，辨证为肺脾气虚证。本病病位在肺，与脾胃关系密切。患者面色少华，神疲乏力，方中生晒参、炒白术、茯苓为四君子汤君臣之药，补气健脾。陈皮、厚朴、沉香曲健脾理气；制黄精补气养阴；女贞子、旱莲草滋阴补肾；红豆杉、野荞麦根清热解毒，散结抗癌。患者偶有咳嗽，为热毒犯肺，故加冬凌草清热利咽，润肺止咳。患者久病伤脾，胃纳不佳，故以鸡内金健脾消食，大枣补中益气养血安神。甘草调和诸药，司佐使之职。

病案七　肺癌术后化疗后

李某，女性，64岁。2014年4月16日初诊。

主诉：右肺癌术后19月余，乏力烦闷3月。患者2012年体检发现右肺结节，至某院就诊，于2012年9月14日在全麻下行右上肺叶切除术，术后病理示：右上肺周围型中-低分化腺癌，G-15（-），TTF-1（+），S-PA（-），CK5/6（-），SYN（-），CGA（-），Ki-67（+），淋巴结均未见癌转移。术后行4周期培美曲塞+卡铂化疗。既往2007年右乳腺癌术后化疗后，2010年肝转移化疗后。

刻诊：患者偶有干咳，无痰，心胸烦闷，时有晕眩，面色少华，胃纳尚可，夜寐欠佳，二便如常，舌红，苔薄黄，脉细弱。

西医诊断：肺癌术后。

中医诊断：肺积，辨证为阴虚热毒兼肝气郁结。

治法：养阴清热，解毒散结，疏肝通络。

处方：枳壳9g，生地9g，丹皮9g，焦山栀9g，炒黄芩9g，天麻9g，柴胡9g，北沙参12g，石斛（先煎）12g，生玉竹12g，三叶青12g，淡竹叶12g，钩藤（后下）12g，炒白芍12g，鸡内金12g，炒谷芽15g，炒麦芽15g，怀山药30g，垂盆草30g，陈皮6g。14剂，水煎服，日服1剂，分早晚两次温服。

二诊：2014年9月15日。上述方加减服4月余，患者复查PET—CT提示：右肺中叶纵隔胸膜下转移灶。于2014年8月19日起予吉西他滨+奈达铂化疗。化疗期间患者反复出现神疲乏力，纳谷不香，舌淡苔少，脉细。辨为肺脾两虚证，治拟补肺健脾，益气化痰，方拟四君子汤加减。

处方：炒党参12g，炒白术12g，仙茅12g，仙灵脾12g，鸡内金12g，炒莱菔子12g，生黄芪15g，茯苓15g，炒谷芽15g，炒麦芽15g，神曲15g，大枣15g，车前子（包煎）15g，仙鹤草30g，苏梗9g，猪苓9g，泽泻6g，厚朴6g，炙甘草6g。化疗期间神疲乏力好转，食欲渐开。

三诊：2018年10月31日。患者一般情况可，2018年9月27日复查胸部CT未见复发转移灶。诊见面色少华，活动后感乏力，舌淡，苔薄白，脉细，辨证为肺脾气虚，治拟健脾益肺。

处方：制黄精30g，炙黄芪30g，炒麦芽15g，沉香曲15g，杜仲15g，太子参15g，玉竹15g，炒白术12g，红豆杉12g，红景天12g，鸡内金12g，生山楂12g，炒黄芩9g，川芎9g，天麻9g，陈皮6g，厚朴6g，三叶青6g，干蟾3g，水蛭3g，炙甘草3g。14剂，水煎服，日服1剂，分早晚两次温服。上述方加减服用，随访至今，情况良好，无复发转移。

按语 本病病机主要表现为气阴两虚，肺脾气虚。正气亏虚为本，气滞痰凝、瘀血内结、热毒内蕴为标。治疗肺癌首先从"脾"论治，灵活运用"培土生金"法，并根据治疗阶段的不同对遣方用药进行及时调整。纵观本案，可分为三个阶段：第一阶段患者术后气血亏虚，化疗后余毒未尽，加之情志不舒肝气郁结，故以养阴清热、解毒散结、疏肝理气为法。方中北沙参、石斛、生玉竹、生地、丹皮益气养阴，三叶青、淡竹叶、炒黄芩等清热解毒，柴胡、枳壳、陈皮、焦山栀、天麻、钩藤疏肝理气解郁，鸡内金、炒谷芽、炒麦芽、怀山药等顾护胃气。第二阶段为患者化疗期间，以健脾益气，减轻化疗不良反应为主要治则，不宜再行攻伐。故在六君子汤益气健脾

基础上，加以生黄芪、仙鹤草等益气，仙茅、仙灵脾等调补冲任，鸡内金、炒谷芽、炒麦芽、神曲等健脾和胃，车前子、猪苓、泽泻等利水之品。第三阶段为观察随访期，主要以健脾益肺，清解余毒为主，适当增加祛邪力度，防止再次复发转移。以六君子汤为基础方，加太子参、玉竹等益气养阴，三叶青、红豆杉、干蟾、水蛭等抗肿瘤之品。本案治疗始终要以扶正为本，重视调补气血、顾护胃气，并将中医药治疗与手术、放疗、化疗等现代治疗手段相结合，减轻相关不良反应，患者治疗过程顺利，症状明显改善，生活质量有所提高，总生存期得以延长，疗效值得肯定。

三、食管癌

病案一　食管癌放疗后

张某，男，56岁，2003年5月7日初诊。

主诉：发现食管癌3月余。患者因"胃脘胀满，吞咽困难月余"，经钡餐、胃镜检查确诊为食管上段鳞癌，萎缩性胃炎并肠化，幽门螺杆菌阳性。经^{60}Co照射共20次，总剂量达6000u J/s，吞咽功能较前略有好转，能进食牛乳及茶水。

刻诊：胃脘胀满较前加重，并见大便秘结，小便赤涩。舌红，苔黄厚腻，脉沉弦数。

西医诊断：食管癌。

中医诊断：噎膈，辨证为热结肠胃，腑气不通。

治法：泻热通腑，健脾化痰，行气消积。

处方：大承气汤合半夏厚朴汤加减。生大黄（后下）9g，厚朴10g，芒硝（烊冲）10g，枳实9g，麦冬15g，生地15g，半夏12g，茯苓10g，苏叶12g，生麦芽30g，鸡内金30g，甘草6g。5剂，水煎服，每日1剂，分早晚温服。

二诊：2003年5月12日。患者胃脘胀痛明显减轻，口干乏力，大便转畅，小便转清，舌红，苔黄腻，脉弦数。辨析为标实已除，即阳明热结证已解，脾胃升降渐复，唯本虚犹存，即气阴两虚证逐渐暴露。故胃脘胀痛明显减轻，大便转畅，而见口干乏力，舌脉亦为邪气渐消，气阴不足之象。此时当益气养阴，健脾理气。

处方：南沙参15g，北沙参15g，麦冬15g，生地15g，玄参15g，生黄芪

30g，白术15g，茯苓10g，干蟾皮6g，灵芝30g，天龙10g，蜂房10g，冬凌草30g，女贞子30g，菟丝子30g，枸杞子30g，生麦芽30g，鸡内金30g，厚朴10g，芒硝（烊冲）10g，郁金6g，丹参10g。连服10日。

三诊：2003年5月23日。患者吞咽功能明显好转，能进食面条、面包及饼干等，胃脘胀痛消失，二便调。舌红，苔薄白微腻，辨析为邪气已衰，阴液得补，但仍不足，当前予健脾益气，滋养肾阴，佐以消瘤，前方去南沙参、厚朴、芒硝、茯苓。加生晒参15g，山药15g，泽泻10g，萸肉15g，蛇舌草30g，半枝莲15g，山慈菇15g，黄药子15g。30剂，水煎服，每日1剂，分早晚温服。

按语 第一阶段吴老师初诊根据其病机予以泻热通腑，健脾化痰，行气消积，方选大承气汤合半夏厚朴汤加减乃釜底抽薪之意，邪实一去，阴液耗伤；第二阶段加上南沙参、北沙参、麦冬、玄参之品益气养阴，方中生大黄已去，仍有"增液行舟"通便之意，但伐伤正气之力却较前方已削；第三阶段邪气已大半尽去，根据"噎膈、反胃，益当脾肾"，从本而治，滋养阴液，以健脾益气，滋养肾阴，佐以消瘤为治，又加上六味地黄丸中成药，补益肝肾。不同阶段辨证论治，至2008年2月治疗5年多，诸症全消，在当地行钡餐、胃镜检查病灶消失，饮食基本流通，这期间多次复查B超、CT、钡餐造影等均未发现复发和转移征象，随访期间患者面色红润，精神佳，体重增加，能正常上班，生活如常人。

病案二 食管癌术后多发转移

陆某，男，48岁，2012年11月5日初诊。

主诉：食管癌术后14月，多发转移8月余。患者2011年9月在当地医院行"食管癌根治术"，病理：胃、食管交界处腺癌，$pT_4N_2M_0$，ⅢC期。术后于"泰素+卡铂"化疗3次。2012年2月发现肝、肺转移，予行TACE术2次，2012年7月化疗2次。2012年10月26日在舟山市妇幼保健院复查CT：食管癌术后，吻合口狭窄，肝多发转移瘤，腹主动脉旁多发淋巴结，胸腹壁软组织肿块，双侧肾上腺转移瘤，两肺多发结节，左侧肩胛骨及右侧2、6、7、8肋骨转移。

刻诊：进食困难，反酸，神疲乏力，全身多处淋巴结肿大，大便偏干。舌红少津，脉细弦。

西医诊断：食管癌术后多发转移。

中医诊断：噎膈，辨证为热毒伤阴。

治法：养阴清热，解毒散结，化痰祛瘀。

处方：北沙参15g，麦冬15g，生地15g，石斛（先煎）12g，制首乌15g，仙鹤草15g，威灵仙15g，急性子15g，水牛角（先煎）15g，知母30g，土贝母15g，三叶青15g，蚤休15g，浙贝母15g，海螵蛸12g，鸡内金12g，莱菔子15g，生甘草10g。14剂，水煎服，日服1剂，分早晚两次温服。

二诊：2012年12月6日。患者吞咽困难好转，能进食牛奶，少量面包等，反酸减轻，精神转佳，二便调，舌仍红，但舌苔不干，已有津液。加大清热解毒药的用量，前方加蛇舌草30g，黄药子15g。14剂，水煎服，日服1剂，分早晚两次温服。

三诊：2013年1月7日。服药30剂后吞咽功能能进一步好转，能进食少量面条、面包及饼干等，反酸好转，胃纳二便调，舌红，苔薄黄微腻。

处方：北沙参15g，麦冬15g，玉竹15g，石斛（先煎）12g，生地15g，威灵仙15g，急性子15g，仙鹤草15g，土贝母15g，山慈菇15g，三叶青15g，蚤休15g，藤梨根15g，浙贝母15g，海螵蛸12g，鸡内金12g，生甘草10g。14剂，水煎服，日服1剂，分早晚两次温服。

上方守义治疗3月，患者胃纳、精神好转，准备于当地医院继续化疗。

按语 食管癌属中医学"噎膈"范畴。对本病的病因病机，《医宗必读》记载："大抵气血亏损，复因悲思忧恚，则脾胃受伤，血液渐耗，郁气生痰，痰则塞而不通，气则上而不下，妨碍道路，饮食难进，噎塞所由成也。"吴老师认为本病的发生与饮食和情志有密切的关系。内伤饮食、情志不遂为主因，且相互影响，互为因果，共同致病，使气滞、痰阻、瘀血、火郁阻于食道，致食管狭窄，成噎膈之症。正气亏虚是食管癌的内在病因，各种原因导致的气虚、阴虚都会使病邪乘虚而入。食管癌病位在食管，属胃气所主，涉及脾胃、肝肾，由于脾胃、肝肾功能失调，导致气、血、痰、热互结，津枯血燥而致食管狭窄、食管干涩是噎膈的基本病机。本病初起偏气结，津伤不甚，中期在痰气交阻基础上形成血瘀，以痰瘀交阻为主，后期脾胃气阴双亏，表现为津枯血少痰瘀，日久可耗及肝肾之阴，使肾之精气、脾之生化告竭。食道癌的治疗扶正重视调脾胃，兼补肝肾，祛邪重视活血化瘀、行气化痰、清热解毒。

若已手术切除，饮食基本能进者，则着眼于扶正固本、益气、养阴，辅以抗癌中药；若未经手术，只作放疗、化疗，进食困难者，先使饮食渐通，可选威灵仙、急性子于扶正药中。

威灵仙味咸，能软坚而消骨鲠，活血化瘀、通经络、消痰涎。《本草纲目》记载："治噎塞膈气，威灵仙一把，醋、蜜各半碗，煎五分服用，吐出宿痰愈。"叶天士也曾应用威灵仙治疗噎食不下。现代研究证实，威灵仙能使咽及食道平滑肌松弛，舒展食管内腔，增强蠕动，且有抗癌消肿作用。急性子微苦、辛、温，有小毒，归肺、肝经，破血软坚，消积，用于癥瘕痞块、经闭、噎膈，李时珍在《本草纲目》中说急性子"其性急速，故能透骨软坚。"这两味药是吴老师经常用于食管癌的中药，可以明显缓解进食哽噎的症状。

由于"噎膈"，患者往往还容易出现"饮食难下"及"反食、反酸"等症状，吴老师认为，此二者均根于胃气不和、失于通降所致，"有胃气则生，无胃气则死"，故必须在缓解梗阻症状的基础上辅以调和胃气，使其能正常和降，则可望逐渐改善患者饮食状况，使水谷食物能正常和降入胃，进而化生水谷精微，滋养机体。吴老师常常合用鸡内金、莱菔子和降胃气，消食除积。

病案三 食管癌放疗后放射性肺炎

李某，男，61岁，2014年5月6日初诊。

主诉：确诊食管中上段癌4个月余，放疗、化疗后20天。患者4个月前因"进食后胸骨后疼痛"于当地医院检查，胃镜示食管中上段癌，病理诊断为鳞癌。予"多西他赛+顺铂"化疗2次，后行放疗共DT 4000 CGy/30d，放疗结束时期为2014年4月16日。3天前患者出现发热，咳嗽，咳吐黄痰，气喘，2014年5月4日浙江省中医院查血常规：WBC：$8.8×10^9$/L，N：75%，L：20%。胸部CT平扫示：右下肺斑片状及磨玻璃影，边缘较模糊。门诊予抗炎治疗无好转，前来诊治。

刻诊：发热，咳嗽，咳吐黄痰，气喘，口干，口苦，纳差，大便干，舌红绛，苔黄厚腻，脉滑数。

西医诊断：食管癌放疗、化疗后，放射性肺炎并肺内感染。

中医诊断：噎膈，辨证为热入营阴，痰热内阻。

治法：清热化痰，凉营养阴。

处方：北沙参15g，麦冬15g，玉竹15g，石斛（先煎）12g，黄芩15g，金银花15g，知母30g，生石膏（先煎）30g，水牛角（先煎）30g，蚤休15g，牡丹皮15g，浙贝15g，杏仁15g，瓜蒌子30g，天竺黄15g，桑白皮15g，甘草10g。7剂，水煎服，日服1剂，分早晚两次温服。同时头孢唑肟

3.75 bid抗炎，痰热清20ml qd静脉点滴。

二诊：2014年5月13日。服上方3天后热退，5天后咳嗽气喘减轻，仍有黄痰，痰黏难咳出，大便通畅，口干唇燥，舌红绛，苔黄腻，脉滑数。复查WBC：6.5×10^9/L，N：68%，L：30%，停静脉用药，上方加玄参15g，百部12g。14剂，水煎服，日服1剂，分早晚两次温服。

三诊：2014年5月27日。患者无发热，咳嗽咳痰明显减轻，痰少色白质黏，气短口干，舌暗红，苔少，脉细数，继以养阴益气，活血宣肺治疗。

处方：北沙参15g，太子参15g，玄参15g，麦冬15g，玉竹15g，石斛（先煎）12g，牡丹皮15g，赤芍15g，当归12g，浙贝15g，杏仁15g，知母15g，夏枯草15g，瓜蒌子15g，天竺黄15g，百部10g。14剂，水煎服，日服1剂，分早晚两次温服。

四诊：2014年6月24日。药后偶有咳嗽白痰，气短，二便调，舌暗红，苔薄白，脉细。上方去夏枯草、玄参、天竺黄加黄芪15g，丹参15g，土鳖虫12g，全蝎6g，威灵仙15g，急性子15g，三叶青15g。14剂，水煎服，日服1剂，分早晚两次温服。

辨证治疗2月余后，症状明显消失，肺CT片显示右下肺少许网格影。

按语　放射性肺炎属于非感染性的炎症反应，是指肺组织受放射线照射后出现的一系列病理变化。放射性肺损伤的组织病理学改变按时间和程度分为早期、中期、晚期。早期肺泡蛋白渗出，炎症细胞浸润，肺泡壁上皮细胞脱落，造成气体交换障碍。这些改变多在放疗后几周内出现，临床表现为急性放射性肺炎。晚期放射性肺损伤（照射后6个月或更长时间），以肺泡间隔渐进性纤维化为特征。

中医学认为放射性肺炎属于"咳嗽""肺痿"范畴，为邪热之毒侵袭机体，耗伤气阴，毒邪久蕴，深入肺络，导致血瘀痰凝痹肺，肺气失于宣降，久病则肺肾亏虚。其病情缠绵，且恢复慢，常留有后遗症。其临床表现多为热毒伤津，进而伤津耗气、津损络瘀。

吴老师认为，急性放射性肺炎的外因是放射线，为"热邪"，最易耗伤阴液；而癌肿基本病机是正气不足、瘀血内结。邪热伤阴、正不胜邪，故急性放射性肺炎的基本病机是本虚标实，正气不足，瘀血内结，放射之"热邪"侵袭，"热邪"与瘀血相搏，热瘀互结，耗伤肺阴，灼伤肺络，致使肺的宣肃功能失常。"热邪""阴虚""瘀血"为其病机要点。由于毒热炽盛，暴伤人体，痰热内蕴，导致肺失宣降而见咳嗽，喘急，黄痰，舌苔黄腻而干，脉滑数；毒热炽盛，耗伤营血，热入营分，可见舌红绛；毒热耗伤肺阴，可见发热，口渴，舌干红，咳嗽痰黏，气急喘促。此期以痰热内阻，入营伤阴为主。治以清热化痰，凉营养阴。方中北沙参、麦冬、玉竹、石斛养阴清热；金银花善散肺经热邪；黄芩主入肺经，善清肺火及上焦实热，在清金丸和清肺汤中都是主药，均能清热解毒，驱除放疗之热毒；蚤休清热解毒；知母、生石膏、水牛角、牡丹皮清热泻火，凉营解毒；浙贝、杏仁、瓜蒌子、天竺黄、桑白皮清热化痰。三诊起患者无发热，咳嗽咳痰明显减轻，此时余热未清，气阴耗伤，瘀痰痹阻，结合病势迁延可能治以清热养阴，益气化痰，活血通络之法，以当归、赤芍、丹参活血化瘀，土鳖虫、全蝎活血通络，有使肺纤维化逆转的作用，同时有散结消瘤的作用。以上治疗使患者病情在3周内得到控制，放射性肺炎未继续进展到纤维化期。

四、胃癌

病案一　胃癌术后化疗后神经毒性

朱某，女，49岁，2013年2月22日初诊。

主诉：胃癌术后2月余，化疗2次后5天。患者2月余前（2012年12月30日）因"头晕、黑便1月余，胃镜提示胃癌"在浙江省肿瘤医院行"全胃切除术（食道空肠吻合Roux-en-Y型或袢式）"，术后病理：胃贲门、胃窦、胃体小弯侧及部分前后壁溃疡浸润型（瘤体7cm×5.5cm×1.5cm）中分化腺癌，浸润浆膜外纤维、脂肪组织，累犯神经，浸润或转移至2/25淋巴结，CerbB-2（2+）；术后分期$pT_4N_1M_0$，术后恢复可。术后于2013年1月26日、2013年2月17日行SOX方案化疗2周期，第1次化疗后出现Ⅱ度消化道反应、骨髓抑制，经对症治疗后好转。现替吉奥胶囊口服化疗中。

刻诊：神疲乏力，面色不华，口干多汗，脘腹不舒，恶心，未吐，纳呆便干，夜寐欠安。舌淡，苔少，脉细。

西医诊断：胃癌术后化疗后，$pT_4N_1M_0$ Ⅲb期。

中医诊断：胃积刀圭后化疗后，辨证为气阴不足。

治法：益气养阴为主，少佐清热解毒。

处方：太子参15g，白术15g，茯苓15g，山药15g，米仁30g，北沙参15g，生地15g，石斛（先煎）12g，香茶菜15g，梅花12g，姜竹茹12g，半夏12g，藤梨根15g，鸡内金12g，浮小麦30g，红枣15g，生甘草10g。14剂，水

浙江中医临床名家·吴良村

煎服，日服1剂，分早晚两次温服。

二诊：2013年3月8日。服药后口干稍减，汗出减少，余症如前。上方减北沙参、石斛，加黄芪30g，陈皮10g，14剂，水煎服，日服1剂，分早晚两次温服。

三诊：2013年4月20日。患者4次化疗后，目前化疗间歇期，口干、多汗明显改善，精神明显好转，胃纳渐佳，大便通畅。

处方：太子参15g，白术15g，茯苓15g，山药15g，米仁30g，北沙参15g，生地15g，石斛（先煎）12g，香茶菜15g，梅花12g，姜竹茹12g，葛根15g，半夏12g，藤梨根15g，鸡内金12g，浮小麦30g，红枣15g，生甘草10g。14剂，水煎服，日服1剂，分早晚两次温服。

四诊：2013年6月30日。患者在当地医院继续行SOX方案化疗，7周期后复查胸部CT及全腹CT未见肿瘤复发。现双手、双足麻木明显，周身乏力，腹胀，进食后加重，胃纳二便可，睡眠欠佳。舌淡，苔薄，脉细弱。辨证为气血亏虚，营卫不和，治法以补气养血，调和营卫为主。

处方：生黄芪30g，桂枝12g，当归10g，白芍12g，鸡血藤30g，地龙12g，太子参15g，茯苓15g，炒白术15g，炒米仁30g，佛手片15g，仙鹤草15g，三叶青15g，炒麦芽15g，炒谷芽15g，生姜5g，红枣15g。14剂，水煎服，日服1剂，分早晚两次温服。

外洗方：当归12g，艾叶15g，丹参30g，苦参12g，川芎12g，乳香12g，没药12g，鸡血藤30g，杜仲12g，白芍15g，忍冬藤30g，桂枝12g。

五诊：2013年7月21日。2013年7月5日患者行第8周期"替吉奥胶囊"单药化疗。服药后患者怕冷、恶风、乏力有所缓解，四肢感觉障碍、麻木、迟钝等症状缓解不明显，下肢为主，上方加怀牛膝15g，蕲蛇1条。14剂，水煎服，日服1剂，分早晚两次温服。继续配合中药外洗。

六诊：2013年9月18日。患者食欲较前明显增加，怕冷、恶风、四肢感觉障碍、麻木、迟钝、周身乏力等症状亦有所减轻，二便正常。舌淡红，苔薄白。脉象无明显变化。效不更方，继服上方。

按语 胃癌当属中医学"胃脘痛""噎膈""反胃""心腹痞""积聚"等范畴，现代中医学将之称为"胃积"。吴老师认为胃癌的病因与其他疾病一样，不外乎外因和内因。外因包括外感六淫、四时八风等。内因包括饮食所伤、七情致病、脏腑虚损。"中焦如枢"，胃以降为和，脾以升为顺，一升一降，升清降浊，则气血生化有源，故胃癌患者首责之于脾胃，根本病机为正虚邪积,性质为本虚标实,治疗当以扶正祛邪为本。

本例患者癌毒久居体内,耗气伤阴,加之手术而致耗气伤血,复因化疗气阴更虚。化疗为"药毒",易耗气伤阴,化疗导致脾虚已经被诸多现代实验证实。故治疗以益气养阴为主,少佐清热解毒。初诊方拟四君以健后天脾胃之气,运化健,脾气足,则人体一身之气有源;北沙参、山药、生地、石斛甘平养肺胃之阴,又清热生津止渴,不腻膈碍胃,又增液可行舟;姜竹茹、半夏和胃降逆,预防化疗反应;加以薏苡仁、鸡内金健脾消食;佐以梅花、香茶菜理气和中,健脾活血,且理气不伤阴;稍加藤梨根清热解毒抗肿瘤,甘麦大枣汤养心安神,补脾益气止汗。二诊辨证以气虚为主,故减去北沙参、石斛养阴之品,代以黄芪补气。三诊调整用药,加石斛、葛根养阴生津以固基。本案气阴共补,以平为期,配合化疗,达到增效减毒,提高化疗完成率。

四诊时患者因化疗多次使用奥沙利铂,损伤气血津液,营卫不和,四肢失于濡养,故出现明显的四肢感觉障碍、麻木和迟钝等症状,为化疗药物引发的神经毒性反应。吴老师认为化疗所致外周神经毒性归属为中医"麻木""痹证""血痹""寒痹""不仁""痿证"等范畴。其病机在于脾气亏虚为本,药毒外侵为标,需用甘温益气汤药疗之,故用黄芪桂枝五物汤加减,以补气养血,调和营卫。临证出现红肿、疼痛、酸胀、活动不便等,可随"风、寒、湿、火"各邪偏胜者辨证,在此方基础上加减应用。

黄芪桂枝五物汤源于《金匮要略》"血痹,阴阳俱微,寸口关上微,尺中小紧,外证身体不仁,如风痹状,黄芪桂枝五物汤主之。"《金匮要略方论本义》:"黄芪桂枝五物汤,在风痹可治,在血痹亦可治也。以黄芪为主固表补中,佐以大枣;以桂枝治卫升阳,佐以生姜;以芍药入营理血,共成厥美。五物而营卫兼理,且表营卫里胃肠亦兼理矣。推之中风于皮肤肌肉者,亦兼理矣。固不必多求他法也。"

黄芪桂枝五物汤是在桂枝汤的基础上,除甘草易黄芪而成,具有益气和营,通阳行痹之功效,是治疗血痹病首选之方药。方中黄芪微温味甘,益气固表为君药,意在"治血先治气,气行则血行";桂枝性温味辛甘,温经通阳为臣;白芍性微寒味苦酸,养血和营为佐;姜枣和中而调和营卫为使,倍生姜取其辛温宣散,能够增强温煦宣发之力,以助桂枝通阳祛邪。营血痹阻,应加速鼓舞卫气,使气血畅通,这是"气为血之帅,血为气之母""阴阳互根"的具体运用。

浙江中医临床名家·吴良村

五诊患者气血亏虚的症状缓解，考虑到邪深入络，故加虫蚁之品搜剔入络，怀牛膝补肝肾。后患者诸症状缓解，方药效佳，故继服上方。

病案二　胃癌分阶段治疗

吴某，男，69岁。2014年2月17日初诊。

主诉：确诊胃癌20余天。患者2014年1月26日因"胃部烧灼样不适"在杭州市第一人民医院行胃镜示：胃窦部印戒细胞癌。胸部CT未见异常。腹部CT：胃窦癌，侵犯浆膜层。与家属商议后先行辅助化疗2次，2014年2月14日予SOX方案（奥沙利铂170mg，替吉奥60mg bid d1～14）化疗，现替吉奥化疗中。

刻诊：略感乏力，面色少华，大便1次/日，无腹痛腹胀，胃纳一般，舌淡红，苔薄黄，脉细弦。

西医诊断：胃癌辅助化疗后。

中医诊断：胃积，辨证为气阴不足。

治法：健脾益气，和胃消积。

处方：太子参15g，白术15g，茯苓15g，山药15g，米仁30g，石斛（先煎）12g，佛手15g，陈皮9g，姜竹茹12g，鸡内金12g，神曲15g，红枣15g，生甘草10g。14剂，水煎服，日服1剂，分早晚两次温服。

二诊：2014年4月10日。患者2周期化疗后评估有手术指征，于2014年4月2日在杭州市第一人民医院行"胃大部切除术"，术后病理：印戒细胞癌，侵犯浆膜层，LN：2/17。现心悸，气促，乏力，纳可，夜寐欠佳，大小便正常。舌淡，苔黄，脉弦细。治疗以健脾和胃，清热祛湿为法。

处方：太子参15g，白术15g，茯苓15g，山药15g，米仁30g，八月札15g，佛手15g，麦冬15g，丹参15g，瓜蒌皮15g，黄芩15g，青蒿15g，鸡内金12g，神曲15g，红枣15g，生甘草10g。14剂，水煎服，日服1剂，分早晚两次温服。

三诊：2014年4月27日。患者于2014年4月20日起行SOX方案术后辅助化疗，现恶心，干呕，乏力，纳呆，大便1～2次/日，舌红，苔根腻，脉弦细。

处方：太子参15g，白术15g，茯苓15g，山药15g，米仁30g，八月札15g，佛手15g，麦冬15g，北沙参15g，仙鹤草15g，藤梨根15g，姜竹茹12g，苏梗12g，鸡内金12g，神曲15g，红枣15g，生甘草10g。14剂，水煎服，日服1剂，分早晚两次温服。

四诊：2014年7月20日。患者行6周期化疗后自觉不能耐受而停药，现胃纳一般，二便调，舌偏红，苔薄黄，脉细弦。

处方：太子参15g，白术15g，茯苓15g，山药15g，米仁30g，石斛（先煎）12g，八月札15g，佛手15g，蛇舌草15g，仙鹤草15g，藤梨根20g，三叶青15g，无花果15g，神曲15g，生甘草10g。14剂，水煎服，日服1剂，分早晚两次温服。

后续以上方为主加减，患者病情稳定，1年后复查未见肿瘤复发转移。

按语 治疗胃癌，当首先辨明邪正虚实，以确定攻补之法。患者初诊及三诊时为胃癌化疗后，化疗虽祛邪势猛，但易伤正，化疗引起的消化道反应和骨髓抑制，均是脾虚证之表现，故以健脾益气，和胃消积为主，减轻毒副作用；次诊为术后，术后瘤体虽已切除，但仍处于正气亏虚、余毒未清的状态。手术耗气伤血难免，体质虚弱，治疗当以扶助正气为主，故以健脾和胃，益气养血为主法；待正气恢复，体质渐强，则宜扶正祛邪并用，旨在防止复发和转移。在健脾益气的基础上，逐渐加大攻邪力度，使用祛湿化痰、祛瘀解毒药物以标本兼治。

从此病例可以深刻体会到肿瘤分阶段治疗的临床意义。化疗时针对气血损伤和化疗药物造成的毒副作用进行治疗，减轻毒副作用，提高免疫功能，保证化疗顺利进行，此阶段可扶正以中药为主，祛邪以化疗为主；手术后以益气养血扶正为主，调理脾胃功能，促进身体恢复，为下一步治疗创造条件；后期中药调理则扶正祛邪兼顾，一方面修正失衡状态使之达到新的平衡，而健脾益气为最重要的扶正法则；一方面抗癌解毒防止复发转移，延长带病生存时间。

病案三 胃癌术后化疗后

沈某，男，68岁。2010年7月30日初诊。

主诉：胃癌术后4月余，乏力伴纳差2周。患者于2010年3月1日行远端胃癌根治术，术后病理示浸润型中-低分化腺癌。术后行卡培他滨+奥沙利铂（XELOX方案）化疗6周期。

刻诊：神疲，面色少华，肢体倦怠乏力，消瘦，反酸，纳谷不馨，舌淡，苔薄白，脉细弱。

西医诊断：胃癌术后。

中医诊断：胃积刀圭后，辨证为脾胃虚弱。

治法：健脾益气，化痰散结。

浙江中医临床名家·吴良村

处方：四君子汤加减。炒党参12g，茯苓15g，炒白术12g，炙甘草6g，怀山药30g，陈皮6g，炒黄连3g，三叶青12g，莪术9g，仙鹤草30g，香茶菜12g，旋覆花（包煎）9g，厚朴9g，鸡内金12g，炒苍术9g，苏梗9g。14剂，水煎服至200ml左右，日一剂，分早晚两次温服。

二诊：2010年8月15日。上述方服半月余后乏力症状明显改善。自觉头晕，口干，偶有胃中嘈杂感，舌红，苔薄黄，脉细数，上方加天麻9g，钩藤（后下）9g，红景天12g，石斛（先煎）12g。28剂，水煎服，日服1剂，分早晚两次温服。

三诊：2010年9月12日。患者气短，动则汗出，腹胀，食少便溏，舌淡，苔白，脉细。上方去仙鹤草、三叶青、香茶菜、旋覆花、苏梗、炒苍术、天麻、钩藤，加肉豆蔻12g，大枣15g，炙黄芪45g，沉香曲15g。14剂，水煎服，日服1剂，分早晚两次温服。上述处方加减服用，随访至今，情况良好，无复发和转移。

按语　本病病机总属本虚标实，本虚以脾胃虚弱为主，标实为癌毒、痰湿、淤血等，该患者因手术、化疗后损伤脾胃，脾为后天之本，气血生化不足，肢体、肌肤失于濡养，故见乏力、面少华。脾失健运，湿困脾土，纳运乏力，故食少便溏；舌质淡、苔白腻、脉濡细，皆为脾虚之象。方中炒党参、炒白术、茯苓健脾益气养阴；陈皮、厚朴、炒苍术理气健脾，燥湿化痰；三叶青、香茶菜清热解毒散结；鸡内金消食健胃，莪术消肿散结，苏梗芳香理脾，炒黄连、旋覆花清胃降逆止呕，全方共奏健脾益气、化痰散结之功，疗效显著。二诊患者乏力明显改善，头晕，口干，偶有胃中嘈杂感，结合舌红苔薄黄，脉细数，皆为津液不足之象，阴不敛阳，肝阳上亢，胃阴亏耗，天麻、钩藤入肝经，平抑肝阳，清热息风。石斛、红景天益胃生津，滋阴清热。三诊患者气短、食少便溏，舌淡苔白，脉细辨为脾气虚证。《黄帝内经》说："饮入于胃，游溢精气，上输于脾，脾气散精，上归于肺……水精四布，五经并行。"脾气健运，才能为化生精、气、血、津液提供充足的养料，从而使人体脏腑、经络、四肢百骸以及皮毛筋肉等得到充分的营养，以维持正常的生理机能。脾气虚损，运化失司，固摄无力，则可出现多汗、腹胀、便溏、食欲不振等。大枣、黄芪有补气固表止汗之功，沉香曲和胃消食，肉豆蔻温中理脾、涩肠止泻。脾胃和调，则气机升降出入有序，气血调畅，阴阳平秘，人体健康少病。

病案四 胃癌术后化疗后

徐某，男，64岁。2013年7月24日初诊。

主诉：胃癌术后6月余。患者2012年9月发现肿瘤标志物CEA、CA199持续升高，伴进食后时有上腹胀满不适，2013年1月就诊于浙江大学医学院附属邵逸夫医院，行腹部CT：胃窦部局部不规则增厚，建议胃镜检查。2013年1月10日浙江大学医学院附属邵逸夫医院胃镜病理：（胃窦后壁）腺癌，部分印戒细胞癌。完善检查后于2013年1月14日全麻下行胃癌根治术（根治性远端胃切除+毕Ⅱ式吻合术+D_2淋巴结清扫术），术后病理：远端胃切除标本，溃疡型，低分化腺癌，部分印戒细胞癌，浸润至深肌层，伴淋巴结转移（9/25），两端切缘阴性。2013年2月18日～2013年7月30日行XELOX方案化疗8个周期。

刻诊：胃纳欠佳，时有恶心呕吐，稍有咳嗽，咽中有痰，舌尖红，苔浊腻，脉滑。

西医诊断：胃癌术后化疗后。

中医诊断：胃积刀圭后，辨证为湿浊内蕴。

治法：运脾化湿，清肺降逆。

处方：炒白术12g，茯苓15g，生薏苡仁30g，炒稻芽15g，浙贝母10g，木蝴蝶3g，矮地茶30g，姜半夏9g，炒黄芩10g，醋香附10g，白及10g，厚朴花9g，广藿香10g，豆蔻（后下）5g，苦杏仁9g。14剂，水煎，分温再服。

二诊：2013年8月7日。患者情志抑郁，胃胀，睡眠欠安，舌淡红，苔薄腻，脉弦缓。

处方：炒白术12g，茯苓15g，生薏苡仁30g，佛手10g，山药15g，淮小麦15g，郁金9g，木蝴蝶3g，香茶菜15g，无花果10g，水杨梅根15g，白花蛇舌草15g，肿节风15g，矮地茶30g，垂盆草30g，虎杖15g，檵木15g，鲜铁皮石斛（先煎）10g，山楂炭12g，焦六神曲15g。14剂，水煎，分温再服。

三诊：2016年6月29日。患者胃部不适，口干欲饮，舌红，苔薄腻，脉弦细。

处方：炒白术12g，生白芍12g，生薏苡仁30g，佛手10g，山药15g，制黄精15g，炒稻芽15g，淮小麦15g，香茶菜15g，无花果10g，檵木15g，净山楂12g，制玉竹12g，鲜铁皮石斛（先煎）10g。14剂，水煎，分温再服。

四诊：2018年10月30日。患者偶有胃胀，大便干结，舌红，苔薄，脉缓。

处方：太子参15g，炒白术12g，炒白芍12g，生薏苡仁30g，佛手10g，山药15g，百合12g，制黄精15g，枸杞子12g，制女贞子12g，梅花5g，炒稻芽15g，焦六神曲15g，香茶菜15g，厚朴花9g，菊花10g，北沙参12g，鲜石斛（先煎）12g。14剂，水煎，分温再服。

按语 患者初诊时，为胃癌术后7周期化疗后，化疗易损伤人体之中气，土虚则运化失司，湿浊内生，故见胃纳欠佳、舌苔浊腻、脉滑；胃主降浊，湿则中气不运，浊阴上逆，肺金右滞，故见恶心呕吐、咳嗽、咽中有痰，辨证属湿浊内蕴证，治以运脾化湿，清肺降逆。方中炒白术、茯苓、炒稻芽健脾燥湿，和中开胃。患者初诊时正值暑湿之季，因时制宜，故用"三仁"之生薏苡仁、苦杏仁、白蔻仁，其中薏苡仁淡渗利湿以健脾，使湿热从下焦而去；白豆蔻芳香化湿，利气宽胸，畅中焦之脾气以助祛湿；杏仁宣利上焦肺气，"盖肺主一身之气，气化则湿亦化"，加厚朴花、广藿香以增化湿行气之功。胃土不降，肺金失其收藏之效，相火泄露而升炎，故用炒黄芩、浙贝母、木蝴蝶、矮地茶以清肺止咳，利咽祛痰，稍佐辛温之姜半夏以燥湿降逆，亦防上药之寒凉。香附、白及二药入于肝经，可调畅血气，收敛生肌。全方寒温并用，使湿浊得化，中焦和畅，肺金清肃。胃癌是我国最常见的恶性肿瘤之一，具有起病隐匿、早期常因无明显症状而漏诊、易转移与复发等特点，据2018年我国最新癌症报告，胃癌的发病率和死亡率分别占恶性肿瘤的第2位和第3位，其中中晚期胃癌的5年生存率约为15%～30%。该患者坚持服用中药整体调理，定期复诊，吴老师处方灵活变化、随证而治，现患者心态佳、胃纳、睡眠可，2018年8月1日复查CT及血象均无复发、转移征象，无病生存期（DFS）5年6个月。

病案五 胃癌术后

姜某，男，65岁。2013年10月30日初诊。

主诉：胃癌术后1周。患者于2013年10月因上腹部胀痛到浙江省肿瘤医院就诊。上腹部平扫+增强CT提示：①肝脏多发小囊肿。②胃底结节灶，首先考虑间叶性肿瘤。胃镜显示：胃底新生物（5～6cm）伴溃疡形成。胃镜病理示：（胃底）结合免疫组化诊断为胃间质瘤。于2013年10月24日在全麻下行剖腹近端胃大部切除术+空肠间置。术后病理：①胃底前壁及贲门胃肠间质瘤（瘤体4cm×3.2cm×1.2cm，核分裂象数6～10/50HPF，危险度评估：中等）②（胃小弯）3只，（贲门右）2只淋巴结慢性炎。免疫组化单克隆抗体及癌基因检测：CerB-2（-），CK（上皮+），EMA（上皮+），Vim（+），CD117\

c-kit（+），CD34（+），D0G1（+），SMA（−），h-caldesmon（部分+），S-100（−），Ki-677（+，<2%）。

刻诊：胃脘胀痛，时时隐痛，窜及两胁，双下肢略浮肿，神疲乏力，纳差，舌红少苔，脉弦细，大便色黑。

西医诊断：胃癌术后。

中医诊断：胃积，辨证为肝胃不和。

治法：健脾疏肝。

处方：炒党参15g，炒白术12g，茯苓12g，猪苓6g，柴胡12g，莪术6g，仙鹤草12g，三叶青12g，威灵仙9g，鸡内金12g，炒谷芽15g，炒麦芽15g，厚朴12g，石斛（先煎）15g。14剂，水煎服，日服1剂，分早晚两次温服。

二诊：2013年12月28日。上述方服2月余，胃脘疼痛症状改善，双下肢水肿消失。自觉胸闷、口干、口渴，胃纳仍差。上方去猪苓，加玉竹15g，天冬12g，紫苏梗15g，生山楂9g，余不变。14剂，水煎服，日服1剂，分早晚两次温服。

三诊：2014年3月30日。上述方服3月余，症状进一步改善，但舌苔白腻，且术后病程日久。上方去柴胡，加党参30g，炒黄连15g，沉香曲12g，炒苍术12g，炒白芍12g，三棱12g。共28剂，水煎服，日服1剂，分早晚两次温服。上述处方加减服用，随访至今，情况良好，无复发和转移。

按语 本病病机应辨虚实，虚要分清脾胃气虚，胃阴不足，脾肾两虚。实要分清食积，气结，热蕴，痰凝，血瘀。本病辨证尤需注意舌苔的变化。方中党参，炒白术，茯苓起到健脾益气，燥湿化痰的功效；莪术，三叶青，威灵仙抗癌消肿；仙鹤草收敛止血，补虚；石斛清热养阴散结；柴胡，厚朴疏肝理气，健脾和胃；鸡内金，炒谷芽，炒麦芽健脾开胃。全方共奏疏肝和胃，健脾和胃，养阴清热之功，疗效显著。

病案六 胃癌术后化疗后

谢某，女，64岁。2015年6月22日初诊。

主诉：胃癌术后3月余，伴脘腹胀闷3周。患者于2015年3月16日因"反复上腹痛"至浙江省人民医院就诊，2015年3月18日胃镜示：胃体下部小弯侧延及胃角见一巨大深溃疡，约3cm×4cm，表面污白苔，表面不平，活检病理示：胃角印戒细胞癌，部分为黏液腺癌。于2015年3月24日行全麻下胃癌根治术，术后病理示：（胃角）低分化腺癌伴印戒细胞癌分化，侵及深肌层；IHC：CD117+，HER-2+；胃远、近侧切缘未见癌组织；淋巴结未见

癌组织。术后行6周期替吉奥胶囊化疗，后因不能耐受化疗副作用而终止化疗。

刻诊：脘腹胀闷不舒，恶心呕吐，胃纳一般，夜寐可，大便不畅，小便无殊，舌暗，苔黄腻，脉滑数。

西医诊断：胃癌术后。

中医诊断：胃积，辨证为湿热阻胃。

治法：清热化湿，和胃消痞。

处方：炒苍术9g，炒白术9g，姜半夏9g，猪苓9g，炒黄芩9g，藿香9g，茯苓12g，佩兰12g，鸡内金12g，旋覆花（包煎）12g，厚朴6g，陈皮6g，炒黄连6g，蔻仁（后下）3g，生姜3g，沉香曲15g。7剂，每天1剂，水煎服。

二诊：2015年6月29日。患者脘腹胀闷不舒有明显改善，但仍时有恶心，在上方基础上加用姜竹茹9g，生甘草3g，又服7剂。上述处方加减服用，随访至今，情况良好。

按语 本病病机表现为湿热内蕴，困阻脾胃，气机不利。由于湿热内蕴，故见苔黄腻、脉滑数；又因湿阻脾胃，气机不利，胃气上逆，故见脘腹胀闷不舒，恶心呕吐。方中黄连、黄芩苦降泄热和中；厚朴、陈皮理气燥湿；苍术、白术燥湿健脾；茯苓、猪苓渗湿健脾；藿香、佩兰、蔻仁芳香化湿，醒脾开胃；生姜、半夏、旋覆花降逆止呕；鸡内金、沉香曲健脾消食。全方共奏清热化湿，和胃消痞，降逆止呕之功，疗效显著。此方药简力专，重在辨证求因，故而功效显著。

病案七 胃癌术后放化疗后

蒋某，男，66岁。2017年4月3日初诊。

主诉：胃癌术后1年，乏力2月余。1年余前因"胃癌伴胃出血"行胃癌根治术（远端胃大部切除术+D₂淋巴结清扫+B-Ⅱ式吻合+横结肠部分切除）+腹腔热灌注治疗。术前行静脉化疗2疗程，具体不详。术后病理示："（胃+大网膜）胃窦小弯前壁低分化腺癌，伴大量中性粒细胞浸润，大小3cm×1.5cm，Lauren分型：弥漫型，Borrmann分型：3型，浸润至深肌层，未见明确神经及脉管侵犯，上、下切缘阴性，网膜淋巴结0/1阴性；临床疗效评估：无反应。（结肠）黏膜慢性炎，两端切缘阴性。（结肠系膜旁）0/1阳性。（LN1）0/1阳性。（LN3）0/6阳性。（LN4）0/5阳性。（LN5）2/4阳性。（LN6）0/3阳性。（LN7、8、9）3/8阳性。术后给予SP方案化疗（紫杉醇针210mg ivgtt dl+替吉奥胶囊60mg po bid d1～14）共4疗程。后予替吉奥胶囊单药化疗4疗程。2017年3月24日复查腹部CT示：胃癌术后改变，胰头下方肿大淋巴结影，转移考虑。肝Ⅷ段囊肿，前列腺钙化。2017年4月开始行放疗，共28次，具体不详。

刻诊：面色少华，疲劳乏力，胃纳差，夜寐一般，大便日行一次，色黄，量少，小便量稍少，舌暗，苔白腻，脉弦细。

西医诊断：胃癌术后。

中医诊断：胃积，辨证为脾胃气虚兼有血瘀。

治法：益气健脾，活血化瘀。

处方：党参9g，白术9g，茯苓12g，三叶青12g，红豆杉12g，莪术12g，三棱12g，生山楂12g，鸡内金12g，沉香曲15g，炒麦芽12g，炒谷芽12g，大枣15g，三七6g，陈皮6g，厚朴6g，炙甘草3g，干姜3g。共7剂，每日1剂，水煎服。

二诊：2017年4月12日。患者乏力症状明显好转，自诉咳痰较多，为白色黏稠痰，再在原方基础上加瓜蒌子15g，炒莱菔子12g，厚朴改为9g。共10剂，每日1剂，水煎服。

三诊：2017年4月24日。患者咳嗽咳痰症状有所改善，仍感乏力，时感咽干，在二诊原方上加仙鹤草30g，生地黄15g，麦冬15g，再服14剂。上述处方加减服用，随访至今，情况良好，无复发和转移。

按语 患者为老年男性，脾胃素虚，脾胃为气血生化之源，脾胃亏虚，则气血生化无源，故见面色少华，疲劳乏力，脉细等一派气血亏虚之象，气虚无力助血运行而易致血瘀，故见舌暗。吴老师以四君子汤为基础方，方中党参、白术、茯苓、炙甘草、大枣益气健脾，生山楂、鸡内金、炒麦芽、炒谷芽健脾消食，沉香曲行气消食，莪术、三棱破血消癥，三七活血化瘀，陈皮、厚朴理气宽中，三叶青、红豆杉清热解毒。全方共奏益气健脾，活血化瘀之功，疗效显著。

病案八 贲门癌化疗后

吴某，男，85岁。2018年7月23日初诊。

主诉：贲门癌化疗后20天，恶心呕吐1周。患者于2018年6月因进食困难到当地医院就诊。全腹CT显示：食管下段管壁稍增厚；胃底部囊性病变，请结合胃镜检查。胃镜病理示：①贲门中分化腺癌。HP（＋）。②"食管35cm"中-低分化腺癌。于2018年7月3日开始口服替吉奥胶囊60mg bid d1～4 q3w化疗。

浙江中医临床名家·吴良村

刻诊：患者进食梗阻，恶心呕吐，神疲乏力，纳差，舌红，苔薄白，脉沉细。

西医诊断：贲门癌。

中医诊断：贲门癌，辨证为脾虚湿滞。

治法：健脾益气，燥湿止呕。

处方：六君子汤合通幽汤加减。炒党参15g，炒白术12g，茯苓12g，炙甘草3g，陈皮12g，制半夏9g，丁香3g，干姜3g，壁虎1条，红豆杉12g，急性子12g，乌不宿12g，沉香曲12g，鸡内金12g，炒谷芽15g，炒麦芽15g。14剂，水煎服，日服1剂，分早晚两次温服。

二诊：2018年9月7日。上述方服1月余，症状明显改善。胃纳较前好转，但自觉夜寐欠佳。上方加酸枣仁12g，其余不变。28剂，水煎服，日服1剂，分早晚两次温服。

三诊：2018年11月30日。上述方服2月余，症状进一步改善，检查指标正常。处方如前，28剂，水煎服，日服1剂，分早晚两次温服。上述处方加减服用，随访至今，情况良好。

按语 本病病机表现为气滞痰凝、瘀血阻滞。加之化疗，导致气血亏虚，脾胃运化失司。方中炒党参，炒白术，茯苓，甘草，陈皮，制半夏组成六君子汤，以六君子汤为基础，起到健脾益气，燥湿化痰的功效；丁香，沉香，干姜温胃止呕；壁虎，急性子，乌不宿等消肿活血、化痰散结；鸡内金，炒谷芽，炒麦芽健脾开胃。全方共奏健脾益气、化瘀散结、温胃止呕之功，疗效显著。

五、大肠癌

病案一 结肠癌术后化疗后

王某，女，48岁，2004年11月2日初诊。

主诉：降结肠癌术后20天。患者2004年9月突发便血，量多色鲜红，肠镜检查确诊降结肠癌，10月12日在当地医院行根治性手术切除，术中见癌组织侵及浆膜。术后病理示：腺癌，降结肠旁、系膜切缘和边缘血管旁淋巴结未见转移（0/11）。

刻诊：患者目前大便日行1~2次，有轻度后重感，纳食欠佳。

西医诊断：降结肠癌术后。

中医诊断：肠覃，辨证为脾气不足，湿毒瘀滞。

治法：健脾利湿，解毒抗癌。

处方：败酱草30g，仙鹤草30g，炒米仁30g，太子参15g，炒苍术15g，炒白术15g，怀山药15g，广木香15g，炒二芽各15g，益元散（包煎）15g。14剂，水煎服，每日1剂，分早晚温服。

二诊：2004年11月22日。患者已行奥沙利铂+亚叶酸钙+氟尿嘧啶（FOLFOX4）方案化疗1周期，胃肠功能受损，进而耗伤阴液，故见神疲乏力，纳差，舌暗，脉细。前方加南沙参15g，麦冬15g，人中白15g，姜竹茹12g，陈皮12g，鸡内金12g。服两周。

三诊：2004年12月6日。胃纳二便可，乏力好转，舌暗淡，苔糙，脉滑。前方加绿梅花15g，蛇舌草15g，茯苓15g。

按语 吴老师认为，肠癌由多种病理因素所致，是邪实与正虚夹杂的复杂疾病，尤具邪深毒盛，正虚体弱之特征。吴老师以中医辨证为依托，重视整体观念，量证拟方，寓泻于补，寓补于泻，性味调和，刚柔相济，攻补有度。他认为，肠癌治疗无纯粹的补法，只要体质尚可，就不应放弃攻邪，万不能见癌就补，以免滞邪，甚至助邪。肠癌患者化疗后，气阴皆渐不足，不能因其正已虚，而只以益气养阴之药堆砌使用，全然不顾补益之品滋腻碍胃之弊。故对本案患者吴老师选用四君子汤加味，以健脾胃之气为主，在遣方用药上一直重视脾胃，选用苍白术，猪茯苓，炒二芽等。复诊时，考虑病久必伤阴液，又加上麦冬，南沙参意为气阴同补。该患者通过中药辅助治疗，乏力纳呆症状明显改善，顺利完成6周期化疗，一般状况良好。

病案二 十二指肠壶腹部腺癌术后

杨某，男，76岁。2009年2月23日初诊。

主诉：肠癌术后1月余。患者2008年12月因"皮肤巩膜黄染及无痛性腹泻"至上海医院求治，考虑肠癌可能，于2009年1月5日行经内镜鼻胆管引流术（ENBD），2009年1月13日行保留幽门胰头十二指肠切除术，术后病理示：十二指肠壶腹部中分化腺癌，慢性胰腺炎，慢性胆囊炎。术后予抗感染、止血、补液等对症支持，未行放化疗。

刻诊：面色少华，神疲乏力，食后腹胀，呃逆反酸，纳呆便秘，舌红，苔黄腻，脉弦。

西医诊断：肠癌术后。

中医诊断：肠覃刀圭后，辨证为气阴两虚，毒热蕴结。

治法：养阴清热解毒。

处方：北沙参15g，麦冬15g，石斛（先煎）12g，净柴胡12g，炒黄芩15g，青蒿15g，三叶青15g，金钱草15g，鸡内金15g，半枝莲15g，绿梅花15g，八月札15g，益元散（包煎）15g。14剂，水煎服，日1剂，分早晚温服。

二诊：2009年3月9日。患者服药后呃逆反酸明显减少，进食后腹胀减轻，余症如前。上方加制大黄3g，茵陈15g。14剂，日1剂，水煎服。

三诊：2009年3月23日。患者药后进食后腹胀、呃逆反酸较前减轻，大便偏溏，余症如前。予去制大黄，加车前子（包煎）30g，龙葵30g，六神曲12g。14剂，水煎服，日1剂。

四诊：2009年4月6日。患者服药后来诊精神体力明显好转，进食后腹胀呃逆反酸明显改善，胃纳渐佳，大便成形，舌质稍变淡，脉如前。予守方服用2周。

按语　肠癌属中医"肠风""肠覃""肠癖""积聚"等范畴，是最常见的消化道肿瘤之一，其发病与情志、饮食相关，临证一般将其分为湿热毒蕴、脾虚湿热、寒湿凝滞等证候。吴老师认为癌毒久居人体，易耗气伤阴，临床多以气阴两虚为基础体质。又加之该患者为肠覃刀圭后，阴血受损，"阴者，藏精而起亟也"，阴液亏虚，无以起亟化气，故而面色少华，神疲乏力；气阴不足，无以抗邪，则毒热猖狂于中焦，《黄帝内经》云"中焦如枢"，脾以升，胃以降，升清降浊，则气机调畅，然毒热聚于中焦，气机阻滞，故见纳呆腹胀；升降失常，浊气上逆，见呃逆反酸，舌苔黄腻；"大肠者，传导之官，变化出焉"，毒蕴气机阻滞，大肠传导失司，则便秘。诊为肠覃刀圭之后，气阴两虚，毒热蕴结之候，法当养阴清热解毒。故初诊以北沙参、麦冬、石斛养阴以清热；青蒿、三叶青、金钱草、半枝莲清热解毒抗肿瘤；净柴胡配炒黄芩，一散一清，旨在清热疏利少阳气机；佐以八月札、绿梅花疏肝理气而不伤阴；鸡内金健胃和中，防大队苦寒之品伤及后天脾胃；金钱草、益元散清热利湿，使毒热从小便而走。二诊大便未通，加以大黄、茵陈通下，使邪从二便而走。三诊因出现便溏，故去制大黄，加车前子、龙葵以加强清热利湿，并佐以神曲护胃。三诊药后，诸症明显改善。

纵观本案，其特点在于辨证之独到，一般症见腹胀呃逆、纳呆便秘、舌红苔黄腻者，多辨为湿热阻滞，而吴老师在此案从"虚"、从"毒"论治，治以扶正祛邪，并给邪以出路，使其从二便而走，达"邪去则正自安"之效。

病案三　结肠癌术后

廉某，男，93岁。2014年1月14日初诊。

主诉：结肠癌术后5月余，恶心呕吐1月余。患者2013年7月初因"大便出血伴消瘦，左下腹包块"至浙江医院就诊，2013年7月肠镜示：降结肠癌，乙状结肠息肉。病理：（降结肠）腺癌。随后至浙江大学医学院附属第二医院就诊，于2013年8月2日在全麻下行降结肠癌根治开放手术，术后病理：（左半结肠）高分化腺癌，隆起型，大小6cm×4.5cm，浸润至浆膜层，脉管浸润阳性，两侧切缘阴性。（肠周淋巴结）0/8阳性。术后未行放化疗，口服中药治疗。

刻诊：时有恶心呕吐，面色少华，神疲乏力，胃纳一般，二便无殊，舌质暗而略胖，苔薄白，脉细涩。

西医诊断：结肠癌术后。

中医诊断：肠覃，辨证为气虚血瘀。

治法：益气健脾，活血化瘀。

处方：炒党参12g，炒白术12g，猪苓12g，赤芍12g，炒白芍12g，莪术12g，鸡内金12g，旋覆花（包煎）12g，巴戟天12g，苏梗12g，仙鹤草30g，蜜黄芪30g，陈皮6g，炒谷芽15g，炒麦芽15g，红景天9g，三叶青9g，藿香9g，蔻仁（后下）3g。14剂，每天1剂，水煎服。

二诊：2014年1月30日。患者恶心呕吐较之前有明显好转，但时感咽干、腰膝酸软。原方去猪苓、赤芍、仙鹤草、旋覆花、蔻仁、藿香，加生玉竹15g，制黄精30g，菟丝子9g，炙甘草3g。14剂，每天1剂，水煎服。

三诊：2014年2月15日。患者之前诸症状皆有缓解及改善，但患者思虑甚多，切诊脉弦细，在原方基础上加柴胡6g，再服14剂。

按语　本病病机为脾胃失和，湿毒蕴结，乘虚下注，浸淫肠道，气滞血瘀，湿毒瘀滞凝结而成肿瘤，疾病日久可致气血两虚。患者脾胃素虚，面色少华，神疲乏力为一派脾气虚弱之象；脾虚不能运化水湿故见舌质略胖；脾胃不和，胃气上逆可见恶心呕吐；舌暗而脉细涩疑有血瘀。方中党参、白术、猪苓取四君子汤之意而健脾益气，以猪苓代茯苓更增利水渗湿之功，去除湿毒；蔻仁、藿香化湿行气；再添蜜黄芪补气养血，大补肺脾之气；旋覆花降逆止呕；陈皮、苏梗理气宽中；白芍养血，赤芍、莪术活血，三药并用

浙江中医临床名家·吴良村

共奏补血活血之功；红景天、仙鹤草益气补血补虚；再以炒麦芽、炒谷芽、鸡内金健脾消食，治病求本。本在强健脾胃，若脾胃强健，则湿毒血瘀无处可生，故以四君子汤打底，以求强健脾胃之用。

病案四　结肠癌术后化疗后

李某，男，74岁。2018年8月12日初诊。

主诉：结肠癌术后1月，泄泻2周。患者于2018年7月因"反复便血"到当地医院就诊，行肠镜显示结肠癌（具体不详），于2018年7月13日在全麻下行左半结肠癌根治术，术后病理：溃疡型中分化腺癌（肿块大小4cm×3.5cm），伴见黏液腺癌成分，肿瘤浸润至浆膜外脂肪组织，累及神经，未见明确脉管内癌栓，肠周淋巴结2/11颗见癌转移，见癌结节3枚。于2018年8月10日开始行XELOX方案化疗6次。

刻诊：腹痛，喜温喜按，五更泄泻，神疲乏力，腰膝酸软，舌淡，苔白胖，脉沉细弱。

西医诊断：结肠癌术后。

中医诊断：肠覃，辨证为脾肾阳虚。

治法：温肾助阳，健脾止泻。

处方：附子理中汤合四神丸加减。炒党参30g，炒黄芪30g，炒白术15g，茯苓12g，薏苡仁15g，肉豆蔻12g，补骨脂15g，吴茱萸12g，五味子12g，干姜6g，半夏12g，沉香曲12g，鸡内金12g，炒谷芽15g，炒麦芽15g。14剂，水煎服，日服1剂，分早晚两次温服。

二诊：2018年10月11日。上述方服2月余，呃逆，腹痛仍喜温喜按，大便稀。上方加附子（先煎）3g，干姜加量为9g。28剂，水煎服，日服1剂，分早晚两次温服。

三诊：2018年12月27日。上述方服2月余，症状明显改善，大便次数正常，成形。上方减附子。28剂，水煎服，日服1剂，分早晚两次温服。上述处方加减服用，随访至今，情况良好，无复发和转移。

按语　本病病机正气虚损为内因，邪毒外侵为外因，虚实夹杂，气瘀毒留大肠，蓄聚不散。方中炒党参，炒黄芪，茯苓，白术健脾益气；干姜，附子温中健脾；肉豆蔻，吴茱萸，五味子，补骨脂温肾散寒，涩肠止泻；鸡内金，炒谷芽，炒麦芽健脾开胃。全方共奏温补脾肾、涩肠止泻之功，疗效显著。

六、肝癌

病案一 肝癌介入治疗

潘某，女，42岁，1992年3月28日初诊。

主诉：肝区不适伴进行性消瘦3月。患者因肝区不适伴进行性消瘦3月，入住当地中医院。查血常规HGB：78g/L，大便隐血（＋），总胆红素（TBIL）：140.25μmol/L，直接胆红素（DBIL）：60.56μmol/L，ALT：185 U/L，AST：156 U/L，甲胎蛋白（AFP）>3000ng/ml。B超、CT扫描示：肝右叶约见17.2cm×19.3cm占位性病变，伴中等量腹水。病理检验：腹水中找到癌细胞。有乙肝病史。

刻诊：腹胀，肝区隐痛，皮肤巩膜黄染，黄色鲜明，膈下痞硬，按之疼痛，舌淡，苔黄腻，脉弦细。

西医诊断：肝癌。

中医诊断：肝积，阳黄，辨证为肝郁脾虚，气血不足，湿热内蕴。

治法：疏肝健脾，补益气血，佐以和胃降逆。

处方：炙黄芪30g，女贞子15g，菟丝子15g，紫河车30g，旋覆花（包煎）12g，代赭石（先煎）15g，姜竹茹12g，姜半夏12g，鸡内金10g，炒二芽各10g，炙甘草5g。指导肿瘤患者口服抗癌汤药，宜餐后半饱半饥时温服，一般可加糖调味和中。饮食应新鲜营养，规律合理，忌烟酒腌熏、辛辣油炸之品，保护胃气。7剂，水煎服，每日1剂，分早晚温服。同期予介入治疗。

二诊：1992年5月8日。患者黄疸较前减轻，腹痛减轻，舌淡红，苔白腻，脉象同前。4月28日B超、CT复查肝内占位缩小至7.2cm×9.0cm。肝气渐疏，脾气得健，湿浊之邪得以运化，故诸症缓解。介入治疗期间当应健脾和胃。

处方：柴胡10g，枳壳10g，八月札12g，石见穿15g，白花蛇舌草30g，半枝莲15g，半边莲15g，天仙藤30g，炙鳖甲（先煎）20g，炙龟板（先煎）20g，地骷髅15g，鸡内金12g，炒谷麦芽各10g，炙甘草5g。水煎服，连服两周。

按语 此患者乙肝病史多年，湿毒内聚，肝胆经气疏泄失畅，郁久成积，故膈下按及肿块；邪毒郁而化热，湿热互结，胆汁迫而外溢，故见黄疸；肝郁乘脾，脾胃受损，一则气血生化乏源，故见面色少华，二则湿浊无

浙江中医临床名家·吴良村

以化，黄疸无以退。舌淡，苔黄腻，脉弦细为肝郁脾虚，气血不足，湿热内蕴之象。本案充分体现吴老师中西医结合辨证施治治疗肝病的特点，介入同期予炙黄芪补脾益气，鸡内金、炒二芽消食和胃，体现见肝之病当先实脾；肝肾同源，女贞子、菟丝子、紫河车补肝肾，为按期行下一周期的介入治疗创造条件；旋覆花、代赭石、姜竹茹、姜半夏化痰降逆和胃，炙甘草调和药性。介入后用药仍以疏肝理气为主，药如柴胡、枳壳、八月札，但此期间加强了清热解毒，软坚散结之品，如石见穿、蛇舌草、半枝莲、半边莲、天仙藤、地骷髅、鳖甲及龟板，此类药不与介入治疗同步使用。吴老师乃顾其过于攻伐，正气大亏，介入间期仍不忘予鸡内金、炒二芽、炙甘草顾护胃气。患者出院后继以化疗间歇期原方加减调治。服药2年。至1994年3月12日检查肝内未见占位病变。检查AFP阴性，肝功能等生化指标正常，触诊肝肋下2cm，质稍硬。精神食欲正常，参加生产劳动，并被评为杭州市抗癌明星。观察至2002年1月未见病情反复。

病案二　原发性肝癌

吴某，女，56岁，2001年7月16日初诊。

主诉：腹胀1月余。患者近一月来腹胀明显，查AFP＞34568ng/ml，肝脏B超、CT均示右肝占位病变，临床确诊为原发性肝癌。有慢性肝炎病史10余年。

刻诊：上腹胀满，纳呆乏力，恶心欲呕，消瘦明显，舌淡胖，苔薄白腻，脉弦细。

西医诊断：肝癌。

中医诊断：肝积，辨证为肝郁脾虚。

治法：益气健脾，疏肝解郁。

处方：太子参15g，北沙参15g，怀山药15g，枸杞子15g，川石斛（先煎）15g，猪茯苓各15g，赤白芍各15g，八月札15g，炒二芽各15g，鸡内金12g，六一散（包煎）15g。14剂，水煎服，每日1剂，分早晚温服。

二诊：2001年8月1日。患者乏力腹胀，恶心呕吐明显好转，双下肢微肿，舌淡苔薄白，脉细弱。肝CT示肝内占位未见明显增大。考虑肝气得疏，脾气稍健，水湿趋下，故乏力腹胀、恶心呕吐好转，但双下肢微肿，舌脉为脾气不足之象。治法当调整为益气健脾，疏肝解郁，解毒利湿，前方加龙葵15g，泽泻15g，川黄连10g，车前子（包煎）30g，蛇舌草30g，木香12g。连服两周。

按语 此患者有慢性肝炎病史多年，湿毒之邪，久蕴不去，阻遏肝经，肝气失于疏泄条达，肝郁乘脾，脾气受损，中焦运化失司，湿浊不化，故见上腹胀满，纳呆呕恶；脾主四肢，为气血生化之源，脾气虚则易见乏力、消瘦。舌脉皆为脾虚肝郁之证。吴老师认为大部分肿瘤的形成都是在人体正虚条件下，邪毒积聚而成，随着肿瘤的发展及转归，正邪相争，呈现出复杂的临床表现。吴老师强调见肝之病当先实脾，本案在药物的使用上，前期吴老师以太子参、北沙参、怀山药、茯苓益气健脾；炒二芽、鸡内金消食化积；八月札、炒麦芽疏肝解郁；赤白芍化瘀柔肝；猪苓、六一散利水。脾气得健后，吴老师较多的运用清热解毒药，如龙葵、蛇舌草、川黄连，使邪去正安；然后根据并发症，如腹水，脚肿等，加用泽泻、车前子利水消肿等。吴老师将临床上常见的肝癌分为肝郁脾虚、湿热瘀毒及肝肾阴虚型。多数情况下以祛邪为主，兼顾扶正，使邪去正安。而肝郁脾虚型，吴老师认为是预后较好的。

病案三 肝癌化疗后

方某，男，52岁，2004年3月9日初诊。

主诉：发现肝内多发占位1个月。患者2004年2月体检发现肝癌，左肝有3.5cm×4.0cm占位性病变，右肝有5.5cm×4.0cm占位性病变，在上海复旦大学附属肿瘤医院肝穿刺活检，病理为肝细胞性肝癌，未行手术，行动脉插管化疗1次，术后肝功能异常，患者拒绝再次动脉插管化疗，于吴老师门诊外单纯中医药治疗。

刻诊：病人面色暗黄，腹胀，食后尤甚，大便不成形，肝区不痛，疲劳乏力，舌红，苔黄腻，脉弦。肝功能提示：ALT异常升高，AFP：200ng/ml。

西医诊断：肝癌。

中医诊断：肝积，辨证为脾虚肝郁，湿热内蕴。

治法：滋阴疏肝，清热解毒，健脾化湿。

处方：枸杞子15g，北沙参15g，麦冬15g，生玉竹15g，怀山药15g，茯苓15g，炒白术15g，炒米仁30g，黄芩15g，青蒿15g，三叶青15g，绵茵陈15g，金钱草30g，五味子15g，蛇舌草30g，猫人参15g，猫爪草15g，生地榆15g，柴胡12g，八月札15g，郁金12g，鸡内金12g，神曲12g，炒谷芽15g，益元散（包煎）15g。14剂，水煎服，每日1剂，分早晚温服。

二诊：2004年3月23日。患者胃纳较前好转，大便仍溏，肝功能恢复正常，AFP下降至90ng/ml，肝CT示：病灶稳定。治法同前，稍事调整，前方去

浙江中医临床名家·吴良村

绵茵陈、五味子，加炒麦芽15g，车前子（包煎）30g，继服两周。

按语 此患者乙肝病史多年，肝久病伤及气机与脾土，肝失疏泄，脾失健运，肝郁脾虚，湿浊内生，郁而化热，毒瘀蕴结，故见腹胀，食后尤甚，大便不成形，疲劳乏力；肝胆经气不疏，胆汁外溢，故肤色暗黄；舌红苔黄腻，脉弦皆为肝气不疏，湿热内结之象。肝癌临床上常以其病位在肝，而肝木多郁，辨之为肝气郁滞，以其为有形之块，辨之为血瘀，以其有癌热，辨之为里热。本案虽无明显阴伤表现，但依据肝体阴而用阳，肝火易炽的肝生理病理特点，吴老师效仿一贯煎，从滋阴疏肝的角度进行治疗，药用枸杞、沙参、麦冬、玉竹滋养肝阴，少佐柴胡、八月札疏肝理气，使滋阴而不遏滞气机，再加鸡内金、神曲、谷芽消食化积，使滋阴而不碍胃；又使用山药、茯苓、白术、米仁健脾渗湿，寓有见肝之病当先实脾之意；黄芩、青蒿、茵陈、蛇舌草、猫爪草等则为清热解毒之用。在复诊时吴老师认为患者肝功能已经正常，去除茵陈、五味子；考虑患者脾胃功能仍差，加炒麦芽消食疏肝，车前子利小便以实大便。本患者为肝癌中晚期，虽然肝内病灶未见缩小，但患者纳食、排便及腹胀情况都较前好转，无明显不适症状，且肝功能等生化指标均正常，其病势的发展已大大地延缓，生活质量明显提高，生存期明显延长，体现了中医带瘤生存的特点。

病案四 晚期肝癌

邹某，男，77岁，2004年10月6日初诊。

主诉：发现右肝占位20天。患者因肝区隐痛，2004年9月16日查CT发现肝右叶8.8cm×7.7cm肿块；查血AFP：1560ng/ml，当地医院给予肌苷针，谷胱甘肽护肝治疗；9月29日复查CT提示肝肿块14.2cm×10.1cm。血AFP：2432ng/ml，病情进展迅速，拒绝其他治疗。慕名前来吴老师处就诊。

刻诊：胸胁胀痛，纳差，口干，口苦，腹胀，下肢浮肿，尿少，寐劣，舌红，苔白腻，脉细弦。

西医诊断：肝癌。

中医诊断：肝积，辨证为肝郁脾虚，阴虚毒蕴。

治法：疏肝健脾，养阴清热，解毒散结。

处方：一贯煎加减。枸杞子15g，北沙参15g，怀山药30g，石斛（先煎）12g，炒米仁30g，猪茯苓各15g，八月札15g，柴胡10g，青蒿15g，蛇舌草30g，全蝎6g，山慈菇20g，猫爪草15g，夏枯草15g，半边莲20g，半枝莲20g，车前子（包煎）30g，炒黄芩20g，酸枣仁20g，夜交藤30g，红枣30g，炙鸡内金10g，炒二芽各15g。28剂，水煎服，每日一剂，分早晚两次温服。

二诊：2004年11月24日。胁痛消失，胸腹水症状明显缓解，双下肢水肿明显缓解，舌象转质淡红，苔薄白腻，脉细弦。CT复查示：右肝肿块4cm×5cm，肿块缩小明显，血AFP：891ng/ml，前方去夜交藤，加水蛭3g，续服两周。

按语 肝为刚脏，主升主动，体阴而用阳，若伤食、肝气抑郁致肝失疏泄，郁而化火，湿热内生，瘀毒互结，日久而成积聚结块，导致"肝积"，可见胸胁胀痛；肝经失于疏泄，胆气上逆，上扰清阳，则见口苦、寐劣；肝气犯脾，则脾气更虚，见纳呆、乏力、腹胀；脾不化湿，水湿内聚，水性趋下，可见腹水肢肿尿少；肝气郁积日久伤阴犯脾，则可见舌红苔白腻，脉细弦。吴老师治肝癌，强调君臣佐使。方中枸杞子、北沙参、石斛养阴共为君药；青蒿、白花蛇舌草、山豆根清热解毒；猫爪草、全蝎、山慈菇、夏枯草解毒散结皆为臣药；柴胡、八月札疏肝理气；"见肝之病当先实脾"，怀山药、米仁、猪苓苓健脾益气为佐；炙鸡内金、炒二芽消食和胃为使，诸药相合，既能祛邪又不伤正气，平稳中见奇效。在疾病的不同阶段，吴老师遣方用药侧重又有所不同，初治一月余阴液不足已得缓解，脾气得健，后加强祛邪之力，前方去夜交藤，加水蛭3g破血祛瘀。

病案五 肝癌TACE术后

朱某，男，55岁，2012年9月10日初诊。

主诉：肝癌TACE术后20余天。患者2012年6月因"右上腹时有胀痛"就诊于浙江省第一医院，查腹部MRI示：多发肝癌，右肝为主，门脉右支癌栓形成，后腹膜、肝门部、胰周淋巴结轻度增大，肝硬化，少量腹水。AFP：72510ng/ml。2012年7月3日、2012年8月15日行"选择性肝动脉造影+TACE术"2次，并予阿德福韦酯+拉米夫定抗病毒治疗。2012年8月27日查血常规正常，肝功能，ALT：303U/L，AST：95U/L，TBIL：31μmol/L，碱性磷酸酶（ALP）：257U/L，L-γ-谷氨酰基转移酶（GGT）：286U/L。既往有"乙肝小三阳"史10余年。

刻诊：右胁隐痛，口干，寐劣，纳食可，大便偏干。舌红，少苔，脉细弦。

西医诊断：原发性肝癌TACE术后。

中医诊断：肝积，辨证为肝阴亏虚，热毒蕴结。

治法：养阴疏肝健脾，清热解毒散结。

处方：一贯煎加减。北沙参15g，枸杞子15g，麦冬15g，生地15g，石斛（先煎）12g，柴胡12g，当归12g，川楝子12g，五味子15g，金银花15g，青蒿15g，黄芩15g，三叶青15g，茯苓15g，垂盆草30g，龙葵15g，绿萼梅12g，白芍15g，鸡内金12g，生甘草10g。14剂，水煎服，日服1剂，分早晚两次温服。

二诊：2012年9月24日。服上方后右胁隐痛稍减，继守原方。

三诊：2012年10月8日。患者右胁隐痛明显好转，夜寐欠安，舌暗紫，苔薄，脉细弦。复查肝功能，ALT：132U/L，AST：45U/L，TBIL：19μmol/L，ALP：212U/L，GGT：221U/L；肿瘤标志物，AFP：11346ng/ml。

处方：北沙参15g，枸杞子15g，麦冬15g，生地15g，石斛（先煎）12g，五味子15g，金银花15g，青蒿15g，黄芩15g，三叶青15g，茯苓15g，垂盆草30g，龙葵15g，绿萼梅12g，鸡内金12g，八月札15g，蛇舌草15g，蚤休15g，莪术15g，生甘草10g。14剂，水煎服，日服1剂，分早晚两次温服。

之后上方随症予鳖甲、蛇莓、藤梨根、猫爪草、苏梗、神曲等稍加出入，患者未再行TACE术，肝功能轻度异常，血AFP稳定在5000～8000ng/ml。

按语　肝郁失疏、脾气不足、肝肾阴亏、热毒内蕴是本病的基本特点，而湿热、邪毒、瘀血是肝癌的病理产物。在诸多病因病机中，肝郁脾虚、阴虚热毒是最重要的病机。本例患者素体阴亏，加之介入治疗，正不足，阴自亏。吴老师强调在应用清热解毒化湿等法治疗肝癌时，不能忽视扶正；同时益气养阴期间，勿忘祛邪。治以沙参、麦冬、生地、五味子、枸杞子、茯苓养阴健脾益气，柴胡、当归、川楝子、白芍、甘草、绿梅花疏肝理气止痛，所谓"养正积自消"。患者感乙肝毒邪十余年，湿热之毒内生，积久不化。介入之毒加之于身，正虚邪实，"扶正"为主，兼以"祛邪"，采用攻补兼施的原则，加用炒黄芩、青蒿、三叶青、金银花、龙葵清热解毒，方中黄芩炒制，恐苦寒伤胃。鸡内金健脾消食。气机畅达，营阴得生，毒邪得解。诸药相配，扶正祛邪，攻补皆宜。

方中体现了多种配伍，如柴胡、黄芩相配，既疏理肝胆气机，又清肝胆之热；黄芩、青蒿相配清热利胆；白芍、甘草相配缓急止痛；五味子、垂盆草相配护肝降酶。清热解毒药吴老师喜用金银花，该药还有利水消肿之功，且口感好，适宜病人饮用，保护胃气。理气药吴老师喜用绿梅花、八月札之属，理气不伤阴。

病案六 肝胆管细胞癌术后复发

程某,男,64岁。2012年9月17日初诊。

主诉:肝胆管细胞癌术后2年,复发5个月。患者2010年9月19日在复旦大学附属中山医院行"肝癌切除术",病理:肝胆管细胞癌,术后未进一步治疗。2012年4月复查发现右肝多发占位,考虑复发,予TACE术2次。现患者因CA199、CEA增高,肝功能异常而慕名求诊。2012年8月26日在海宁市人民医院查肝功能,ALT:61U/L,AST:162U/L,TBIL:90.7μmol/L,DBIL:70.4μmol/L,ALB:35.3g/L,ALP:886U/L,GGT:2071U/L。2012年9月15日海宁市人民医院查肿瘤指标,CEA:10.1ng/ml,CA199:98U/ml,AFP:4.1ng/ml。

刻诊:感右胁隐痛,乏力,纳呆,身黄,尿黄,大便偏干,睡眠一般。舌红,苔燥,脉细弦。

西医诊断:肝胆管细胞癌术后复发。

中医诊断:肝积,辨证为肝胆湿热。

治法:疏肝健脾,利湿退黄,养阴清热,解毒散结。

处方:柴胡12g,当归10g,黄芩15g,青蒿15g,茵陈15g,金钱草15g,焦山栀15g,北沙参15g,枸杞子15g,麦冬15g,石斛(先煎)12g,茯苓15g,白芍15g,五味子15g,垂盆草15g,车前子(包煎)15g,菟丝子15g,麦芽15g,生甘草10g。14剂,水煎服,日服1剂,分早晚两次温服。

二诊:2012年10月15日。患者胁痛、乏力、尿黄好转,继守原方,去车前子,加灵芝15g。14剂,水煎服,日服1剂,分早晚两次温服。

三诊:2012年10月29日。患者乏力、尿黄好转,胃纳增加。复查肿瘤指标,CEA:10.3ng/ml,CA199:165U/ml。加重清热解毒之力,上方去柴胡、当归、菟丝子,加蛇舌草15g,三叶青15g,龙葵30g。14剂,水煎服,日服1剂,分早晚两次温服。

四诊:2013年2月2日。患者自觉症状及肝功能均明显好转,但CA199仍波动于120~200U/ml。

处方:茵陈15g,黄芩15g,青蒿15g,金钱草15g,北沙参15g,枸杞子15g,麦冬15g,石斛(先煎)12g,茯苓15g,白芍15g,五味子15g,蛇舌草15g,三叶青15g,蛇莓15g,鸡内金12g,天龙2条,生甘草10g。14剂,水煎服,日服1剂,分早晚两次温服。

按语 肝癌属本虚标实之证,祖国医学属"肝积""肥气""积

浙江中医临床名家·吴良村

聚""黄疸""鼓胀""癖黄"等，病因多为感受湿热邪毒、饮食损伤、劳倦过度、肝气抑郁，而正气亏虚、脏腑功能失调是发病的内在条件。肝为刚脏，主升主动，体阴而用阳，肝藏血而主疏泄，喜条达而恶抑郁，若六淫、伤食、肝气抑郁致肝失疏泄，郁而化火，湿热内生，瘀毒互结，日久而成积聚结块，导致"肝积"。

本例为肝胆管细胞癌术后复发，肝功能不全伴黄疸病人，因胆管细胞型肝癌常因肿瘤浸润，压迫肝内、肝门部胆管而出现黄疸、发热、肿瘤指标以CA199、CEA升高为主，AFP常不高。

肝癌晚期并发黄疸，寒热虚瘀常相互错杂，临床辨证非常棘手，易顾此失彼。吴老师认为，不论阳黄、阴黄，茵陈蒿汤都可为治黄首选之方。尤其是茵陈，更是退黄之要药。《本草述钩元》云："黄证湿气胜，则如熏黄而晦，热气胜，则如橘黄而明。湿固蒸热，热亦聚湿，皆从中土之湿毒以为本，所以茵陈皆宜。"肝癌患者久病必伴郁热，栀子善清郁热；黄芩、青蒿为吴老师喜用药对，清热利胆，疏解少阳枢机不利；青蒿苦寒芳香，入肝胆经，长于清肝胆及血分之热，使阴分伏热透出阳分而不伤脾胃；生麦芽有春木生发之性，且有消积化坚作用。同时注意防苦寒伤胃，黄芩用炒制，菟丝子温阳。"肝体阴而用阳"，肝癌中晚期多伴阴津损伤，体用失调，故需养阴柔肝，复其体用。除了甘寒生津之品如北沙参、枸杞子、麦冬、石斛之属，吴老师还常用酸甘化阴之法，如白芍、五味子等补益肝体，一敛一滋，化生阴血。同时五味子与垂盆草相配，有良好的护肝降酶之效。

七、胰腺癌

病案一　胰腺癌术后

严某，男，65岁，2013年12月30日初诊。

主诉：胰腺癌术后2月余。患者于2年前无明显诱因下出现上腹部疼痛伴腹胀，恶心呕吐，于杭州市萧山区第一人民医院就诊，诊断"急性胰腺炎"，后因反复腹痛腹胀就诊杭州市第一人民医院，先后行"ERCP+胰管支架更换术"4次。8月前复查腹部增强CT示胰腺占位，PET-CT示胰腺肿瘤伴胰头后方多发淋巴结转移，于2013年10月18日在浙江大学医学院附属第二医院行"根治性胰十二指肠切除术+胰腺全部切除术+脾切除术"，术后病理：导管内乳头状黏液性癌，LN：0/21，术后未行放化疗。2013年12月20日浙江大学医学院附属第二医院复查肿瘤指标，CEA：6.4ng/ml，余正常；B超未见异常。

刻诊：神疲乏力，口干，胁肋不舒，胃纳可，大便1~2次/日，舌红，苔薄黄腻，脉细弦。

西医诊断：胰腺癌术后。

中医诊断：伏梁，辨证为肝阴亏损兼湿热内蕴。

治法：养阴清热，解毒利湿。

处方：北沙参15g，麦冬15g，生地黄15g，枸杞子15g，五味子15g，石斛（先煎）12g，知母30g，黄芩15g，青蒿15g，三叶青15g，八月札15g，柴胡12g，麦芽15g，鸡内金12g，甘草10g。14剂，水煎服，日服1剂，分早晚两次温服。

二诊：2014年2月10日。口干，胁肋不舒已缓，舌红，苔白燥。原方去生地加神曲15g，水牛角（先煎）20g，生石膏（先煎）30g。14剂，水煎服，日服1剂，分早晚两次温服。

三诊：2014年2月24日。诉大便量多，成形，含不消化之物，舌红，苔薄黄腻。

处方：北沙参15g，麦冬15g，枸杞子15g，五味子15g，石斛（先煎）12g，水牛角（先煎）20g，知母30g，黄芩15g，青蒿15g，三叶青15g，八月札15g，柴胡12g，麦芽15g，鸡内金12g，蚤休15g，砂仁（后下）6g，炒地榆30g。14剂，水煎服，日服1剂，分早晚两次温服。

四诊：2014年3月10日。经服上方后诸症好转，拟守原方，适时加入蛇六谷化痰散积、解毒消肿，蛇舌草、半枝莲清热解毒、利湿消肿，白豆蔻化湿和胃、行气宽中等。

按语 胰腺癌是常见的一种消化道恶性肿瘤。以腹中积块、黄疸、疼痛及消瘦为主症的疾病。中医对此无专门论述，散见于"脘痛""病气""积聚""伏梁""黄疸"等篇章。

吴老师认为，胰腺癌的发生是由于外感湿热毒邪、饮食失调、情志失调、后天失养等因素，损伤人体正气，导致脾胃和肝胆功能失调。中焦脾胃功能失调，肝胆疏泄功能失司，脾失健运，胃失和降，气机受阻，产生气滞、湿热、瘀血、毒邪等一系列病理产物，久而结成坚块。治疗应首先考虑调理脏腑的功能状态，以改善机体内环境。而调理脏腑的功能，应从脾胃、肝胆入手，可从"两补一清一化"论述。"两补"，一是补气阴，二是补脾

胃；"一清"是清热解毒；"一化"是化湿散积。

本例患者根据舌脉辨为肝阴亏损兼湿热内蕴。由于湿热交蒸，热毒内蕴，阴津受损，则烦热口干；肝气失畅，肝经循行两胁，故胁肋不舒或疼痛。舌红苔黄腻，少苔或光剥，脉细弦均为阴津受损兼肝胆湿热之象。方选一贯煎合蒿芩利胆汤加减。方中生地、枸杞子滋养肝胃之阴；沙参、麦冬、石斛和养胃阴；五味子益气生津；黄芩、青蒿清热利胆，和解少阳；知母清热泻火，生津润燥；柴胡、八月札疏肝理气；三叶青清热解毒，活血化瘀；麦芽、鸡内金和胃消导；甘草调和诸药。二诊时患者热毒较盛，故加入水牛角、生石膏清热泻火、凉血解毒。三诊时患者大便量多，含不消化之物，故加入砂仁芳香化湿和胃，地榆"性主收敛，既能清降，又能收涩，清不虑其过泄，涩亦不虑其过滞，实力解热止血药也。"吴老师常以此药和葛根相配，用于大便稀、泄泻等症。蚤休则加强清热抗癌作用。吴老师认为胰腺癌的用药原则是辨证论治为基础，现代研究融合其中。在辨证基础上，结合现代中药药理研究成果辨病用药，多选用三叶青、蛇舌草、蛇六谷、蚤休、山慈菇、猫人参、莪术等。

病案二　晚期胰腺癌

叶某，男，80岁，2015年7月21日初诊。

主诉：发现胰腺癌3天。患者1月前无明显诱因下出现上腹胀痛，伴腰酸明显；1周前纳减，口苦伴乏力明显。于2015年7月18日至当地医院就诊，查肿瘤标志物提示，CA199：6987U/ml，CEA：74.69ng/ml。胆红素轻度升高。腹部CT提示：胰头部占位（42mm×59mm），胰腺癌首先考虑，胰管扩张；肝内多发小囊灶；左肾囊肿。临床诊断：胰腺癌晚期。

刻诊：心下胀痛，按之则痛，精神萎靡，胃纳欠佳，便秘，1月内体重减轻5kg，稍有咳嗽，咳白痰，舌红苔黄腻，脉弦。

西医诊断：胰腺癌。

中医诊断：伏梁，辨证为痰热互结。

治法：清热化痰消积。

处方：小陷胸汤加味。瓜蒌仁15g，竹沥半夏15g，黄连5g，蛇六谷（先煎）30g，蛇舌草30g，白豆蔻（后下）9g，绞股蓝15g，没药5g，生谷芽30g，枳实15g，炙甘草5g。7剂，水煎服，日1剂，分早晚两次温服。

三剂后，患者主诉上腹不适减轻大半，大便顺畅，此后胃纳渐佳，精神逐渐好转。因黄疸仍未正常，大便虽已排，但仍稍干结，再在前方上合

124

茵陈蒿汤加减，加茵陈15g，生大黄6g，加强清热利湿退黄之功，继服一周，症状缓解，患者及家属甚为满意。予出院门诊随诊，电话随诊两周，病情稳定。

按语 吴老师曰：患者证属痰热互结，合并肝胆湿热，故见心下胀痛，按之则甚，便秘，稍有咳嗽，咳白痰，舌红苔黄腻，脉弦等症。治以小陷胸汤加味，清热化痰开结。因伴有咳嗽咳痰，改姜半夏为竹沥半夏，加强清热化痰之效；便秘，改瓜蒌实为瓜蒌仁，加强润肠通便之效。湿热相结，热不得外越，湿不得下泄，湿热内蕴，影响肝胆疏泄，胆汁逆流入血，故见黄疸，再合茵陈蒿汤加减，清热利湿退黄，则结胸可缓。

病案三 胰腺癌术后放疗后

范某，男，59岁。2017年5月31日初诊。

主诉：胰腺癌术后放疗后2周。2017年3月6日患者因"上腹部不适1周"就诊于浙江省肿瘤医院，门诊腹部CT提示：胰头区占位灶，肿瘤考虑。肝、脾及腹膜后未见明显异常。盆腔CT未见明显异常。肿瘤标志物，CA724：33.21U/ml，CEA：9.28ng/ml，铁蛋白（SF）：457.70ng/ml。排除手术禁忌后，于2017年3月10日在全麻下行剖腹"胰十二指肠联合切除术"，术后病理：胰腺中分化导管腺癌（瘤体4cm×3.5cm×3cm），浸润胰腺被膜，累犯壶腹部，可见神经侵犯，淋巴结：0/10。患者有局部复发高危因素，遂于2017年4月12日起予以放疗，靶区包括瘤床及胰后、腹腔干、肠系膜血管周边及腹主动脉旁周边淋巴引流区，95%计划靶区（PTV）处方剂量45Gy/DT/25F/5W，2017年5月17日放疗结束。

刻诊：情志不舒，纳谷不馨，乏力，便溏，舌淡红，苔薄，左脉稍弦，右脉缓。

西医诊断：胰腺癌。

中医诊断：积聚，辨证属脾虚湿盛兼肝郁不舒。

治法：健脾化湿，疏肝理气。

处方：太子参15g，炒白术12g，炒白芍12g，茯苓15g，生薏苡仁30g，佛手10g，枸杞子12g，梅花5g，陈皮9g，炒稻芽15g，炒麦芽15g，芡实10g，炒白扁豆15g，厚朴花9g，焦六神曲15g，海金沙（包煎）15g，浙贝母10g，青蒿10g。14剂，水煎，分温再服。

二诊：2017年6月14日。患者体力欠佳，然胃纳转好，大便已成型，两脉弦缓，舌淡红，苔薄腻。守方加减。

处方：太子参15g，炒白术12g，炒白芍12g，茯苓15g，生薏苡仁30g，佛手10g，制黄精15g，枸杞子12g，梅花5g，陈皮9g，炒稻芽15g，炒麦芽15g，芡实10g，炒白扁豆15g，焦六神曲15g，海金沙（包煎）15g，青蒿10g，仙鹤草12g，预知子片9g。14剂，水煎，分温再服。

三诊：2017年6月28日。患者自诉气力转增，胃纳可，偶有腹胀，两脉弦缓，舌淡红苔薄腻。守方加减。

处方：太子参15g，炒白术12g，炒白芍12g，茯苓15g，生薏苡仁30g，佛手10g，陈皮9g，制黄精15g，枸杞子12g，山药15g，梅花5g，炒稻芽15g，焦六神曲15g，芡实10g，炒白扁豆15g，青蒿10g，厚朴花9g。14剂，水煎，分温再服。

按语 患者初诊时，为胰腺癌术后放疗后2周，手术及放疗攻伐杀瘤以致正气受损，脾胃气虚，纳运失常，故见乏力、纳差；湿邪内盛，清浊不分，水谷杂下，故见便溏、舌苔白腻，证属脾虚湿盛，兼见肝郁不舒，治拟健脾化湿，疏肝理气。方中太子参、炒白术健脾益气，和中补虚；茯苓、生薏苡仁利水渗湿，健脾宁心；炒白芍、梅花养阴柔肝，和胃止痛；枸杞子滋补肝肾；佛手、陈皮疏肝理气，健脾燥湿；用白扁豆、芡实、厚朴花以加大化湿止泻、理气宽中之力；焦六神曲、炒稻芽、炒麦芽以消食和中，健脾开胃。临床上胰头癌易致阻塞性黄疸，六月正为暑湿当令，因时制宜，加青蒿、海金沙可解暑利湿，未病先防；用浙贝母以取其散结化痰之功，亦可防母病及子。全方用药平和灵动，攻补兼施，从而使中焦纳运相得，气机平顺，湿祛郁除，邪去正安。二诊时，患者体力欠佳，然胃纳转好，大便已成型，吴老师在原方的基础上，减厚朴花、浙贝母，加制黄精以平补中气，安五藏，仙鹤草亦名"脱力草"，可调补气血，有助于体力恢复，加预知子片则取其疏肝理气散结之功。三诊时，患者诸症好转，故守效方，减海金沙、炒麦芽、仙鹤草、预知子片，加厚朴花以行气消胀，山药味甘性平，可益气养阴，补脾肺肾。此外，吴老师在门诊的同时，注重对病人进行心理疏导，提倡治病先治心。并注重患者饮食，正如明代万密斋所言，善调脾胃者，医中之上工也；节戒饮食者，医中之王道也。吴老师认为胰腺癌发病与今人嗜食膏粱厚味不无关系。而胰腺癌患者术后，脾胃受损，康复期间应规律饮食，清淡饮食，以防食复。此后，不断随证加减，患者随诊至今，精神佳，心态良好，胃纳二便无殊，截至2019年2月14日复查时，患者接受手术治疗后已两年半，肿瘤指标基本正常，CT提示病情稳定，未见复发转移征象。

胰腺癌是临床上高度恶性的消化系统肿瘤，其发病率和死亡率几乎相等，胰腺癌患者1年生存率不足20%，5年生存率仅为5%左右，严重威胁人类健康。近年来已有文献报道，中医药以其独特优势成为中晚期胰腺癌的有效治疗手段。然而大多现代医家主张从"邪实"论治，采取清热化湿、活血祛瘀等以毒攻毒之法，吴老师基于多年的临床经验及个人心悟，另辟蹊径，主张"扶正重于祛邪，祛邪必须扶正"，扶正的立足点在于脾胃，正如《周慎斋遗书》所言："诸病不愈，必寻到脾胃之中，方无一失。"其治疗胰腺癌首重中焦，谨遵"治中焦如衡，非平不安"的原则，旨在恢复中焦脾胃及肝胆的功能，达到阴阳平衡，带瘤生存，临床疗效颇佳。

八、乳腺癌

病案一 三阴性乳腺癌术后化疗后

高某，女，42岁。2011年3月16日初诊。

主诉：右乳腺癌术后化疗后1月，夜寐欠佳2周余。患者于2010年8月22日无意间发现右乳肿块到浙江萧山医院就诊，钼靶示：右乳内上方肿块，转移瘤可能大。完善检查后于2010年8月26日在浙江省肿瘤医院行右乳腺癌改良根治术，术后病理：（右）乳内上象限浸润性导管癌（Ⅲ级，瘤体3.5cm×3cm×2.5cm）伴大片坏死，浸润周围脂肪组织，12只淋巴结慢性炎。分子检测：P53（-），CerB-2（-），ER（-），PR（-），TopoⅡ（++）。术后于2010年9月13日至2011年1月4日行环磷酰胺+表阿霉素（EC）方案化疗6周期，第6周期化疗后出现Ⅳ度骨髓抑制，经西医对症治疗后好转。2011年1月25日至2月15日行减量第7、8周期EC方案化疗。

刻诊：颈部肿胀，烦躁易怒，夜寐欠佳，神疲乏力，前四个周期化疗后闭经至今。舌淡，苔白，脉沉弦。

西医诊断：右乳乳腺癌（$T_2N_0M_0$ⅡA期，三阴性）。

中医诊断：乳岩，辨证为肝郁脾虚，气滞痰阻。

治法：疏肝健脾，理气化痰。

处方：炒白术12g，炒白芍12g，茯苓15g，佛手10g，生薏苡仁30g，温山药15g，百合15g，陈皮9g，浙贝母10g，姜半夏12g，炒黄芩12g，郁金9g，预知子12g，绞股蓝15g，猪苓12g，鲜石斛（先煎）12g，云芝15g，梅花10g，玫瑰花10g，南方红豆杉8g。14剂，水煎服，日服1剂，分早晚两次

温服。

二诊：2011年3月29日。自觉颈部肿胀，夜寐欠佳，乏力均有所好转。效不更方，原方14剂，水煎服，日服1剂，服法同前。

三诊：2011年11月2日。上述方剂加减后间断服用半年余，症状持续改善，2011年7月27日月经来潮，后月经正常，近来睡眠欠佳，难以入睡，梦多。

处方：炒白术12g，炒白芍12g，茯苓15g，佛手10g，生薏苡仁30g，温山药15g，百合15g，陈皮9g，浙贝母20g，姜半夏12g，炒黄芩12g，猫人参15g，郁金9g，大枣30g，淮小麦30g，预知子12g，鲜石斛（先煎）12g，南方红豆杉8g。14剂，水煎服，日服1剂，分早晚两次温服。此后上述处方加减服用，每隔半年复查，截至2018年11月6日，B超和胸腹CT未见异常，无复发和转移。

按语 本病病机肝郁脾虚为本，气滞湿阻、气郁痰凝为标。加之手术和化疗，更加导致脾胃受损，心神失养。张子和指出："《内经》一书，惟以血气流通为贵。"气机是津液输布的动力。生理上，气能行津，津能载气；病理上，气滞则湿阻，湿阻则津停，津停则痰凝，痰凝成块，酿生乳癌。但痰凝是疾病发展到这一阶段的表现，而非根本。根本在于气机失常。脾主运化，肝主疏泄，此二脏与气机升降出入关系最为密切。调治乳癌，重在调理气机；而调理气机，关键在于调和肝脾。故处方以白术、茯苓、温山药、薏苡仁健脾益气；以白芍、佛手、郁金、预知子、玫瑰花等养血柔肝，行气解郁；以佛手、郁金、陈皮、茯苓、猪苓行气燥湿；以薏苡仁、炒黄芩、浙贝母、半夏、南方红豆杉燥湿化痰；佐以郁金、茯苓、百合、云芝宁心安神；以梅花、佛手疏肝和胃；配以石斛、百合养阴以防理气燥湿太过而伤阴。脾胃为后天之本，气血生化之源。脾胃得养，气血充足，冲任充盛。肝调畅气机，又主藏血，故有女子以肝为先天之说。气血充足，疏泄正常，故月经得以恢复正常。同时，肝调畅情志，除方剂中配伍疏肝理气之品外，随诊需要注意心理疏导，消除患者对疾病的恐惧。患者二诊症状逐渐改善，效不更方。三诊时，夜寐不安仍在，其余症状均改善。改云芝为淮小麦、大枣以养血安神除烦，并通过与患者交谈解除其对病情的担忧，患者睡眠逐渐改善。三阴性乳腺癌是乳腺癌中恶性度最高的分子亚型，具有易复发转移的特点，其术后3年内的远处转移率是非三阴性乳腺癌的约3倍。与非三阴性乳腺癌容易出现骨转移不同，三阴性乳腺癌患者易出现内脏转移，最常见的部位是肺、脑、肝。内脏转移往往意味着预后较差，其中中枢神经系统转移后的中位生存期仅为4.9个月。该患者术后已经8年余，期间坚持服中药，未出现复发转移征象。

病案二　乳腺癌术后上肢水肿

王某，女，62岁，2012年11月6日初诊。

主诉：右乳腺癌术后5月。患者因"发现右乳头内陷2年，溢液1年"于2012年5月25日在浙江省第一医院住院，2012年6月6日行"右乳癌改良根治术+右腋窝清扫术"，术后病理示（右乳）浸润性导管癌（2.5cm×2cm），Ⅲ级，（腋窝）淋巴结3/27，胸肌间淋巴结0/1伴癌转移，ER（++-+++），PR（+++），HER2（0-+）。术后行环磷酰胺+表阿霉素+5-氟脲嘧啶（CEF）方案化疗3次，再多西他赛化疗3次。现依西美坦内分泌治疗中，欲行放疗，既往有"高血压病"病史5年。

刻诊：右上肢疼痛肿胀，活动欠利，神疲乏力，声低懒言，纳呆，口干口苦。舌红中裂，苔薄，脉细。

西医诊断：右乳腺癌术后化疗后。

中医诊断：乳岩刀圭后，辨证为气阴两虚，血瘀水停。

治法：益气养阴，活血止痛，利水消肿。

处方：太子参15g，白术15g，茯苓15g，米仁30g，北沙参15g，麦冬15g，玉竹15g，石斛（先煎）12g，生地15g，三叶青15g，蛇舌草15g，白毛藤15g，车前子（包煎）30g，桑枝15g，防己15g，徐长卿15g，炒谷芽15g，炒麦芽15g，益母草15g，生甘草10g。14剂，水煎服，日服1剂，分早晚两次温服。

二诊：2012年11月20日。服用14剂后，患肢肿胀有所消退，但有恶心，上方去桑枝、防己、白毛藤，加苏梗12g，姜竹茹12g。14剂，水煎服，日服1剂，分早晚两次温服。

三诊：2012年12月4日。恶心好转，患肢肿胀未明显消退，感头晕。

处方：太子参15g，白术15g，茯苓15g，米仁30g，北沙参15g，麦冬15g，玉竹15g，石斛（先煎）12g，生地15g，三叶青15g，蛇舌草15g，车前子（包煎）30g，水牛角（先煎）15g，天麻9g，龙葵30g，桑枝15g，徐长卿15g，炒谷芽15g，炒麦芽15g，益母草15g，苏梗12g，姜竹茹12g，生甘草10g。14剂，水煎服，日服1剂，分早晚两次温服。

四诊：2013年1月8日。患者放疗中，患肢肿胀明显消退，口渴，舌暗红中裂，苔薄，脉细。效不更方，上方加知母30g，全蝎6g。14剂，水煎服，

浙江中医临床名家·吴良村

日服1剂，分早晚两次温服。

上方随症加减生姜、牛膝、莪术、木瓜等，患肢肿胀明显消退。

按语 乳腺癌根治术行腋下淋巴结清扫后有可能出现上臂肿胀的后遗症，上臂肘旁肿胀，肿甚可连及手背、手指，指间关节板滞，皮肤麻木。此系术后上臂淋巴回流受阻，亦与经络血脉瘀滞有关。现代医学缺乏有效的治疗手段。严重者非常痛苦，理疗能短暂缓解症状，但维持时间很短。除辨证、辨病治疗外，迅速改善患者症状亦是当务之急，并能增加患者的依从性。

本例乳癌患者术后化疗后，正气亏虚，又因手术所伤，脉络受损，导致血行不畅，瘀血内停，血不利则为水，故见神疲乏力，声低懒言，口干等气阴两虚之症，同时见上肢肿胀疼痛，活动欠利等血瘀水停之证，故治以益气养阴扶正治其本，活血利水治其标。方中太子参、白术、茯苓、米仁、甘草益气健脾扶正，使气血生化有源；北沙参、麦冬、玉竹、石斛、生地养阴生津；益母草、桑枝、车前子、防己活血通络利水，促进肢体消肿及功能恢复；徐长卿行气活血止痛；三叶青、蛇舌草、白毛藤清热解毒抗癌；炒谷芽、炒麦芽健脾消食。二诊因出现恶心反应，故去桑枝、防己、白毛藤等刺激脾胃之品，加苏梗、姜竹茹理气和中止呕。三诊续以桑枝通络，桑枝横行四肢，行津液，利关节，通络止痛，以通为主；并加以龙葵利水消肿并抗癌；久病入络，配以全蝎搜剔通络，攻毒散结，通络止痛；生姜、牛膝补肾强骨，止痛；莪术活血祛瘀，木瓜舒筋活络等。治则上益气养阴扶正治其本，活血利水治其标，标本兼治，同时顾护脾胃后天之本，可获稳固疗效。

病案三 乳腺癌内分泌治疗

来某，女，47岁，2015年2月10日初诊。

主诉：右乳癌术后6年余，胸壁复发1年余。患者2008年6月行右乳改良根治术，术后病理：浸润性导管癌，低分化，Ⅱ级。免疫组化：ER（+，25%～50%），PR（+，约10%），Her-2（+），术后行化疗6周期，放疗35次，放疗后服用托瑞米芬3.5年，2013年11月复查时发现胸壁原位复发，2013年12月行胸壁肿物切除术，术后予戈舍瑞林、阿那曲唑治疗至今。

刻诊：急躁易怒，乏力，潮热，自汗出，夜间盗汗，偶有心悸，纳眠可，二便调。舌暗红，苔薄黄，脉细滑。

西医诊断：右乳癌术后胸壁复发。

中医诊断：乳岩，辨证为肝郁化火，脾虚瘀毒。

治法：疏肝清热，健脾化瘀。

处方：牡丹皮15g，炒栀子10g，黄芩10g，川楝子10g，当归15g，白芍15g，玫瑰花10g，北柴胡10g，太子参15g，五味子10g，薄荷（后下）10g，茯苓15g，麸炒白术10g，山慈菇15g，夏枯草15g，浙贝母30g，土鳖虫10g。14剂，水煎服，日服1剂，分早晚两次温服。并嘱患者放松心情，宽容待人，坚持适当散步。

二诊：2015年3月3日。患者急躁易怒减轻，乏力，头痛，偶有夜间盗汗，眠差易醒，纳可，二便调，舌暗红，苔黄腻，脉弦滑。上方加炒酸枣仁15g，知母15g，清半夏12g，竹茹12g，去浙贝母、夏枯草、栀子。14剂，水煎服，日服1剂，分早晚两次温服。

三诊：2015年4月24日。乏力，头痛、心慌已无，睡眠、出汗均有好转，偶有气短，腹胀，舌暗红，苔白，脉弦细。辨为脾虚肝郁证。

处方：郁金10g，北柴胡10g，当归15g，太子参30g，茯苓15g，白术10g，枳壳10g，玫瑰花10g，黄芪30g，薏苡仁30g，山药30g，半枝莲30g。14剂，水煎服，日服1剂，分早晚两次温服。

四诊：2015年6月10日。患者自诉潮热、乏力均较前明显好转，继续逍遥散加减。

处方：北柴胡10g，当归12g，太子参30g，茯苓15g，白术10g，三叶青15g，蛇舌草15g，八月札15g，玫瑰花6g，浙贝15g，瓜蒌皮15g，薏苡仁30g，夏枯草12g，蒲公英15g，生甘草10g。14剂，水煎服，日服1剂，分早晚两次温服。后患者坚持内分泌治疗的同时中药调治，病情稳定。

按语 乳腺癌内分泌治疗是通过降低体内雌激素、孕激素水平，达到抑制激素依赖性癌细胞生长的目的。对经过选择的乳腺癌病例，其有效率为50%～80%。内分泌治疗药物在抑制乳腺癌复发、转移的同时使女性体内雌激素、孕激素分泌绝对或相对不足，导致部分患者出现性情急躁或精神抑郁、面部烘热、汗出、失眠多梦、月经紊乱、足跟痛等症状，严重影响了患者的生活质量，降低了乳腺癌患者规范化治疗的完成率，甚至有的患者不得不放弃内分泌治疗。中医药辨治该病有独特的效果。吴老师认为乳腺癌患者经内分泌治疗后会引发一系列不良反应，该病的病机归纳为"虚、火、瘀、毒"，虚主要为肾虚、脾虚，火主要为肝火，毒主要是"癌毒"，且内分泌治疗药物的副作用亦可视为"药毒"，瘀为血瘀、络瘀，故补肾、健脾、调肝、活血、解毒、通络为常用治法。

本例为乳腺癌患者使用内分泌治疗药物后，出现急躁易怒等不良情绪。元代朱丹溪认为，乳岩发病原因为"若不得于夫，不得于舅姑，忧怒抑郁，朝夕积累，脾气消阻，肝气积逆"。结合临床症状，本证多从肝脾论治。本案患者辨证为肝郁脾虚之证，兼见心慌、汗出等气阴不足之象，故主方以逍遥散合生脉散为主加减。本案一诊时患者急躁易怒等肝火亢盛的症状明显，加用夏枯草清肝热，《本草备要》言其有"补肝血，缓肝火，解内热，散结气"之功。栀子可清气分之热，"气清火亦清"，《本草备要》言其"泻心肺之邪热，使之屈曲下行，从小便出"，此乃实则泻其子之法。黄芩清三焦火热，川楝子清热散结兼有理气止痛之功，加玫瑰花疏肝理气，再以当归、白芍养血柔肝。诸药共奏清肝、疏肝、养肝、柔肝之功，尽调肝之能事。故复诊时肝火得平，急躁易怒减轻，证明辨证正确。但又增睡眠不佳，偶有呕吐，加之脉弦滑、苔黄腻，此为肝火虽减，但痰热内蕴。乳腺癌的郁证以肝肾亏虚为基础，此时肝肾亏虚为本，肝阳、痰热为标。故加用酸枣仁汤，原方治肝血亏虚之"虚烦不得眠"，与此证恰合，以酸枣仁养肝为主。又增竹茹、半夏，此为柴芩温胆汤，温胆汤多用于治疗痰热内扰之失眠，加用柴胡、黄芩，正合肝气郁滞之证，继用活血通络之土鳖虫。三诊时烘热汗出好转，但乏力、气短明显，辨证为气阴两虚证，以补中益气汤和逍遥散加减，诸症改善后续以逍遥散加减调理，最终取得较好疗效。

病案四　乳腺癌术后化疗后

陈某，女，60岁。2016年11月1日初诊。

主诉：右乳癌术后1年余，乏力1月。患者于2015年8月初因发现右乳肿块到杭州市第一人民医院就诊。于2015年8月11日行右乳癌改良根治术（右乳单纯切除术）+前哨淋巴结活检术。术后病理：①（右）乳外上象限浸润性导管癌Ⅲ级（瘤体2.2cm×2cm×1.2cm），累犯乳腺周围纤维、脂肪组织及神经。②（右腋窝前哨）4只、（右腋窝）19只淋巴结慢性炎，其中（右腋窝前哨）1只淋巴结内见小巢异型细胞（考虑孤立肿瘤细胞）。2015年8月26日开始行环磷酰胺+吡柔比星（AC）化疗方案4周期。2015年12月22日开始行紫杉醇+卡铂（TC）化疗方案3周期。2016年1月20日开始行多西他赛化疗方案2周期。

刻诊：神疲乏力，面色欠华，咽干口渴，偶有咳嗽，大便溏薄，舌淡，苔薄黄，脉虚缓。

西医诊断：乳腺癌术后。

中医诊断：乳岩，辨证为脾胃气虚。

治法：补脾益气。

处方：生晒参9g，炒白术12g，茯苓12g，炙甘草3g，炒白芍9g，陈皮6g，柴胡6g，厚朴9g，鸡内金12g，沉香曲15g，大枣15g，炒苍术12g，制黄精30g，生山楂12g，炙黄芪30g，炒黄芩12g，麦芽15g，仙鹤草30g，玉竹15g。14剂，水煎服，日服1剂，分早晚两次温服。

二诊：2017年5月4日。上述方服半年余，症状明显改善，化疗已结束，CA125在正常范围内，化疗后出现Ⅲ°白细胞减少，予升白治疗后未再出现白细胞减少，自觉体力有明显改善，面色精神尚可，偶感腹胀，胃纳稍差，无咳嗽咳痰、胸闷气急、腹痛等不适症状。舌质淡红，苔薄白，脉缓。上方去炒白芍，加炒谷芽15g，川芎9g，猪苓12g以化湿健脾。14剂，水煎服，日服1剂，分早晚两次温服。

三诊：2018年3月14日。上述方服半年余，自觉未有特殊不适症状，各项检查完善，评估病情稳定。门诊中医治疗，上方去炒苍术、制黄精、生山楂、川芎、猪苓，加三叶青6g，莪术15g，陈皮6g，焦山楂12g健脾开胃。14剂，水煎服，日服1剂，分早晚两次温服。上述处方加减服用，随访至今，情况良好。

按语 因妇女乳头属肝，乳房属胃，脾胃互为表里，忧思郁怒则肝脾两伤，肝失疏泻，气郁化火，脾失健运，痰浊内生，以致痰热搏结，经络痞塞，阻滞日久，结滞乳中而成本病。患者神疲乏力，面色欠华，为中气虚弱之象，故本方以生晒参为君，甘温益气，健脾补胃。患者胃纳稍差，偶感腹胀，为脾虚运化失常之象，故臣以白术，既助人参补气益脾胃之气，更以其温苦之性，健脾燥湿，助脾运化。脾主湿，脾胃既虚，运化无力，则湿浊易于停滞，患者大便溏薄，脉象虚缓，故佐以补利兼优之茯苓，配白术健脾气，又以其甘淡之性，渗湿利浊。炙甘草者，甘温益气，助参、术补中益气更兼调和诸药，而司佐使之职。鸡内金、陈皮、炒麦芽、山楂温中和胃，柴胡、厚朴、炒苍术等疏肝理气辅助脾胃运化之职，共同改善患者气虚症状。

病案五 乳腺癌术后化疗后

郝某，女，61岁，2017年4月14日初诊。

主诉：左乳癌术后1年余，乏力伴纳差1月余。患者于2016年6月30日在当地医院行B超下乳腺肿块切除术、乳腺癌保乳根治术及乳腺癌前哨淋巴结活检术。术中见左乳上象限肿块大小2.5cm×2.5cm×1.5cm，边界清，无包

浙江中医临床名家·吴良村

膜。术后病理：左乳腺扩大区段标本示乳腺浸润性导管癌Ⅲ级，上下内外基底切缘均阴性；左乳肿块外切缘未见癌，左乳前哨1/9+枚淋巴结见癌转移。免疫组化染色结果：转录因子GATA-3（-），雌激素受体ER（＜1%），孕激素受体PR（+），细胞增殖活性Ki-67（++），细胞角蛋白CK5/6（-），人类表皮生长因2C-erBb-2（-），淋巴管内皮标志物D_2-40（-），肿瘤抑制基因P53（+-），连环蛋白P120（+），E-钙黏蛋白E-cadherin（+）。术后行EC序贯T方案化疗共8疗程。

刻诊：面色少华，身倦乏力，食少纳呆，大便时溏时硬，情绪低落，两胁稍感不适，眠尚可，舌质淡，苔薄白，边有齿痕，脉弦细。

西医诊断：乳腺癌术后。

中医诊断：乳岩，辨证为脾虚肝郁。

治法：健脾疏肝，益气养血。

处方：生晒参9g，炒白术12g，茯苓12g，黄芩12g，白芍12g，沉香曲12g，麦冬12g，天冬12g，生山楂12g，三叶青12g，鸡内金12g，柴胡6g，陈皮6g，厚朴6g，炒谷芽15g，炒麦芽15g，炙甘草3g。14剂，水煎服至200ml左右，日1剂，分早晚温服。

二诊：2017年4月29日。患者乏力较前稍有缓解，纳可，自诉夜寐欠安，多梦易醒，心烦，舌红，苔黄腻，脉细数。考虑患者手术及化疗后气血亏损更加严重，寐差易醒，在健脾疏肝的基础上宜养心安神，前方去天冬、麦冬、炒谷芽、炒麦芽，加用合欢皮15g，夜交藤15g。继服14剂，用法用量同前。

三诊：2017年5月13日。服药后病情平稳，患者自诉疲倦减轻，情志较前舒畅，自觉口中黏腻不适，嗳气，舌苔厚腻，边有齿痕，脉弦滑。上方去合欢皮、夜交藤，加用白蔻仁（后下）3g，苏梗12g，藿香12g，患者体质素虚，脾胃运化失司，湿阻中焦困脾，宜芳香化湿，醒脾开胃。药证相宜，药已中病，守上方继服28剂。

至2018年4月9日，共诊9次，患者情况稳定，继续服上方，共服药168剂。

按语 患者癌毒侵犯，又经手术、化疗，正气亏耗更甚，五脏失养，脾胃运化无力，生化乏源，四肢脉络失于濡养，故患者出现身倦乏力，面色少华，爪甲干枯无泽等症状。正虚日久，肝脾不和，脾胃升降失调，脏腑功能不协调，故纳谷不馨，大便时溏时硬，胸胁胀痛，情绪不宁等。舌淡、苔薄白、边有齿痕，脉弦细为肝郁脾虚、气血不足之症。四诊合参，证属脾虚肝郁，治宜健脾疏肝，益气养血。"见肝之病，当先实脾"，以防肝木克脾土，故肝脾同治，可使气血生化有源。方用四君子汤合四逆散加减。患者素体不足故用药性平和的生晒参健脾益气，缓慢补之，可防峻补太过。白术、茯苓、甘草助生晒参健脾益气；陈皮、厚朴理气健脾，燥湿除满；柴胡、芍药疏肝养肝，调肝之阴阳，补肝体而助肝用。炒谷芽、炒麦芽、沉香曲、生山楂、鸡内金均为健脾开胃之品。黄芩用以清内热，以防肝郁化热。麦冬、天冬补气养阴以防阴液不足，三叶青抗癌散结。诸药合用，共奏调和肝脾，益气养血之功。二诊患者乏力纳食均改善，津液已复，故去开胃消食及养阴生津之品。患者时时担心肿瘤复发、进展，持续焦虑状态，致肝气郁结，肝血不足，"母病及子"，心肝血虚，心神失养。合欢皮、夜交藤二药均归心肝之经，有养血安神开郁之效。三诊结合患者症状及舌脉之象可见湿阻中焦，脾胃运化失司，需用芳香化湿，醒脾开胃之品。白蔻仁、苏梗、藿香三药均为芳香醒脾之药，三药合用可使脾气复健，气行则湿化。

九、妇科肿瘤

病案一　卵巢癌术后化疗后腹水控制不佳

侯某，女，34岁。2009年1月27日初诊。

主诉：卵巢癌术后2年余，反复腹胀近1年。患者于2006年7月行卵巢癌根治术，术后行泰素+铂尔定化疗6次，后口服中药治疗。至2008年5月出现大量胸腔积液、腹水，CA125高达978U/ml，多次全身及腔内化疗，腹水控制均不佳。2009年1月16日腹胀加重伴气急喘促，腹围达95cm，遂至浙江省中医院住院治疗，查HGB：64g/L，CA125：404.5U/ml，予输血、腹水引流等对症治疗，但腹水生成迅速，腹水引流后第二日又恢复原样，症状改善不明显。无奈之下寻诊于吴老师。

刻诊：症见面色苍白，四肢枯瘦，腹部鼓胀如鼓，神疲乏力，气急喘促，纳呆口干，溲少，大便黏腻不尽，舌红，苔白厚，脉弱。

西医诊断：卵巢癌。

中医诊断：癥瘕，鼓胀，辨证为阴虚水热互结。

治法：养阴清热利水。

处方：知母15g，黄柏15g，生地15g，制首乌30g，三叶青30g，半枝莲

30g，墓头回30g，蛇六谷（先煎）30g，金银花30g，七叶一枝花30g，车前子（包煎）60g，莱菔子12g，玄明粉（冲）4g，红枣30g。3剂，日1剂，浓煎，一汁120ml，少量频服。

二诊：2009年1月30日。服药后自觉腹胀减轻，引流一次腹水后可缓解2～3天，余症如前。上方去金银花、七叶一枝花，守方继进3剂，用法同前。

三诊：2009年2月2日。二诊后，自觉腹部稍松，大便黏腻不尽感稍改善，口干亦有缓解，舌苔稍退。见此证吴老师语：对证矣！前方基础上加龙葵30g，石斛（先煎）15g，百合15g。3剂，用法同前，并建议行化疗治疗，化疗期间暂停汤剂。

四诊：2009年3月4日。来诊精神明显好转，胃纳稍开，腹围减至90cm，小便通利，此乃化疗后邪去胃气回复之象，当以协助胃气为先，故去半枝莲、墓头回、知母、黄柏，减轻清热解毒之力，加以白术15g，山药30g健脾，制半夏10g，浙贝15g辛温化湿化痰，改玄明粉峻下之品为苁蓉15g，火麻仁15g润下之品。21剂，水煎服。

五诊：2009年3月25日。来诊面现血色，精神佳，胃纳开，腹胀气急好转，腹围渐减至85cm，舌稍红，苔已薄，舌下脉络淤滞，整体改善明显。前方加天虫15g，地鳖虫15g。7剂，水煎服。

六诊：2009年4月1日。来诊见胖，诉餐进三两米饭，生活完全自理，腹围减至75cm，登三楼而不气急，CA125降至228.2U/ml，HGB升至97g/L，脉细而有力，乃有胃气之象，舌稍紫，苔薄，予改天虫、地鳖虫为鸡血藤15g，当归10g缓和行血之剂。

按语 鼓胀病名首见于《灵枢·水胀》记载："鼓胀何如？岐伯曰：腹胀，身皆大，大与肤胀等也。"巢元方《诸病源候论》说："此由水毒气结聚于内令腹渐大，动摇有声……"吴老师认为本证由水毒之邪夹热聚于中焦而成，日久耗气伤阴；正气亏虚，无以抗邪，致水毒之邪更加猖狂，肆无忌惮，形成恶性循环。水毒聚于中焦，影响气机升降，又可上凌心肺，流浸胃肠膀胱，而见诸症。虽现一派虚象，吴老师认为当以清热解毒攻邪为主，邪去则正气自复，乃"急下存阴"之意也！方中三叶青、半枝莲、墓头回、蛇六谷、金银花、七叶一枝花均为清热解毒之品，即为此理也，知母、黄柏、生地、制首乌清热养阴护正气，而车前子、莱菔子行气利水，玄明粉通下，使邪有出路。化疗后，邪去大半，正气亦伤，故减少了清热解毒抗肿瘤药，予白术、山药护中。五诊中已正气来复，加天虫、地鳖虫之意在于搜尽血分之余邪，使邪无藏身之处，又"血不利则为水"，乃去水毒之源。但毕竟为破血伤正之品，故七剂后改为鸡血藤、当归养血活血。纵贯本案，不离乎扶正祛邪，但吴老将邪正关系处理得恰到好处，方有如此神效，真谓救人于危急！

病案二 卵巢癌化疗后

刘某，女，48岁，2012年11月20日初诊。

主诉：卵巢癌术后1月余，化疗2次后。患者2012年9月20日因"下腹胀3周"就诊浙江大学医学院附属妇产科医院，查CA125：1070U/ml，腹盆腔CT：两侧附件区恶性肿瘤伴盆腹腔种植转移。于2012年10月5日在浙江省肿瘤医院行"卵巢癌根治术+肠粘连松解术"，术中予顺铂腹腔化疗，术后残留灶：直肠前壁、直肠系膜、乙状结肠表面、乙状结肠系膜、腹膜壁层、肝肾隐窝、横隔表面遍布散在粟粒样结节，直径均小于1cm。术后病理：低分化浆液性乳头状腺癌，ⅢC期。术后CA125降至259.4U/ml，2012年10月17日、2012年11月7日行"泰素+顺铂"化疗2次，第一次化疗后CA125降至61.1U/ml。

刻诊：神疲乏力，口干，夜间盗汗，纳谷不馨，睡眠不安，大便偏干，恶心欲呕，舌淡红，苔薄少津，脉虚细。

西医诊断：卵巢癌术后化疗后，ⅢC期。

中医诊断：癥瘕，辨证为气阴两虚。

治法：益气养阴，滋补肝肾，健脾和胃。

处方：太子参15g，北沙参15g，玉竹15g，生地15g，山药15g，茯苓15g，仙鹤草15g，蛇舌草15g，制首乌15g，丹参15g，瓜蒌皮15g，姜竹茹12g，墨旱莲15g，煅龙牡（先煎）各15g，砂仁（后下）6g，炒二芽各15g，生甘草10g。14剂，水煎服，日服1剂，分早晚两次温服。

二诊：2012年12月11日。2012年11月28日患者行第三次化疗，中间曾停中药数日。症状同前，上方加石斛（先煎）12g，云芝15g。14剂，水煎服，日服1剂，分早晚两次温服。

三诊：2013年1月7日。2012年12月20日患者行第四次化疗，CA125降至正常，36.2U/ml。恶心好转，感手足麻木，腰酸，舌红，苔根黄腻，脉虚细。

处方：知母15g，黄柏12g，车前子（包煎）15g，怀牛膝15g，宣木瓜

15g，葛根15g，苍术12g，玉竹15g，生地15g，山药15g，茯苓15g，仙鹤草15g，蛇舌草15g，制首乌15g，丹参15g，瓜蒌皮15g，姜竹茹12g，墨旱莲15g，煅龙牡（先煎）各15g，砂仁（后下）6g，炒二芽各15g，生甘草10g。14剂，水煎服，日服1剂，分早晚两次温服。

四诊：2013年2月19日。仍化疗中，仍手足麻木，腰酸，盗汗明显，大便可，上方加淮小麦30g，红枣15g。14剂，水煎服，日服1剂，分早晚两次温服。

五诊：2013年5月21日。上方随症加入水牛角、百合、米仁、炒黄连、杜仲、合欢皮等药，患者顺利完成化疗，复查CA125均正常。

按语 卵巢癌是妇女癌症死亡的主要原因之一，发病率仅次于宫颈癌和宫体癌，在吴老师门诊病人中，卵巢癌是就诊最多的妇科肿瘤。

卵巢癌属中医"癥瘕""积聚""肠覃"等病范畴。《灵枢·水胀》云："肠覃何如……寒气客于肠外，与卫气相搏，气不得荣，因有所系，癖而内著，恶气乃起，瘜肉乃生。其始生也，大如鸡卵，稍以益大，至其成如怀子之状。久者离岁，按之则坚，推之则移，月事以时下，此其候也。"《诸病源候论·症瘕病诸候》谓："症瘕者，皆由寒温不调，饮食不化，与脏气相搏结所生也。"吴老师认为，卵巢癌病变中出现的小腹部肿物、腰腹疼痛、经带异常等，与肝肾、冲任主生殖功能失常的表现正符合，故该病为本虚标实之证，以肝肾亏虚、冲任失调为本，气滞、血瘀、痰浊、邪毒蕴结为标，而肝肾亏虚、痰瘀互结是卵巢癌重要的病因病机。因先天禀赋不足，正气内虚，或后天饮食不节、七情内伤，致脏腑衰弱，冲任失调，气血津液运化输布失司，痰饮、瘀血、湿浊内生，加之邪毒入侵，相互搏结，积聚胞宫而生本病。故卵巢癌的治疗当以扶正祛邪为大法，扶正重视滋补肝肾、调理冲任，祛邪则以化痰除湿、祛瘀软坚、解毒散结等方法灵活运用。在临床不同阶段虚实病机的消长各不相同，未行手术、放化疗的卵巢癌患者多属以实致虚，治疗当祛邪为主辅以扶正；而手术、放化疗后则以虚为主，或为气阴两伤、脾胃功能失调，或为气血不足、肝肾亏虚。因此，在不同阶段，应根据邪正盛衰的不同，分期分阶段治疗。

卵巢癌化疗药物一般为紫杉醇+铂类，毒副作用很大，尤其对消化机能、骨髓造血功能和机体免疫功能都造成很大的影响，从而使患者不能继续顺利进行治疗，严重影响了疗效。化疗药物可导致机体热毒炽盛、津液受损、气血损伤、脾胃失调及肝肾亏损等，表现为全身乏力、恶心呕吐、脱发、骨髓抑制，甚至心、肝、肾功能和免疫功能损伤。因此，本阶段治疗原则多为益气养阴、滋补肝肾为主，兼顾清热解毒。恶心呕吐是化疗最常见的不良反应，主要是由于脾胃受伤、痰湿内阻、化热伤阴所引起。治疗当健脾降逆，兼顾胃阴。由于手术创伤后又接连放化疗，可影响人体细胞代谢功能，导致机体正气亏虚，精液耗损，加之子宫、卵巢切除，体内激素水平改变，常出现消瘦贫血，纳差、厌食、恶心等胃肠反应或出现烦躁、烘热、汗出、失眠等更年期症状。对此，吴老师主张积极予以中药干预，通过益气养阴、滋补肝肾、健脾和胃、补养气血、清热解毒等方法治疗，可明显缓解上述不良反应，为下一次治疗创造条件。

在放化疗期间，如患者舌质偏紫，吴老师喜用丹参，认为此药不仅可以活血养血安神，而且可以增强患者对放化疗的敏感性。患者在化疗期间或刚结束化疗时，吴老师常加用如车前子等通利小便的药物，可加快化疗药的排泄，减少不良反应。对于骨髓抑制出现的一系、二系或三系减少，亦不能单用补肾之类的中药，可加用适量清热解毒药如水牛角、生地黄，才能发挥"填精益髓"的功效。这些诚为吴老师长期临证有得之言。

病案三 卵巢癌术后化疗后

屠某，女，48岁。2012年12月27日初诊。

主诉：卵巢癌术后化疗后3月余，阴道少量黄色分泌物5月余。患者于2012年4月因"下腹隐痛2年，尿频尿急10天"到当地医院就诊。查CA125：2000U/ml，查B超及MIR示：双附件混合性团块，直肠子宫窝转移。2012年4月20日就诊于浙江省肿瘤医院，查CA125：2528.5U/ml，胃镜、肠镜及胸部CT未见明显异常。于2012年4月27日行"全麻下卵巢癌根治术（子宫全切+双侧附件切除+腹膜后淋巴结清扫+大网膜切除+减瘤）+直肠部分切除+肠粘连分解+肠修补术"，术后病理：双侧卵巢低分化腺癌伴坏死（瘤体：右侧11cm×9cm×5cm、左侧13cm×7cm×6cm），累犯（直）肠外膜、肌层近黏膜下层，累犯（膀胱近折腹膜）纤维、脂肪组织，转移至1/53只淋巴结（201206517）。2012年5月7日至2012年7月11日行多西紫杉醇+顺铂（TP）方案化疗4周期。后感阴道异常排液，色黄，伴粪渣样物，量时多时少。2012年7月24日查结肠造影：乙状结肠左侧钡剂外渗，首先考虑瘘存在。于2012年7月31日行横结肠造瘘术。2012年8月8日至2012年9月6日继续行TP方案化疗3周期，2012年9月5日查CA125：10.3U/ml。

刻诊：阴道反复少量黄色分泌物，乏力，纳差，舌淡红，苔薄，脉

沉细。

西医诊断：卵巢癌术后化疗后，ⅢC期。

中医诊断：石瘕，辨证为脾虚湿滞。

治法：健脾和胃，渗湿泄浊。

处方：炒白术12g，炒白芍12g，茯苓15g，佛手10g，生薏苡仁30g，陈皮9g，白及15g，生山楂12g，虎杖15g，苦参9g，猫人参15g，藤梨根30g，桂枝6g，无花果10g，垂盆草30g，仙鹤草12g，淮小麦15g，大枣15g，云芝15g。30剂，水煎服，日服1剂，分早晚两次温服。

二诊：2013年3月27日。上述方服1月，阴道已无分泌物，自觉乏力较前改善，舌脉同前。2013年3月20日当地医院查CA125：10U/ml。上述方剂去白及、苦参、仙鹤草，加姜半夏9g，炒黄芩10g，金蝉花6g。30剂，服法同前。

三诊：2014年1月9日。患者于2013年4月3日行肠造瘘还纳术。上述方剂加减服半年余，乏力症状进一步改善，近日阴道流出分泌物的症状有反复，色淡黄，质地清稀，2014年1月7日当地医院查CA125：9U/ml。现症见：偶有乏力，性情急躁，夜寐欠佳，舌淡，苔白，脉弦细。辨证为肝郁脾虚湿滞。

处方：炒白术12g，炒白芍12g，茯苓15g，佛手10g，生薏苡仁30g，陈皮9g，淮小麦15g，梅花5g，玫瑰花6g，猫人参15g，无花果10g，白花蛇舌草15g，扯根菜10g，红景天5g，桂枝6g，合欢皮12g。30剂，水煎服，日服1剂，分早晚两次温服。

后患者上述处方加减服用，6至10个月复查，定期门诊就诊，近次2018年11月13日CA125：10.4U/ml，无复发和转移。

按语 本病病机为肝脾不和、冲任失调。但患者首诊时术后肠穿孔，与阴道形成瘘道，以湿热下注为主要表现。故以炒白术、茯苓、生薏苡仁、淮小麦、大枣、云芝健脾益气治本，同时以虎杖、苦参、猫人参、藤梨根、无花果、垂盆草清热燥湿，白及、仙鹤草收湿敛疮，白芍、无花果、陈皮、山楂润肠通腑以使湿浊从后窍而走，桂枝温阳化气以行水。全方共奏健脾和胃，渗湿泄浊之功。患者二诊诉阴道已无分泌物，遂改苦参为炒黄芩，以防苦参大苦大寒败胃，酌减白及、仙鹤草等祛湿敛疮之品，加半夏化痰散结，金蝉花益气养阴。患者复诊时，偶感乏力，性情急躁，夜寐不安，阴道分泌物症状反复，辨证为肝郁脾虚湿滞，治法以健脾疏肝化湿为主。方中以白术、茯苓、薏苡仁、淮小麦健脾益气，以佛手、梅花、玫瑰花疏肝理气，以茯苓、扯根菜、桂枝利水渗湿。肝体阴而用阳，遂以白芍养血柔肝；忧思抑郁则气结，以合欢皮养心解郁安神，以红景天养心清肺兼止血。卵巢癌ⅢC期的5年生存率约为17%。而该患者瘤体巨大，且术后出现肠瘘，阴道反复出现分泌物，初诊时体质虚弱，体力评分较差，这些都是不良预后因素。但患者经中药口服和西医横结肠造瘘后，患者阴道分泌物逐渐消失，继续口服中药，病情逐渐好转，体质逐渐恢复。现患者术后已6年余，坚持服药中，未有出现复发和转移。

病案四 卵巢癌术后化疗后

姚某，女，72岁。2013年10月21日初诊。

主诉：卵巢癌术后6年，乏力2月余。患者6年前因反复下腹痛，至当地医院就诊，考虑"阑尾炎"，经抗感染治疗，疼痛加重，遂予行"阑尾切除术"，术后病理提示恶性肿瘤。随后患者至浙江大学医学院附属妇产科医院就诊，于2007年3月6日在全麻下行剖腹探查+子宫全切+左附件切除+大网膜大部分切除+腹盆腔清扫+粘连分离术，术后病理：卵巢浆液性腺癌。术后分别于2007年3月15日、2007年4月12日行TP方案化疗，后因化疗不良反应不能耐受，未再进一步化疗，定期门诊随访及口服中药治疗，病情稳定。

刻诊：腰膝酸软，神疲乏力，时胸闷，大便不成形，小便无殊，舌暗，苔少，脉细涩。

西医诊断：卵巢癌术后。

中医诊断：癥瘕，辨证为肾阴亏虚。

治法：滋阴补肾，益精填髓。

处方：熟地黄12g，山萸肉12g，续断12g，杜仲12g，莪术12g，三叶青12g，厚朴12g，枳实12g，鸡内金12g，茯苓15g，益母草15g，红景天9g，赤芍9g，蛇蜕9g，丹皮9g，泽泻6g，陈皮6g，山药30g，仙鹤草30g，蔻仁（后下）3g。共21剂，每日1剂，水煎服。

二诊：2013年11月27日。患者腰膝酸软症状较之前有明显好转，便溏有所改善，但仍不成形，时感乏力，于是在原方基础上加炙黄芪30g，炒白术12g。共21剂，每日1剂，水煎服。

三诊：2014年1月15日。患者症状进一步改善，自觉胃纳一般，原方去枳实加神曲15g。共21剂，每日1剂，水煎服。上述处方加减服用，随访至今，情况良好，无复发和转移。

按语 本病病机为脾肾两虚。肾阴亏虚，而肝肾同源，故肾阴亏虚可

损及肝阴，导致肝肾阴虚。肾为先天之本，主骨生髓，肝为罢极之本，在体合筋，症见腰膝酸软。脾胃不和，脾气亏虚故见神疲乏力，便溏；脾胃为气机升降之枢纽，脾胃不和，气机升降失司，气滞于上中焦，可见胸闷，久病及瘀，症见舌暗脉涩。方中熟地黄、山萸肉、山药、丹皮、茯苓、泽泻取六味地黄丸之意，滋阴补肾，益精填髓；续断、杜仲补肝肾、强筋骨；仙鹤草补虚解毒；益母草为妇科之要药，活血通经；再添莪术、红景天、赤芍活血化瘀，双补气血；陈皮、厚朴、枳实调理中焦气机；三叶青则有清热解毒之效。全方共奏培补肝肾，益精填髓，活血化瘀，攻毒抗癌之功，疗效显著。

病案五 宫颈肉瘤术后

骆某，女，40岁。2008年12月8日初诊。

主诉：宫颈锥切术后1月余。患者于2008年11月3日行宫颈锥切术，术后病理示：鳞状上皮细胞肉瘤变。

刻诊：术后尿频，夜尿增多，自觉神疲乏力，腰膝酸软，大便难，解时无力，质软。舌红，少苔，脉细数。

西医诊断：宫颈肉瘤术后。

中医诊断：癥瘕，尿频，辨证为肾阴亏虚。

治法：补肾填精，固摄止尿。

处方：左归丸加减。熟地黄15g，山萸肉15g，山药20g，杜仲15g，桑寄生15g，制狗脊15g，桑螵蛸15g，芡实15g，石斛（先煎）12g，仙鹤草15g，苁蓉15g，乌药15g，蔻仁（后下）9g，红枣15g，生甘草10g。21剂，水煎服，日1剂，分早晚温服。

二诊：2008年12月29日。服上方二十余剂后，诸症好转，唯大便仍难，无力排解，面唇色淡，舌淡，苔薄，脉细弱。吴老师曰：患者肾精不足，阴阳两虚，然以阴虚为主，故投大队滋阴补肾之品，乃获显效，主症明显改善，但阳虚症状又现，因时值冬日，乃可予少量辛温之品，加淡附子3g于诸多寒凉药中，而无伤阴之虞，但吴老师强调不可久用，收效即止。服七剂大便乃畅，去附子服原方40余剂乃愈。

按语 吴老师认为患者年四十，阴气自半矣，又宫颈刀圭之后，正气虚弱，阴证也。宫颈位居下焦，肾之属也，其病多为肾虚。盖《素问·脉要精微论》有言："水泉不止者，是膀胱不藏也。"膀胱者，州都之官，气化乃能出矣。肾与膀胱相表里，肾气亏虚，气化无权，开阖失司，则尿频，夜尿多。腰者，肾之府也，肾虚失养，故腰酸。舌红，少苔，脉细数，肾阴不足之象也。大便难，质软，无力行舟，肾阳亦不足也。药用熟地、萸肉、山药、杜仲、桑寄生、制狗脊、桑螵蛸、芡实等补肾填精，但肾阴亏虚日久，阴损及阳，阳亦不足，无力行舟，故仍大便难，唇舌色淡。吴老师认为患者肾精不足，阴阳两虚，以阴虚为主，故投大队滋阴补肾之品，乃获显效，主症明显改善，但阳虚症状又现，因时值冬日，乃可于少量辛温之品，而无伤阴之虞，但吴老师强调不可久用，收效即止，恐伤阴也。

病案六 宫颈癌放疗后放射性肠炎

陶某，女，43岁，2015年5月15日初诊。

主诉：宫颈癌术后3月余。患者于2015年2月22日在桐庐县第一人民医院行"子宫广泛切除术+盆腔淋巴结清扫术+双侧卵巢移位术"，术后病理示：宫颈后唇内生型中低分化鳞癌，浸润至纤维肌层深层，右宫旁见癌结节，淋巴结0/12阴性。术后行DT4500cGY/25次放疗。

刻诊：腰酸腹痛，口干便秘，便带鲜血，日4～6次。舌淡红，苔薄，脉细数。

西医诊断：宫颈癌术后放疗后，放射性直肠炎。

中医诊断：癥瘕，肠澼，辨证为肾阴亏虚，热毒内结。

治法：滋阴清热，解毒散结。

处方：知母15g，黄柏12g，熟地15g，萸肉15g，山药15g，茯苓15g，丹皮12g，三叶青15g，垂盆草15g，白英30g，地榆炭30g，补骨脂30g，仙鹤草15g，蛇舌草15g，甘草6g。14剂，水煎服，日服1剂，分早晚两次温服。

二诊：2015年6月1日。服药后腰酸未减，大便秘结，舌脉同前。此为津亏所致便秘不通，当增润肠之力，上方加大力子15g，火麻仁15g，继进14剂，水煎服，日服1剂，分早晚两次温服。

三诊：2015年6月15日。来诊诉大便已通畅，已无便血，腰酸未见复发，舌脉同前。

处方：知母15g，黄柏12g，熟地15g，萸肉15g，山药15g，茯苓15g，丹皮12g，三叶青15g，垂盆草15g，白英30g，地榆炭30g，补骨脂30g，仙鹤草15g，蛇舌草15g，龟板（先煎）15g，鳖甲（先煎）15g，甘草10g。14剂，水煎服，日服1剂，分早晚两次温服。

四诊：2015年7月18日。诸症明显改善，已无腰酸，大便通畅，舌淡红，苔薄腻，脉细滑。恐其养阴滋腻，加川朴12g，以化湿行气。21剂，水煎服，日服1剂，分早晚两次温服。

按语　放射性直肠炎是20世纪以来随着放疗在医学中的广泛应用而出现的一种现代疾病，中医文献中自古无与此相对应的病名。本病临床表现特点为里急后重、腹泻、腹痛、便血、黏液稀便、肛门灼痛坠痛，文献归属于中医学"痢疾""泄泻""肠风""脏毒""肠澼""便血""内痈"等范畴。

吴老师认为，应将放射性直肠炎中医病名统一为"肠澼"为宜。"肠澼"是中医古病证名，源于中医经典《黄帝内经》。《素问·太阴阳明论》云："食饮不节，起居不时者，阴受之。阳受之则入六腑，阴受之则入五脏……入五脏则膜满闭塞，下为飧泄，久为肠澼。"此为类似本病的最早记载。杨上善《太素·调阴阳》注云："澼，音僻，泄脓血也。"《素问·通评虚实论》列其症状有"肠澼便血""肠澼下白沫""肠澼下脓血"。《古今医鉴》更明确指出："夫肠澼者，大便下血也"。将放射性直肠炎冠名"肠澼"，符合本病临床特点，亦能明确病变部位。

吴老师认为，放疗属热毒之邪，具有"火热毒邪"致病的特点。火为阳邪，易生风动血，易致肿疡，正如《素问·至真要大论》病机十九条所述"诸病胕肿，疼酸惊骇，皆属于火"，"诸呕吐酸，暴注下迫，皆属于热"。《黄帝内经》曰"大肠者，传导之官，变化出焉"，肠道受放射线侵害，火热毒邪郁积下焦肠内。大肠气机壅阻，气血凝滞，传导失司，腑气不通，闭塞滞下，则里急后重，肛门灼痛、坠痛；热迫大肠则大便频数；热毒熏灼肠道，脂络受损，肉腐为脓，则便下黏液脓血。病机总属热毒内盛，毒伤肠络，热壅肉腐。

本案以阴亏为本，热毒为标，病在下焦。《素问·五常政大论》云"阴精所奉其人寿"，《内经知要》亦云"水者，先天之本也。水旺则阴精充而奉上，故可永年，则补肾宜急也。"吴老师秉承此思想，在治疗上注重滋补阴精，方拟知柏地黄汤加减，旨在养肾阴，清虚火，叠以三叶青、垂盆草、白英、蛇舌草之类清热解毒之品，地榆炭、仙鹤草凉血止血，清血络之热，全方共奏养阴清热，解毒散结之效。二诊大力子、火麻仁润肠通便，以下腑气，腑气通则热毒随糟粕而走。三诊诉大便已通畅，已无便血，腰酸未见复发，"腰为肾之府"，肾之阴精不足，无以充养肾府，当加滋肾之品。鳖甲、龟甲乃滋肾阴之佳品，又清虚热，散积化结，肾水滋则阴可起亟化阳，温养腰之府则腰酸自愈矣。

纵观本案，不离养阴清热解毒之意，阴得养而肾水足，热得清而真阴保，毒得解而邪气去。

十、泌尿系肿瘤

病案一 肾癌水肿

姚某，男，86岁。2009年4月6日初诊。

主诉：发现左肾占位1月。患者于2009年3月因"小腿至足踝以下浮肿2周"至杭州市中医院就诊，肾脏B超提示：左肾低回声肿块，大小为5.9cm×5.5cm×4.2cm，考虑为肾癌。医院建议行手术治疗，家属考虑患者年迈，拒绝手术。为求中医治疗，慕名来诊。

刻诊：患者下肢肿甚，按之凹陷不起，腰痛不适，小便减少，大便秘结，舌淡暗，苔薄，脉沉细。

西医诊断：肾癌。

中医诊断：肾积，水肿，辨为肾气虚。

治法：补肾益气，佐以清热解毒。

处方：生地15g，山茱萸15g，山药15g，茯苓15g，牡丹皮15g，仙鹤草15g，制首乌15g，芡实15g，三叶青15g，车前子（包煎）30g，六一散（包煎）15g。14剂，水煎服，日1剂，分早晚温服。

二诊：2009年4月20日。服药后水肿有所消退，小便渐多，大便通，余症同前。予前方加莱菔子15g。继进21剂，水煎服。

三诊：2009年5月11日。药后精神可，水肿明显减轻，二便无殊，原方继进14剂以巩固疗效。

按语 中医古籍无肾癌病名的记载，多属于中医学的"血尿""腰痛""肾积"等范畴。肾主水，水液的输化有赖于肾阳的蒸化、开阖作用。腰膝以下，肾气主之，阳不化气，水湿下聚，则见下肢肿甚，按之凹陷不起。腰为肾之腑，肾虚骨髓不充，故见腰痛，如《丹溪心法》云："腰痛主肾虚，湿热，瘀血……"又《素问·脉要精微论》云："腰者肾之府，转摇不能，肾将惫矣。"肾与膀胱相表里，肾阳不足，膀胱气化不行，故尿量减少。肾水不足，肠道津枯失养，则大便秘结。方以六味地黄丸加减，滋阴补肾，补中有泄。制首乌、芡实补肾益精，制首乌兼能润肠通便；仙鹤草、三叶青解毒散结；车前子、六一散清热利尿通淋，如《金匮要略·水气病》中说"腰以下肿，当利小便，腰以上肿，当发汗乃愈"，"腰上为阳，腰下为

浙江中医临床名家·吴良村

阴，邪气所凑，同类相求，属阴者趋于下，属阳者趋于上"。服后水肿逐渐消退，精神转佳，加入莱菔子一味更助脾运！

病案二　前列腺癌骨转移

吴某，男，65岁，2015年3月7日初诊。

主诉：确诊前列腺癌骨转移1年余。患者1年余前因"腰骶部酸痛伴右下肢放射痛"在浙江省第一医院就诊，MRI示腰椎多发转移瘤，进一步查前列腺MRI示：前列腺癌，病理：前列腺低分化腺癌，予康士得、诺雷德治疗及唑来膦酸抗骨转移。现PSA在正常范围。

刻诊：面色无华，精神萎靡，纳少，腰膝酸软，小便不畅，便秘，周身疼痛，舌淡红，苔薄白，脉虚数。

西医诊断：前列腺癌骨转移。

中医诊断：前列腺癌，辨证为气阴两虚，痰湿内阻。

治法：补肾壮骨，健脾祛湿化痰。

处方：生地15g，熟地15g，骨碎补15g，淫羊藿12g，川芎12g，茅根15g，补骨脂15g，怀牛膝15g，芡实10g，木香6g，白术15g，黄柏10g。14剂，水煎服，日服1剂，分早晚两次温服。

二诊：2015年4月8日。患者诉下肢疼痛改善，大便次数偏多，小便不畅改善，夜尿频数（4～5次），舌有红斑，苔薄白，脉虚数。减黄柏，加肉豆蔻10g，川断15g，桑寄生15g，山茱萸15g。14剂，水煎服，日服1剂，分早晚两次温服。

三诊：2015年5月16日。诉全身疼痛改善，纳可，排尿不畅、大便好转，舌淡红，苔薄白，脉滑数。

处方：生地15g，熟地15g，骨碎补15g，淫羊藿12g，川芎12g，川断15g，桑寄生15g，山茱萸15g，补骨脂15g，怀牛膝15g，芡实10g，木香6g，白术15g，全蝎6g，王不留行30g。14剂，水煎服，日服1剂，分早晚两次温服。

四诊：2015年8月25日。以上方加减服用3个月，诉全身疼痛好转，胃纳可，夜尿频，大便可，舌淡红，苔薄白，脉滑数。

处方：生地15g，熟地15g，骨碎补15g，川断15g，桑寄生15g，山茱萸15g，金樱子15g，桑螵蛸15g，补骨脂15g，怀牛膝15g，芡实10g，木香6g，白术15g，全蝎6g，王不留行30g。14剂，水煎服，日服1剂，分早晚两次温服。

之后以上方适时加入天龙、杜仲、半枝莲、茯苓、莪术、龙葵、白花蛇舌草等，患者病情稳定，1年后复查PSA正常，骨ECT未见新增转移灶，胸腹部CT未见其他转移。

按语 前列腺癌在古代中医学中未见系统描述，散见于"淋证、癃闭、肾岩、血证"等记载中，吴老师认为前列腺属男性生殖器官，由肾所主，居于下焦。《难经·三十九难》曰："肾有两脏也，其左为肾，右为命门。命门者，谓精神之所舍也。男子以藏精，女子以系胞，其气与肾通。"前列腺为藏精之所，属命门之肾。《灵枢·经脉》对足厥阴肝经有记载："起于大指丛毛之际……循股阴入毛中，过阴器，抵小腹，挟胃属肝结胆……"清楚地描述了前列腺为肝经所循行，与脾胃关系密切。

本病的病位在肾，与肝脾胃关系密切。其主要病机为肾气亏虚，痰湿蕴结下焦，肾气亏虚为本虚，痰湿为标实。肾气亏虚致病邪有机可乘，过食五味致脾胃虚弱，痰湿内生，痰湿下注久而成积；癌肿耗伤正气，病延日久，更兼脾胃虚弱，气血生化乏源，致正气更亏，正虚邪恋，互为因果，形成恶性循环，则病情迁延。本病的治疗，应"清补兼施"，补为补肾健脾或温肾养阴，应以清补为主，如生地、熟地、怀牛膝、山茱萸、桑寄生等，但不宜使用鹿茸、肉桂、附子等辛温大热之品；清为化痰祛湿，应轻清为主。患者久病多瘀，宜少佐全蝎、水蛭、天龙、莪术等活血祛瘀之品；痰湿内蕴久而成毒，应加龙葵、半枝莲、白英、白花蛇舌草等抗癌解毒之剂。

前列腺癌多发骨转移，应"先安未受邪之地"，在方药中加补肾壮骨，强腰膝，填精益髓之品，如补骨脂、骨碎补、透骨草、淫羊藿、鸡血藤等。

病案三 膀胱癌电切术后

张某，男，55岁，1987年7月10日初诊。

主诉：膀胱移行上皮细胞癌电切术后9月。患者于1986年10月行膀胱移行上皮细胞癌电切术，之后行膀胱冲洗化疗3个月，后小便出血，膀胱镜检查提示膀胱癌术后复发，再次作电切加膀胱冲洗化疗。但术后6个月又反复出现血尿，膀胱镜检查结果仍为复发，医生建议行膀胱全切术，患者拒绝，再次电切。

刻诊：患者小便频数，尿血，溺时茎中疼痛，夜间无法入睡，心情烦躁，舌红，苔黄腻，脉弦。尿常规：可见大量红细胞。

西医诊断：膀胱癌。

中医诊断：尿血，辨证为湿热下注。

治法：清热利湿，通淋止血，佐以养阴。

处方：知柏地黄汤加减。黄柏12g，知母15g，生地12g，山萸肉9g，山药15g，丹皮15g，泽泻15g，茯苓15g，半枝莲15g，蛇舌草15g，薏苡仁30g，乌药9g，六一散（包煎）15g。5剂，水煎服，每日1剂，分早晚两次温服。

二诊：1987年7月15日。小便转清，尿痛消失，舌淡红，苔薄腻，脉细。湿热已除，前方调整后继服，拟养阴清热，淡渗利湿，前方续服两周。

按语 膀胱癌属中医"血尿"范畴，前贤认为热在下焦者则尿血。吴老师以此为据，从古方知柏地黄汤加减，着手治疗膀胱癌屡建奇功。该方立法配伍精微，寓泻于补，补中有泻，性味调和，刚柔相济，补益以育阴，疏泻以助阳，大开大合，三阴并治。黄柏配知母清中下焦之湿热，生地配丹皮清热凉血以止血，山萸肉温补肾气，怀山药、茯苓、薏苡仁、泽泻健脾利湿，半枝莲、蛇舌草清热解毒，乌药行气。诸药共用，收效满意。复诊时一药未改，仅在用药剂量上稍事调整，足见用药之微渐。随诊13年，未见复发。

学 术 成 就

肿瘤这一疾病虽然古人已有描述与治疗，但是时至今日，现代科技的快速发展，给西医发展注入了强大的生命力，同时给中医的治疗带来新的课题。西医的手术、放疗和化疗已经成为肿瘤治疗的主要手段，我们中医如何来治疗？中医认为，人是一个有机的整体，手术、放疗和化疗虽然给肿瘤以最大程度的杀伤，但是同时也不同程度地伤害了正常的机体功能，而加快机体功能康复是中医治疗之所长，是西医所替代不了的一种治疗手段。所以降低肿瘤的复发转移机率，提高病人的生存质量，延长生存期，只有中西医取长补短，充分发挥西医祛邪治病和中医扶正治人的不同优势，方能有效地治疗肿瘤，控制肿瘤。为此，吴老师从20世纪70年代初，开始了中草药单方验方、中药有效成分及中医中药增效减毒等的研究，在这四十多年的时间里，研发了诸如三根糖浆、安体优等一系列院内制剂，合作研发了康莱特注射液，在中医辨证治疗方面通过不断地临床实践，形成了自己"益气养阴法"治疗肿瘤的学术观点。

第一节　勤求古训明新知　益气养阴治肿瘤

要想有的放矢地治疗肿瘤，必须做到洋为中用，古为今用，勤求古训，学习西医。中医通过阴阳五行、脏腑气血去认识人体生命活动和疾病的发生规律。譬如"阳在外，阴之使也；阴在内，阳之守也""阳化气，阴成形""阴平阳秘，精神乃治"，只有"阴阳平衡"，方能"百病不起"；又如"正气存内，邪不可干""邪之所凑，其气必虚"和"百病皆生于气"，说明了气在疾病发生发展过程中发挥着重要的作用，诸如气虚、气陷、气

滞、气逆等气的异常表现，可以引起脏腑、气血功能的失调，导致疾病的形成，所以补气、行气、降气等治疗方法的正确运用，可以有效地纠正脏腑功能的失调，达到治病防病的目的。

一、认识肿瘤

（一）古人对肿瘤的认识与治疗

古人对肿瘤的认识可以追溯到殷周时代，在殷墟甲骨文中就有记载"瘤"的病名，在《周礼》中记载了治疗肿瘤一类疾病的医生称为"疡医"，至于医书中记载最早的应该是《黄帝内经》，《灵枢》中记录了瘤的成因是"营卫不通""寒气客于肠外"等，到了宋代，《圣济总录》详细描述了瘤的形成原因，"瘤之为义，留滞而不去也。气血流行不失其常，则形体和平……郁结壅塞，则乘虚投隙，瘤所以生。"而华佗在《中藏经》记载肿瘤的成因是脏腑蓄毒，从以上分析对比看，存在着肿瘤病位深浅、病程长短、程度轻重和性质良恶的不同，营卫不通、客于肠外可能更多地倾向于良性和早期，而脏腑蓄毒可能更多地倾向于恶性和肿瘤进展之中，但是形成肿瘤的原因是一致的，就是不同内外因素引起机体局部气血运行的失常和壅塞不通。到了宋代《卫济宝书》，第一次使用"嵒"字和明代《外科启玄》中的"论癌发"，虽然由于历史条件的限制，不能像西医一样通过病理学来进行明确分类，但是从古人对肿瘤形状的描述可以看出良恶性肿瘤的一些端倪，实为难能可贵。

中医对于肿瘤这一疾病的命名丰富多彩，多半以症状、体征为主，与西医的组织生物学特性相比，在良性和恶性肿瘤的区分方面存在着较多的局限性，尤其是内脏的肿瘤。譬如体表或者可以看得见、摸得着的肿瘤如乳岩、瘿瘤、痰核、茧唇、舌菌、失荣、翻花疮、肾岩、喉百叶、五色带等，可能与乳腺癌、甲状腺癌、淋巴瘤、舌癌、皮肤癌、阴茎癌、喉癌、宫颈癌等恶性肿瘤相关联，但是也和一些良性肿瘤如乳房纤维瘤、甲状腺结节、淋巴结肿大、皮肤黏膜的溃疡等难以区分，还有噎膈、反胃、息贲、石瘕、伏梁、肠蕈等通过症状和形态命名的疾病不完全等同于食管癌、胃癌、肺癌、结直肠癌等也是如此。所以我们对于肿瘤这一疾病的命名还是要与时俱进，洋为中用或者中西并用，方能为治疗提供正确的信息，也是发展中医肿瘤命名的需要。

中医对肿瘤的治疗，历经千年，不断发展与完善，但是辨证论治思想基本没有改变，依然以四诊八纲和理法方药为核心，以审证求因、标本缓急、辨证与辨病、局部与整体为辨证原则，以扶正祛邪为治疗大法，可以采取同病异治，异病同治，虚则补之，实者泻之，热者寒之，寒者热之，结者散之，以及内治与外治相结合的方法。但是总的来说，治疗不能偏离"衰其大半而止""养正积自除"和"随证施治"的治疗原则。由于西医的快速发展，祛邪的方法很多为西医的手术、放疗、化疗所取代，扶正和增效减毒治疗变得越来越重要，我们应该清醒地认识到这一点，但对于老年肿瘤、晚期肿瘤或者不能够耐受化疗的肿瘤患者，我们要充分发挥中医扶正祛邪的优势，正确地辨证治疗。

（二）近代肿瘤治疗的发展变化

西学东渐，中医不再是我们治疗肿瘤的唯一方法，尤其进入二十一世纪，分子生物学、免疫学和基因学的快速发展，给肿瘤治疗带来了日新月异的变化。到目前为止，各种治疗手段都未能完全治愈肿瘤，综合治疗依然是治疗肿瘤，提高疗效的唯一途径，新技术、新方法、新药物在提高肿瘤近期和远期疗效方面取得了较大进展，尤其生物免疫治疗和靶向治疗给肿瘤病人带来希望。而对中医的研究，除了传统思路和方法外，更多地开展了扶正和增效减毒的研究，譬如围手术期的中医治疗，放疗、化疗前中后的中医治疗，以及肿瘤病人康复期预防复发转移的中医维持治疗等。其他尚有一部分肿瘤需要我们中医治疗，就是晚期肿瘤和老年性肿瘤。

二、西医治疗肿瘤的影响

手术、放疗和化疗仍然是目前肿瘤治疗的主要手段。手术对于早期肿瘤，常常可以达到根治的目的；而放射治疗对于某些肿瘤，如鼻咽癌、中上段食管癌、喉癌、宫颈癌等有较好的疗效；至于全身性治疗的化疗，近年来发展很快，新药不断涌现，疗效也在不断提高，其他尚有免疫治疗、靶向治疗及物理治疗。但是这些治疗手段在运用的同时，给病人或多或少地带来功能上和身心上的损害，有的甚至难以继续治疗而寻求中医治疗。

（一）手术的影响

手术作为肿瘤治疗的主要手段，在根治肿瘤的同时，往往造成人体器官

的缺失和脏腑功能的障碍。虽然目前早中期肿瘤开展了微创手术甚至更精确的机器人手术，想最低限度地减少手术对人体器官、功能的影响，但对一个整体的人而言，损害是无法避免的。譬如脑肿瘤术后的肢体功能障碍，胃、肠、胆囊、胰腺肿瘤术后的消化、吸收、排泄功能障碍，肺手术后的呼吸功能障碍，膀胱、前列腺肿瘤术后的泌尿功能障碍，甲状腺、乳腺、卵巢、子宫肿瘤术后的内分泌功能障碍等，有的可以通过药物治疗加以改善，有的则造成永久性的功能缺失。如何更好地解决这些问题，中医认为手术给病人带来的损伤是耗伤气血，引起脏腑、经络功能的失调，最终导致人体的阴阳失调。所以，调整人体的阴阳和脏腑的升降出入平衡，有利于气血的生化和机体功能的康复。

（二）放疗的影响

放射治疗作为肿瘤治疗的另一种治疗手段，是手术和化疗所替代不了的。但是放射治疗在控制和杀灭局部肿瘤的同时，给组织、器官带来损伤的后遗症也是难以弥补的。譬如喉癌、鼻咽癌放疗后的口咽干燥、局部组织纤维化、咀嚼吞咽困难等，肺癌放疗的放射性肺炎，宫颈癌、直肠癌放疗后的放射性肠炎和膀胱炎等，对这些症状西医目前没有很好的方法和药物来加以改善，给病人的生活质量带来严重影响。如何预防和治疗是中医必须面对的问题。中医认为放射治疗犹如中医的热毒，局部放疗，热毒内侵，耗伤气阴，引起口咽干燥、咳嗽咳痰、尿频尿急、里急后重等症状，所以可以运用清热解毒、益气养阴的方法来预防和治疗，最大限度地改善症状，提高病人的生存质量。

（三）化疗的影响

化疗作为一种全身性的治疗手段，药物多，更新快，运用广，疗程长，副作用多。胃肠道反应和骨髓功能抑制是其主要的不良反应，有时甚至影响化疗疗程的完成，其他还有诸如对心功能、肝功能、肾功能和末梢神经血管的损害。虽然消化道反应的恶心呕吐目前使用中枢性止吐药物，但是止吐药物带来的严重便秘也是一件令病人痛苦的事情，而骨髓抑制和末梢神经血管损伤给病人带来长期的乏力、手脚麻木，更是严重影响了病人的生活，这也是西医难以解决的现实问题，但是中医有这方面的长处，可以加以预防和治疗。中医认为，化疗如中医的清热解毒，化疗药物虽无性味可言，实乃类同于中药的苦寒之性，进入体内，损伤脾胃，导致升降失常而呕吐、便秘；受纳、生化失常而气血不足故头晕、乏力，气血不达四末而手脚麻木等，所以健脾和胃，益气养血，可以改善病人的症状，同时帮助化疗顺利完成。

三、理论遵循经典，治法金元四家

人体生命活动离不开气血，气能生血，血能载气，气血充沛，运行正常，则五脏六腑，四肢百骸得以滋养，人体生命活动得以维持生长壮老已的正常规律。而气血的生成又离不开脾胃的正常运行和生化，生化的基础离不开饮食水谷五味。故《素问·平人气象论》有云："平人之常气禀于胃，胃者平人之常气也。人无胃气曰逆，逆者死。"又云"人以水谷为本，故人绝水谷则死，脉无胃气亦死"；《素问·经脉别论》："饮入于胃，游溢精气，上输于脾。脾气散精，上归于肺，通调入道，下输膀胱，水精四布，五经并行，合于四时五脏阴阳，揆度以为常也。"所以后世医家都非常重视以胃气的盛衰和有无来判断疾病的严重程度和治疗的转归。

（一）李东垣"人以胃气为本"思想的影响

金元时代，战乱纷纷，百姓饱受饥寒，体弱多病，古方难效。东垣发微经旨，辨惑内伤外伤，通过反复临床，证明了饮食劳倦所伤，伤在脾胃，提出"内伤脾胃，百病由生"和"人以胃气为本"的学术见解，运用补中益气，升清降浊，行气化湿等治法，救百姓于疾苦之中，故而撰写了《内外伤辨惑论》、《脾胃论》、《兰室秘藏》等诸书，反复阐述了"土为万物之母，脾胃为生化之源"和"保护元气，补土敦脾"的重要性，其培补脾胃之旨，辨脾胃虚实之法，治疗脾胃之药，为历代临床医家所推崇。而今之时，吴老师认为经济发展，物质丰富，百姓饮食不节，起居无常，妄劳无度，又加江南卑湿之地，脾胃多虚，应验了东垣先人之言："若胃气之本弱，饮食自倍，则脾胃之气既伤，而元气亦不能充，而诸病之所由生也。"对于肿瘤病人，"邪之所凑，其气必虚"，本身正气亏虚，为了手术，禁食灌肠；为了控制肿瘤，给以放疗、化疗，病人恶心呕吐，因而吐泻伤正，伤在脾胃，生化无源，虽犯虚虚实实之诫，但为了治病，又有奈何？西医治人之病，中医可以治病之人，所以吴老师提出了"健脾胃，护胃气"要贯穿于肿瘤治疗的全程，是治疗肿瘤的重中之重，既有利于肿瘤病人的康复，又可以养正消积和预防肿瘤的复发与转移，如《黄帝内经》所云："有胃气则生，无胃气则亡"。吴老师益气治法究其根本，是益脾胃之气，生肺金之气，补先天肾气，而他取方常用李东垣的"补中益气汤"加减。吴老师认为补中益气汤是

《太平惠民和剂局方》四君子汤和李东垣《内外伤辨惑论》当归补血汤的组合，四君子汤有"天下补气第一方"的美称，千百年来一直是补气健脾的基础方，除了补中益气汤含有此方外，譬如六君子汤、金水六君煎、人参健脾丸、参苓白术散、八珍汤等都用它来组方，所以临床也常常用四君子汤来进行加减，如果想取法经方，也可以用《金匮要略·血痹虚劳病》的小建中汤来进行化裁。

（二）朱震亨"阳常有余，阴常不足"思想的影响

《素问·阴阳应象大论》云："年四十，而阴气自半也，起居衰矣"，此阴气实乃肾气，肾气为肾精所化，精在命门之火的温煦下，化精为气，濡养五脏六腑，促进人体生长发育，也就是起阴而用阳。而《上古天真论》论述了男女生长壮老已的过程中，女子七七，男子八八，其过程的变化，其实是肾气盛衰的变化，所以《素问·阴阳应象大论》又云："知之则强，不知则老，故同出而名异耳"，这个知是告知人们七损八益对人体的利弊，知之可调，不知用此，则早衰之节也。

朱震亨著《格致余论》，在"相火论"云：火有君火与相火之分，君火者心，故《黄帝内经》言"心主神明"；相火者，"生于虚无，守位禀命，因其动而可见……人非此火不能有生"，指出肝、肾、胆、三焦是相火的根源，主要发源于肾，只有相火与君火相互配合，才能温养脏腑，推动人体的生命活动。由于相火生于虚无，故曰："火起于妄，变化莫测，无时不有，煎熬真阴，阴虚则病，阴绝则死"为"阳有余阴不足论"提出"阳常有余，阴常不足"奠定了理论基础，也为"滋阴降火"治则的制定提供了依据。同时他根据《黄帝内经》"年四十，而阴气自半也……"和"男不过尽八八，女不过尽七七，而天地之精气皆竭"，指出了阴气"难成易亏""人之阴气，依胃而养"和"脾土之阴受伤，转输之官失职，胃虽受谷不能运化"的学术思想，拓展了"滋阴学说"的内涵，体现了他对先天之肾和后天脾胃功能的同等重视。也为吴老师"养阴"学术观点的形成提供借鉴。

（三）张子和"邪去而正安"思想的影响

张子和祛邪理论取法《黄帝内经》与《伤寒论》。《素问·阴阳应象大论》有云："天之邪气，感则害人五脏，水谷之寒热，感则害于六腑，地之湿气，感则害皮肉筋脉"，而子和认为"夫病之一物，非人身素有之也。

或由外而入，或由内而生，皆邪气也""邪之中人，轻则传久而自尽，颇甚则传久而难已，更甚则暴死。若先论固其元气，以补剂补之，真气未胜，而邪已交驰横骛而不可制矣"，所以他治病力主祛邪，邪去而元气自复，"邪去而正安"，主张"汗、吐、下"三法来祛邪治病，但是他依旧辩证地看待问题，祛邪之时，不弃补法，知常达变，如见证为阳有余而阴不足，热证迭见，当损阳而补阴，用寒凉之品；若见证为阴有余而阳不足，寒证丛生，当损阴而补阳，用温热之药，充分体现了《黄帝内经》"谨察阴阳所在而调之，以平为期"的治疗原则。

吴老师认为，中医治病当辨证明确阴阳的胜负，邪与正的强弱缓急，方可立法处方施治。对于肿瘤病人而言，早期中期正气尚盛，可以先予以祛邪，邪去正伤可以扶正；对于晚期肿瘤病人或者年迈体弱的肿瘤病人可以扶正祛邪并施；对于手术、放疗、化疗的病人可以扶正为主；对于康复期的病人，可以遵循何任前辈"不断扶正，适时祛邪，随证施治"的治疗原则。总之，疾病不外乎阴阳的偏胜，疾病的表现不外乎表、里、寒、热、虚、实，治疗的原则不外乎寒者热之、热者寒之，虚则补之、实则泻之，治疗的方法不外乎汗、吐、下、和、温、清、消、补八法。

四、益气养阴法的确立与临床运用

吴老师深感中医临床要得心应手，除了自己学习和理解四大经典，还必须借鉴历代医家研读经典的体会和临床经验，方能提高认识，指导临床，触类旁通。他通过对金元四大家学术理论的研究，结合自己的临床体会，将李东垣的"人以胃气为本"和朱震亨的"人之阴气，依胃而养"的学术观点融会贯通，提出了"益气养阴法"治疗肿瘤的学术观点。吴老师认为，益气重在脾胃，一是先天之肾气随着年龄的增长不断地衰退，补肾之法虽然可以增强其功能，改善临床症状，延缓其衰减，但是不能阻止人体"生长壮老已"的自然规律，我们可以通过补后天之脾胃，资先天之肾气，来达到健康益寿的目的。二是肿瘤病人要经历手术、放疗和化疗，这些治疗或多或少地损伤到脾胃功能，影响病人的康复，所以健脾和胃至关重要。三是肿瘤病人多数存在心理上的障碍，表现为焦虑、急躁或者抑郁，容易扰动相火，耗气伤阴，所以除了正常的心理治疗外，滋阴降火也必不可少。四是有些肿瘤治疗手段如放疗、射频治疗等，表现为热毒内侵或者湿热

下注，出现舌红口干、尿频尿急、里急后重等症状，治疗需要养阴清热。总之，益气养阴法贯穿于肿瘤治疗的整个过程中，不同的疾病、不同的治疗方法、不同的疾病阶段、不同的病人要灵活辨证运用，或益气为主，或养阴为主，方可求得疗效。

第二节 扶正祛邪应有时 中西互补增疗效

西医的手术、放疗和化疗仍然是恶性肿瘤治疗的主要手段，而中医在恶性肿瘤治疗过程中的作用和地位也越来越受到重视。中医认为"邪能伤正"，同时也认为"正能胜邪"，在中医临床治疗中也存在两大派系。一派是主张优先祛邪，金元四大家之一的张从正所主张的"邪去则元气自复"，他认为补虚扶正要有一个过程，缓不能济急，所以要先祛邪；还有一派主张恶性肿瘤病人正气日衰，不耐攻伐，应该扶正，即张景岳主张的"养正积自除"。不管是祛邪还是扶正，扶正还是祛邪，都是以治疗疾病为目的。由于恶性肿瘤有早中晚期的不同，病人也有体壮体弱年迈的不同，我们在中医治疗原则的选择上应该依据病人病情、体质、年龄来综合考虑，才能辨证地选用扶正与祛邪，是先扶正还是先祛邪，还是扶正和祛邪相结合。当今，西医治疗方法日新月异，虽然传统的手术、放疗、化疗依然是恶性肿瘤治疗的主要手段，但是手术方式、器械已经有了快速的更新和提高，放射治疗的设备和技术也是如此，化疗药物的研制更是一代接着一代。手术、放疗带来的损伤也越来越小，化疗的毒副作用也在不断地降低，治疗和预防副作用的药物也越来越多，其效果越来越好。因此，西医的这些治疗手段已经在无形之中逐步地替代中医的祛邪治疗，而扶正治疗、增效解毒和维持治疗将成为中医治疗恶性肿瘤的优势，和西医之间取长补短，延长生存期，提高生存质量，从而更好地服务于病人。当然，有些恶性肿瘤如晚期肿瘤和老年性肿瘤等还是需要中医扶正与祛邪相结合的治疗。

一、扶正贯穿全过程

中医的扶正，就是使用扶助人体正气的中药等治疗方法。在临床上，要辨证立法，依法选方，依方选药。扶正也不是单纯的补虚，补虚可以扶正，祛邪也是为了扶正，还有调整脏腑、气血、阴阳平衡的方法也是扶正，如李东垣《内外伤辨惑论》所言："温之、和之、调之、养之，皆补也"。所以，恶性肿瘤病人手术前服用独参汤，手术后通下腑气；放疗前的益气养阴，放疗后清热解毒；化疗前的益气活血，化疗中的和胃降逆，化疗后的益气养血等，实际上都是扶正，也是帮助机体功能的恢复，调整人体阴阳气血平衡，降低毒副作用等。

（一）手术结合中医

手术仍然是目前肿瘤治疗的主要手段，可以根治早期恶性肿瘤，也可以结合新辅助化疗等切除部分中晚期肿瘤，达到最大限度地消灭肿瘤。由于手术毕竟属于创伤性治疗，或多或少地对机体的功能产生影响，虽然现在对早中期肿瘤采用微创手术，但是术前的肠道准备、麻醉和术中出血等造成的人体损害在所难免，所以手术结合中医治疗，能够减少手术的损伤，有利于机体提前康复，为下一步治疗打好基础。

1. 手术前的中医治疗

主要是益气养血为主，确保病人气血充沛，机体功能良好，提高手术的成功率，利于术后机体功能的康复，尤其胃肠道功能的康复。所以一般在手术前十天左右给病人以中医治疗，常规辨证使用中药复方。既往临床术前用独参汤大补元气，而今中药研究如火如荼，中药复方注射液和中药有效成分提取制剂也日益增多，都可选择性使用。中药复方汤剂常用的有四君子汤、八珍汤、十全大补汤；中药注射液可以选择参麦注射液、参附注射液、康艾注射液、康莱特注射液等。常用的药物有人参、茯苓、白术、黄芪、当归、地黄、白芍、川芎、仙鹤草等。

2. 手术后的中医治疗

手术都会耗伤气血，影响功能，多数表现为气血两虚或者气阴两虚和脾胃失调，腑气不畅，由于肿瘤的部位和手术方式有所不同，中医介入的时间也因此有所不同，常规是能够进食后进行中医治疗，如果需要在术后予以介入的，可以利用静脉注射、外治或者针灸、推拿进行治疗。

（1）健脾和胃：由于禁食、麻醉、手术和胃肠减压，导致机体胃肠功能紊乱，病人可以出现纳谷不香、脘腹作胀、大便秘结等症状，这时首先需要调整病人的肠胃功能，单纯脾胃虚弱的病人，可以用四君子汤、六君子汤或者香砂六君汤进行健脾和胃行气治疗。但是肿瘤有不同部位，术后的兼夹症状也不尽相同，如果腹胀明显，腑气不畅的病人可以临时运用调胃承气汤

治疗，中病即止；如果表现为气血两虚，面色不华，精神倦怠，舌淡而胖的，可以用八珍汤、十全大补汤、人参养荣汤等；为了鼓舞胃气，可以适当加入和胃消食之品，如谷芽、麦芽、神曲、鸡内金、山楂等；伴有营卫失调，动则汗出，心悸心慌的，可以合玉屏风散、生脉散或者加煅龙骨、煅牡蛎；伴有脾肾两虚，大便溏烂，甚则泻下滑脱的，脾虚为主的合桃花汤，肾虚为主的合赤石脂禹余粮丸（散），便时腹痛的加芍药甘草汤；伴有胁肋胀痛刺痛的，加失笑散和金铃子散；伴有小便淋漓不畅或者失禁的，合滋肾通关散或缩泉丸或加桑螵蛸。

（2）清肺降气：消化道肿瘤多半表现为肠胃功能的异常，对于呼吸系统肿瘤则多半表现为咳嗽咳痰或者干咳，胸闷气急，动则气喘等，尤其肺恶性肿瘤，肺组织切除后，气体交换面积减少，通过呼吸加快来满足人体的需氧量，故表现为胸闷气急；术后气血损伤外溢加上肺组织充气复原，影响了肺的宣肃功能，出现喉痒咳嗽甚至刺激性干咳，临床上多半表现为肺热壅滞，治疗采用清肺降气平喘，处方用麻杏石甘汤加减。胸痛明显加桔梗，喉痒明显加荆芥、防风、蝉衣，热者加薄荷、连翘，咳时恶心明显者加旋覆花。

（3）养阴清热：部分术后病人出现津液亏损，临床可见舌红苔少，口咽干燥，大便干结，小便色赤，脉来细数等症状，表现为气阴两虚，多半见于胃肠肿瘤术后病人，有时可见于肝胆胰肿瘤术后，因为手术范围大或者伴有并发症。所以吴老师治疗以益气养阴清热为主，用沙参麦冬汤、麦门冬汤、竹叶石膏汤等加减治疗，如果病深及肾者，用三才封髓丹、一贯煎等治疗，意在救其阴，生其津，清其热，复胃气，有胃气则生也。常用药物有沙参、麦冬、天冬、石斛、玉竹、天花粉、芦根、生地、玄参、竹叶、石膏、知母、黄柏、白茅根等。

（4）健脾补肾：泌尿系统肿瘤手术后多见脾肾两虚的症状，如腰酸腰痛，尿频尿急，尤其前列腺癌术后，部分病人会出现漏尿现象，这些病人的治疗需要健脾补肾，单一补肾难以达到满意的疗效，其问题的关键在于这些肿瘤病人多半年过半百，肾气已衰，开阖不利，健脾一来能够以补后天来补先天之不足，二来脾本身有调节水液的功能。所以常规用六味地黄汤系列进行辨证施治，效果不是很理想，而用健脾益气为主的方法来进行治疗，如香砂六君汤、补中益气汤等，适当加入补肾固涩的药物，常常能事半功倍。常用药物人参、黄芪、茯苓、白术、当归、砂仁、乌药、益智仁、山药、覆盆子、桑螵蛸、附子、肉桂等。

（二）放疗结合中医

放射治疗是某些肿瘤的主要治疗手段，如鼻咽癌、食管癌、喉癌、宫颈癌等，它能够有效地控制和杀灭肿瘤，同时它也会给局部和全身带来一系列的毒副作用，如放射性肺炎、放射性肠炎和放射性膀胱炎及口咽干燥等症状。从放射治疗的毒副作用来看，它造成的损伤犹如中医的热毒之邪，既可以造成局部的热毒壅滞，也可以热毒伤阴，而这些毒副作用的产生，西医没有很好的办法来解决或缓解，中医通过辨证施治能够达到减轻或者缓解的作用。其他在放射治疗的同时运用中医中药还可以达到增敏的效果，譬如用活血化瘀的中药，可以改善放射治疗局部的血流，从而提高放射治疗的效果更大限度地杀灭肿瘤。

1. 放射性口腔炎

鼻、咽喉及口腔局部肿瘤的放射治疗，常常会引起局部黏膜组织的充血、水肿、溃疡等损害，严重的可以影响吞咽功能，所以早期预防与治疗可以减轻这些副作用的发生，有利于治疗的完成，也能提高病人的生存质量。常规预防和治疗用局部含漱液清洁口腔和补充B族维生素之类的方法，中医有西瓜霜、锡类散、牛黄解毒片等制剂，但是严重的口腔黏膜病变西医常结合激素治疗，而中医在这方面有其明显的优势，常用犀角地黄汤、甘草泻心汤等辨证治疗，疼痛明显的可以加细辛，口舌干燥、便秘的加用白虎汤等。常用药物牛黄、水牛角、黄芩、黄连、石膏、知母、沙参、麦冬、生地、赤芍、丹皮、紫珠草、人中白、人中黄、大黄、细辛、甘草等。早期预防，可以用中西药漱口液，口服维生素B一类的药物。

2. 放射性肺炎

肺癌、食管癌、乳腺癌及纵隔肿瘤的放射治疗，由于放射剂量比较大，持续时间比较长，免不了对正常肺组织造成损伤，引起肺部放射性的炎症，出现发热、咳嗽、胸闷气急等症状，西医需要用抗生素和激素进行治疗，严重的需要急救治疗。放射性肺炎如果处理不及时可以引起肺功能障碍，影响生存质量，所以需要引起重视和进行及时的治疗。中医认为，放射性辐射为热毒之邪，通过腠理直达肺部，灼伤肺阴，炼津为痰，影响肺的宣肃功能，导致肺失肃降，上逆而咳。所以治疗采用养阴清热之法，轻者如口咽干燥、咳嗽咳痰等，可以用沙参麦冬汤加减；重者如发热、咳嗽、咳吐浓痰、气喘

者，需要清肺化痰平喘，用麻杏石甘汤加减；如果后期出现肺纤维化症状，如胸闷气急、干咳或者咳吐黏痰者，可以用百合固金汤、千金苇茎汤或者加用活血化瘀的药物进行治疗。常用药物沙参、麦冬、生地、玉竹、石斛、芦根、石膏、黄芩、山栀、丹皮、麻黄、桔梗、杏仁、百部、冬瓜子、鱼腥草、桃仁等。早期预防，口服小剂量麻杏石甘汤，同时进行肺功能锻炼。

3. 放射性肠炎

胃、肠和妇科的恶性肿瘤进行放射治疗，放射性辐射可以引起胃肠道黏膜的损伤导致放射性肠炎，出现大便次数增多，里急后重，腹痛等症状，严重的可以引起肠黏膜溃疡出血，如果大出血者需要进行手术治疗。中医认为，放射性热毒之邪内侵，蕴蓄下焦，与湿胶结，甚至损伤胃肠道络脉，迫血妄行，引起出血。治则采用清热凉血，行气止痛，涩肠止泻，常用葛根芩连汤、白头翁汤、芍药甘草汤、香连丸等加减，常用药物黄连、黄芩、白头翁、地榆、贯众、凤尾草、地锦草、马齿苋、葛根、木香、枳壳、槟榔、白芍、赤芍、秦皮、甘草等。局部可以用中药汤剂或者锡类散灌肠，每日一次，7～10天为一个疗程。早期预防，口服黄连戊己汤或者锡类散保留灌肠。

4. 放射性膀胱炎

结直肠癌、前列腺癌和妇科恶性肿瘤的放射治疗也容易引起膀胱黏膜的损伤，引起尿频、尿急、尿痛和尿血的膀胱炎症状，出血严重的也需要手术治疗。中医认为，是放射性辐射之热毒内侵膀胱，耗伤气阴，灼伤络脉所致，治则采用清热解毒，凉血止血，利尿通淋，处方选用八正散、导赤散、小蓟饮子等，药物常用生地、淡竹叶、木通、瞿麦、萹蓄、白茅根、大蓟、小蓟、仙鹤草、旱莲草、滑石、生甘草等。早期预防主要多饮水，也可以用中药膀胱灌注。

（三）化疗结合中医

化疗仍然是恶性肿瘤主要的治疗方法之一，对肿瘤病人影响是全身性的，虽然化疗药物的研究日新月异，但是药物引起的胃肠道反应、骨髓抑制、皮肤神经损害在所难免，这些毒副作用严重地摧残着病人的身心健康，影响着治疗的进程。为预防和减轻这些毒副作用，西医通过改革化疗方案、药物更新换代和增加辅助治疗等方法，最大限度地去降低治疗带给病人的痛苦，但是结果依然不容乐观，所以中西医协同治疗，取长补短，增效解毒日益为病人所接受，也给病人的疗效和生存质量带去了希望和光明，也越来越被西医同道所接受。

1. 化疗前的增效

化疗药物的临床疗效常常与剂量成正比，但是大剂量的化疗药物病人难以忍受，而且容易引起脏器功能的损害，有些甚至是不可逆的损害。西医一直在寻找能够提高临床疗效而又不增加毒副作用的药物和联合方案，可是进展缓慢，所以有人尝试在中医中药中寻找药物进行研究，譬如有人用茯苓多糖、羟基喜树碱、海藻酸钠等中药提取物结合化疗来增敏，有的用中医复方结合化疗来增敏，有的用引经报使和络病理论结合化疗来增敏，但是效果均不理想。吴老师认为，要增加化疗的疗效，除了中西医的协同作用外，应该从如何开放肿瘤血管、降低化疗对脏器的毒副作用和提高与维持人体的正气这几方面来考虑。首先，肿瘤周围血管的开放有利于化疗药物的到达而发挥抑制和杀灭肿瘤细胞的作用，其次有些化疗药物要通过肝脏的代谢和肾脏的排泄来发挥作用与降低毒性，再就是化疗势必造成对人体正气的损伤，需要扶正来减少、维持与恢复，所以化疗前运用益气、活血和化疗中给以解毒、利尿符合中医的辨证治疗原则，在临床治疗中也较好地体现了中医这方面的作用，病人也能够比较好地耐受化疗而完成疗程。常用的药物，益气有人参、黄芪、甘草；活血有桃仁、红花、丹参、三七、益母草等；解毒利尿有垂盆草、大黄、玉米须、五味子、猪苓、茯苓、泽泻等。

2. 常见化疗毒副作用的防治

（1）骨髓抑制：化疗引起骨髓抑制是恶性肿瘤治疗过程中常见的副作用，既往依赖成分输血来针对不同的血细胞降低进行治疗，或者口服利血生、升白胺、鲨肝醇等传统药物，但是对于严重的骨髓抑制，传统治疗手段疗效平平。而今药物研究快速发展，生物药物粒细胞集落刺激因子和粒细胞—巨噬细胞集落刺激因子等药物的研制成功，有效地解决了化疗引起的骨髓抑制，为化疗药物的使用提供了有力的保障。但是这些药物价格昂贵，对人体也有一定的副作用，所以不可能长期使用。如何帮助西医解决骨髓抑制的问题？中医辨证治疗有一定的长处。骨髓抑制不外乎红细胞减少、白细胞减少、血小板减少，病人主要表现为气血两虚、脾肾阳虚、气不摄血、气阴两虚等为主的症状，如短气乏力、面色萎黄或㿠白、午后低热、皮下或黏膜瘀斑瘀点、舌质或红或淡、脉或细或大无力等。治疗上采取益气养血、温补

脾肾、益气止血、益气养阴等手段。

1）红细胞减少主要以益气养血为主，用当归补血汤、八珍汤加减，药物常用黄芪、人参、白术、阿胶、当归、熟地、白芍等，民间常用仙鹤草配红枣、鸡血藤配虎杖根、山楂配红枣来治疗。

2）白细胞减少主要益气温阳为主，用补中益气汤、黄芪建中汤、理中汤、附子理中汤加减，药物常用黄芪、人参、白术、附子、肉桂、仙灵脾、仙茅、红景天等。

3）血小板减少主要以益气养阴、养阴清热、凉血止血为主，用一贯煎、大补阴丸、犀角地黄汤等加减，药物常用黄芪、人参、玄参、生地、麦冬、枸杞子、女贞子、赤芍、丹皮、连翘、升麻、鳖甲、龟板、犀牛角或水牛角代，民间用花生衣煮水来治疗。

（2）消化道反应：化疗除了对肿瘤的抑制和杀灭，对骨髓的抑制之外，还有一明显副作用是消化道反应，它可以使肿瘤病人出现恶心呕吐、厌食、大便秘结（部分病人出现腹泻）等症状。虽然中枢性止吐药物的运用大大降低了病人恶心呕吐的症状，但是有些铂类的化疗药物和联合化疗方案还是会引起恶心呕吐或者厌食，导致病人的营养摄入障碍，同时也给病人的心理造成不同程度的伤害。所以如何降低因化疗引起的消化道反应，西医常常运用一些激素类、促进胃肠动力的药物进行治疗，缓解病人的症状，但是长期使用会出现相应的副作用和对药物的依赖，而中医在调整胃肠功能方面恰恰有其独到之处。中医认为，人以胃气为本，脾胃相为表里，主宰着人体的气血生化，如果脾胃功能因为化疗受到损伤，可以引起升降失常，生化不足，运化无力，腑气不畅等，病人出现恶心呕吐、纳谷不香、困倦乏力、便秘等症状，中医中药可以调整脾胃功能，恢复升降出入，帮助气血生化，改善病人症状，提高机体功能，更好防治肿瘤。常用的方法有健脾益气养血、和胃降逆消食、辛开苦降通腑等。由于化疗过程中诸症掺杂，所以治疗上应该相互配合，不能孤立地去处理症状，也就是随证施治。

1）恶心呕吐主要以和胃降逆为主，用大半夏汤、小半夏汤、旋覆代赭汤为主方。伴有呃逆的加丁香柿蒂汤；伴有脘胀有振水声的加橘皮枳实生姜汤；伴有腑气不通、腹痛的加小陷胸汤、调胃承气汤、小承气汤等；伴有纳谷不香的加保和丸或者焦三仙；伴有困倦乏力的加当归补血汤。药物常用人参、白术（便秘用生白术）、旋覆花、代赭石（便秘用生代赭石）、半夏、生姜、陈皮、竹茹、砂仁、白豆蔻、丁香、柿蒂、焦三仙等。

2）困倦乏力主要以健脾益气养血为主，用黄芪建中汤、补中益气汤、八珍汤等，由于化疗损伤人体元气，所以参之类最好用生晒参乃至野山参大补元气，求气能生血，气行则血行之功。常用药物用人参、茯苓、白术、黄芪、当归、地黄、白芍、川芎、阿胶、砂仁、白豆蔻、陈皮、升麻、柴胡、红枣、甘草等。

3）便秘主要以和胃降逆通便为主，因为化疗引起胃气上逆，止吐药引起胃失和降，脾胃升降失常，气血生化不足，引起肠道失润。方用麻仁丸、济川煎、调胃承气汤、小承气汤等。常用药物旋覆花、生代赭石、苁蓉、生白术、火麻仁、生白芍、当归、桃仁、杏仁、瓜蒌仁、大黄、芦荟、厚朴、枳实、升麻、桔梗等。

（3）手足综合征：肿瘤病人在接受化疗或者靶向治疗过程中，由于部分化疗药物和靶向药物对人体的皮肤、黏膜、神经、血管造成损伤，引起局部感觉异常、麻木刺痛、皮肤肿胀皲裂、皮疹、色素沉着等症状，严重影响病人的生存质量。西医没有很好的防治措施，常导致化疗中止或者延期，或更换药物，从而影响疗效。中医认为，化疗引起的手足综合征与气血不和则麻，气血不通则痛有关，主要是化疗损伤人体气血，常采用益气养血，辛温通络的方法进行治疗；而靶向治疗引起的手足与皮肤综合征与风热、湿热、热毒有关，常采用祛风清热、解毒利湿的方法进行治疗。如果我们提前进行预防、干预，能够降低或者减轻手足综合征的发生。化疗引起的手足综合征常用四逆之辈，如四逆散、四逆汤、当归四逆汤、通脉四逆汤等。药物有黄芪、当归、桂枝、芍药、细辛、附子、干姜、通草、葱白、甘草；靶向治疗引起的手足综合征常用四妙勇安汤、仙方活命饮、五味消毒饮等。药物有当归、芍药、银花、玄参、浙贝母、天花粉、天葵子、蒲公英、千里光、穿山甲、乌梢蛇、白鲜皮、防风、白芷、皂角刺、乳香、没药、甘草等，如果湿热明显加苍术、米仁、黄柏、知母；气血亏虚加人参、白术、黄芪、当归；手足综合征除了内治，还可以和外治相结合，提高疗效。外治除了运用西药，还可以用中医汤剂外洗（搽）和浸泡，如口服汤剂外用、千里光煮水外用、生姜煮水外用，对局部疼痛严重的，可以在外洗方中加入川乌、草乌，加大细辛用量来治疗。

二、祛邪用药应有时

《黄帝内经》有云"邪之所凑，其气必虚"。人体生病是由于人体正

气亏虚，或者饮食不节，或者起居无常，或者情志失调，或者禀赋不足，或者"人过半百，阴气自半"的正常人体衰退、衰老，导致人体脏腑功能的失调，气血、津液的运行、输布失常，形成痰饮、水湿、瘀血等病理性产物，反过来影响气血的运行而形成癥瘕积聚等疾病。对于恶性肿瘤而言，扶正祛邪是我们中医治疗肿瘤的大法，在临床运用过程中，根据疾病的不同程度、治疗的不同阶段和治疗的不同时间要灵活运用。当今西医治疗快速发展，很大程度上已经替代了中医的祛邪治疗，但是对于西医治疗过程中产生的一系列症状，对于老年性肿瘤和晚期肿瘤，对于康复期肿瘤的不同时间阶段，中医的祛邪治疗发挥着不可或缺的作用。祛邪治疗主要针对肿瘤病人存在的痰饮、水湿、瘀血、热毒等情况，给以化痰散结、化瘀散结、解毒散结和利水利湿等方法进行辨证治疗，寻求"邪去正安"或者"邪衰正复"的疗效。化痰散结常用药物半夏、南星、皂角刺、山慈菇、浙贝母、天花粉、瓜蒌、黄药子、杏仁、冬瓜子、牡蛎、海藻、昆布、莱菔子、苏子等；化瘀散结常用药物桃仁、三棱、莪术、丹皮、赤芍、川芎、蒲黄、五灵脂、水蛭、地鳖虫、虻虫、血竭、射干、地榆、槐角等；解毒散结常用药物黄芩、黄连、黄柏、山栀、大黄、夏枯草、蒲公英、蛇舌草、白毛藤、山豆根、七叶一枝花、藤梨根、虎杖根、水杨梅根、野葡萄根、半枝莲、龙葵、蛇莓、红藤、败酱草、野荞麦根、肿节风等；利水利湿常用药物米仁、猪苓、茯苓、泽泻、白术、苍术、木通、通草、半边莲、白茅根、天葵子、留行子、益母草、地骷髅、大腹皮、桑白皮、滑石等。而不同的中晚期肿瘤治疗侧重也有不同，如肺癌、食管癌、恶性淋巴瘤、脑肿瘤、乳腺癌等偏重于化痰散结，肝癌、鼻咽癌等偏重于解毒散结，膀胱癌偏重于清热利湿散结，胃癌、结直肠癌、胰腺癌、胆囊癌、宫颈癌等偏重于解毒利湿散结等。对于晚期肿瘤伴有疼痛的病人，根据疼痛的不同程度，吴老师提出中医三阶梯止痛治疗，也就是理气止痛、活血止痛和解毒搜络止痛，分别运用不同的药物。理气化痰利湿止痛常用延胡索、川楝子、拔契、娑罗子、陈皮、青皮、八月札、蔓荆子、藁本、细辛、白芷、白芍等；活血止痛常用蒲黄、五灵脂、桃仁、红花、赤芍、川芎、水蛭、地鳖虫、血竭等；解毒止痛常用生南星、生半夏、干蟾皮、全蝎、蜈蚣等。

（一）疾病不同程度的治疗

恶性肿瘤有早、中、晚三个阶段，早期和部分中期恶性肿瘤病人常常采用手术进行根治，术后辅助放射治疗与化疗，可以达到较好的临床疗效，但是部分中期与晚期恶性肿瘤患者无法手术，又不能耐受长期化疗，或者老年肿瘤不能化疗的病人，只能带瘤生存。采用中医与西医协同，扶正与祛邪结合的方法进行治疗，提高生存质量，延长生存期限，但是扶正治疗始终贯穿于治疗的全过程。对于中晚期和老年肿瘤，病人常常痰、湿、瘀、毒并存或者有所倚重，所以辨证施治也要有所差异，或化痰散结为主，或化瘀散结为主，或解毒散结为主，或利水利湿为主。

（二）疾病不同时间的治疗

对于早中期恶性肿瘤，在手术、放疗和化疗过程之中，需要运用中医中药增效减毒，治疗完成之后，病人还需要继续维持治疗和定期检查来巩固与检测。维持治疗有些用单药进行化疗，有些使用免疫治疗，有些则选择中医中药来治疗，而中医在不断扶正的基础之上，适时给以祛邪治疗的关键点在哪里？通过我们对病人每年的肿瘤标志物的检测发现，每年清明和冬至肿瘤标志物有异常的波动，这和自然界的阴阳变化有着密切的联系。春天阳气升发，万物生长，人体也然；冬至阴气最盛，阳气最弱，不能固摄病邪，容易给肿瘤生长创造有利的环境。所以这两个季节，我们在扶正的基础之上，给以适时的祛邪，会给肿瘤的维持治疗带来帮助，也符合"天人相应"的治疗理论。

第三节 宁为良医不为相 老骥伏枥更芬芳

一、弃政从医为病人

20世纪60年代末，浙江省中医院成立了肿瘤治疗协作组，吴老师和大家一道开始了中西医治疗恶性肿瘤的探索。从民间秘验方的收集与老中医治疗肿瘤的经验整理起步，研制了"三根糖浆"治疗消化道恶性肿瘤；同时不断引进新技术新项目，开展了激光冷冻、动脉介入、瘤内注射等方法治疗恶性肿瘤；开展科学研究，和李大鹏院士一起研制抗肿瘤新药"康莱特注射液"获得成功。肿瘤多学科治疗给了吴老师希望与信心。在20世纪80年代末，他毅然辞去医院党委书记职务，回到科室接替王泽时主任，带领大家开始了漫长的中西医防治肿瘤之路，实现了他"宁为良医，不为良相"的愿望。作为党委书

记，他要考虑的是医院的发展大局，而作为科主任，他更多的是要把握学科的动态与发展方向，建立起合理的人才梯队，与省内外建立起学科间的沟通与合作，方能发展学科，提升学科的内涵，确立学科在省内外的地位。

（一）抓住机遇求发展

浙江省中医院肿瘤科一开始只有七张床位，七八名医生，床位虽少，但是它是全国综合性医院成立肿瘤科最早的医院之一。科室医生有中医的、有西医的，有外科的、内科的；治疗方法有中医疗法，有手术、化疗、激光与冷冻等西医疗法。在吴老师的带领下，在大家的努力下，中西医互补治疗肿瘤的影响力不断扩大，前来接受治疗的肿瘤病人也越来越多，来进修学习的医务人员也不断增加。医院考虑到肿瘤科发展的良好势头，帮助扩充床位，从原来的七张扩展到三十多张，很好地解决了病人的住院问题，也为学科的发展奠定了基础。他不满足于当时学科的现状，在医院硬件条件有限的情况下，派出人员去杭州市紫阳卫生院合作开办肿瘤病房，解决病人住院困难问题；派出医生去当时萧山区中医院指导带教，协助开设肿瘤门诊；派出医生赴广西柳州市人民医院，协助开展内镜下激光治疗恶性肿瘤等。肿瘤科在医院的重视下发展壮大，在对外协作过程中扩大影响。进入21世纪，在全国医院大发展的浪潮中，肿瘤科抓住机遇，扩展规模，明确方向，在自身发展的基础上，还与全省二十多家地市级中医院肿瘤科建立协作、指导关系，引领着浙江省中西医协同防治恶性肿瘤的方向。

（二）培育人才立潮头

学科的发展离不开人才，浙江省中医院肿瘤科在将近五十年的发展历程中，从小到大，从医院内一个不起名的小科室，慢慢壮大成为一个省内领先，国内知名的学科，这和医院的重视，科主任的领导，科室前辈们的引领和年轻医生们的辛勤工作是分不开的。为了确保学科发展和提升科研能力，科室派出郭勇去当初的杭州大学（现浙江大学）生物系和浙江医科大学进行学习和攻读硕士学位；派出沈敏鹤去浙江省第一医院和浙江省肿瘤医院学习内放疗和外放疗，去浙江省中医药研究院和江苏学习中药光敏剂研制和光动力学治疗恶性肿瘤，去参加国家第二批师承和第二批全国优秀中医临床研修人才项目学习；引进刘鲁明博士开展肿瘤穿刺技术与诊断，进行科学研究；为了开展实验研究，引进了陈良良硕士；后来，为了开展放射治疗，引进了李华锋主任等来科室工作。人才的培养与引进，使肿瘤科的队伍不断地壮大，治疗的方法不断地增多。同时，学科间的相互合作，也给肿瘤科的发展注入了动力。譬如和放射科合作开展恶性肿瘤介入治疗，和泌尿科合作开展膀胱癌的光动力学治疗，与冷冻激光科合作开展肺癌、食管癌、肛管直肠癌、皮肤癌等的冷冻与激光治疗等。

二、学科建设见成效

好的学科才能培育出好的人才，好的平台才能吸引更多的人才加盟。在吴老师带领下，浙江省中医院肿瘤科成为国家中医药管理局首批开展的重点专科建设单位之一，历经"十五"、"十一五"、"十二五"建设，已经成为国家中医药管理局重点学科和浙江省中医药重点学科，也是浙江省中医院重点建设的学科之一。吴老师以培养中西医防治肿瘤人才为己任，引领浙江省中医治疗肿瘤跻身于全国先进水平行列为目标，呕心沥血，薪火传承，如愿以偿。因此，他也先后获得了国务院政府特殊津贴，二级教授，浙江省名中医，全国老中医药专家学术经验指导老师等荣誉。

（一）学科建设成果累累

浙江省中医院肿瘤科在老一辈医务工作者王泽时、吴良村等的辛勤耕耘下，从肿瘤治疗协作组到成立肿瘤科，从专科建设到学科建设，从临床实践到科学研究，他们为后来的学者搭建平台，积累经验，明确方向，才有了今天的学科规模和地位。肿瘤学科先后引进和培养博士和硕士研究生多名，目前拥有国家中医药管理局重点学科2个（肿瘤学、治未病学），浙江省重点学科3个（中西医肿瘤学、中医肿瘤学、中医肿瘤维持治疗学），国务院政府特殊津贴2人，二级岗3人，博士生导师7名，硕士生导师14名；培养了省级名中医4名，全国老中医药专家学术经验指导老师3人，国家优秀中医临床研修人才1名，学术继承人3名，浙江省中青年名中医2名，浙江省"新世纪151人才工程"4名，浙江省卫生和计划生育委员会和浙江省教育厅中青年领军人才3名等，还培养了300余名的博士、硕士研究生。吴老师培养的学生大多数已经成为各医院肿瘤学科领军人物，担任着国家级学会的副主任委员、常委和委员，省级学会的主任委员、副主任委员与常委；有5位已经成为浙江省名中医，3位成为全国老中医药专家学术经验继承工作指导老师。这就是他常说的一句话："青出于蓝而胜于蓝，学科方能进步，中医肿瘤事业才能方兴未艾。"

（二）名医工作传承有序

2010年，作为第一批全国老中医药专家学术经验传承工作室——吴良村名医工作室落户医院，为了更好地传承学术思想，探索传承方法，建立人才培养机制，在医院的统一部署下，吴老师虽年逾古稀，坚持门诊，不忘带教。工作之余，分析病案，引经据典，启发后学。他钻研《黄帝内经》、《伤寒杂病论》、《神农本草经》，学术受影响于李东垣、朱震亨、张从正，临床传承于魏长春、叶熙春等前辈，终自成一体，用益气养阴之法来辨证治疗恶性肿瘤，取得了很好的学术成就和临床疗效，益气养阴之法也影响了我省乃至全国中医治疗肿瘤的方向。他通过全国第二批和第五批师承，培养了沈敏鹤、王彬彬、王文成三位继承人，他们也已经成为省内外的知名中医肿瘤专家和医院内的学术领军人物，吴老师的学术思想不但在医院内得到传承，而且在省内外得到发扬与传播。工作室吸引着国内外、省内外的中医爱好者前来学习，有留学生、有基层名中医、有西学中和进修规培人员，还有一批一批、一届一届的硕士和博士生研究生从这里毕业奔赴不同的工作岗位，传播芬芳；播下种子，薪火相传。现在工作室已经迎来了第四代的学子，他们一定会将吴老师的学术思想传承好，发扬好。

桃 李 天 下

　　师徒相授对中医这门特殊学问的传承有着很大的作用。吴老师作为国家级名老中医，为中医的传承做了很多贡献，在中医药治疗肿瘤这块领域培养了大批的人才。正所谓"师傅领进门"，刚接触中医时，面对众多繁杂的中医理论知识，许多人会一头雾水，学而不得其法。这时若得一良师指点，有时便可寻得一丝门路。吴老师在杏林耕耘了五十载，有着扎实的理论基础和丰富的临床经验，受到诸多美誉，众多学生争相拜入其门下。在教书育人方面，吴老师倾其所有，传授知识，循循善诱，因材施教。当学生沉浸于钻研一门学问时，有时会局限于个人的经验、思维方式，运用知识治病救人时会遇到瓶颈，这时候吴老师就会耐心点拨学生、言传身教。中医的传承不仅仅需要继承前人的思想，更需要开拓创新，发展新的学术理论和思想。吴老师在前人的基础上，发展了属于自己的一套理论体系，形成了自己独特的临床诊疗经验。而吴老师培养的学生也是在继承吴老师学术思想的基础上，开创新知，从而更好地传承与发展吴老师的学术经验，传承中医，造福广大患者。如此，吴门桃李芬芳满天下。

第一节　杏林传承　德艺双馨

一、沈敏鹤

　　沈敏鹤，男，主任中医师（专业技术二级），浙江中医药大学博士生导师，国家优秀中医临床研修人才，浙江省名中医。

　　1986年毕业于浙江中医学院，同年分配到浙江省中医院肿瘤科工作至

今。1997年入选第二批全国老中医药专家学术继承人，师承全国老中医药专家学术经验继承工作指导老师吴良村教授，经过3年多学习顺利出师。2005年入选浙江省"新世纪151人才工程"第三层次培养人员，考核合格。2008年入选第二批全国优秀中医临床人才研修项目，顺利通过考核并获得"优秀学员"称号。曾任浙江省中医院副院长、肿瘤中心主任，国家中医药管理局"十二五"中医药重点学科"中医'治未病'学"学科带头人，国家中医药管理局"吴良村名老中医药专家传承工作室"负责人，浙江省中医药重点学科"中医肿瘤维持治疗学"学科带头人，浙江省中医药肿瘤科技创新平台中医肿瘤负责人，浙江省高等学校创新团队"消化道肿瘤中西医结合防治创新团队"负责人，浙江省教育厅"中医人才创新实验区"负责人，浙江省肿瘤多学科治疗创新团队中医平台负责人，浙江省名中医研究院办公室副主任，浙江省中医药学会副会长兼秘书长，中华中医药学会理事，中华中医药学会肿瘤分会副主任委员，中华中医药学会亚健康分会常委，中华中医药学会膏方分会常委，中国中西医结合学会肿瘤分会常委，中国抗癌协会传统医学专业委员会常委，浙江省中医药学会肿瘤分会主任委员，浙江省抗癌协会理事，浙江省抗癌协会中医肿瘤分会主任委员，浙江省中西医结合学会科普工作委员会副主任委员，《肿瘤学杂志》编委等。

　　沈敏鹤老师大学期间，深受当世名家的教诲，有博学多闻的"万方楼主"林乾良先生，真尝百草的肾病大家李学铭先生，注重脾胃的海宁名医朱炼之先生及杭州何氏妇科何少山先生。在临床工作中，一直跟随吴老师，耳闻目濡先生的医德医风和精湛医术，在常见恶性肿瘤的中西医治疗方面，深受启迪，尤其在肺癌、乳腺癌、胃癌、结直肠癌、肝癌、卵巢癌、膀胱癌等的治疗上积累了丰富的病例和治疗体会。吴老师正确的辨证，灵活的用药，确切的疗效，得益于良好的经典基础，孜孜不倦的学习态度，以及良好的服务品德。吴老师学习、传承了浙江魏氏内科（魏长春）和叶氏内科（叶熙春）两大学术流派的学术思想，通过自己几十年的临床实践与总结，形成了自己中西医治疗肿瘤的学术观点，一是辨证与辨病相结合；二是益气养阴法治疗肿瘤；三是主张中西互补；四是局部与整体治疗相结合。西医跟随王泽时老师等学习外科手术与激光冷冻治疗恶性肿瘤，掌握了光动力学治疗肿瘤和冷冻治疗肿瘤的方法和原理，同时去肿瘤医院学习放射治疗，去浙江省第一医院同位素室学习核素治疗，明白了恶性肿瘤要取得满意疗效需要多学科的通力合作，也为自己以后的肿瘤临床、教学与科研奠定了基础，明确了方向。同时遍访名师，在国医大师何任先生"不断扶正，适时祛邪，随证施治"的影响下，坚定了辨证施治治疗肿瘤的原则；在国医名师连建伟先生的影响下，认真学习国学和脉学，渐渐明白了"秀才学医，笼中捉鸡"的道理，为自己在中医成长的道路上指明了方向。尤其在全国第二批优秀中医临床研修人才学习阶段，深受国医大师朱良春先生和温病大家刘景源先生的影响，明白了"读经典、跟名师、勤临床"才能学好中医，用好中医，成为一个合格的中医。

为了成为一名合格的老师，沈敏鹤老师认真学习经典，勤于临床实践，更以"传道、授业、解惑"为己任，在临床教学过程中，理论结合实际，中医结合西医，有时考核学生经典，有时考核学生方剂，有时考核学生初诊能力和病历书写能力，更重要的是指导学生如何接待、处理好每一个来诊的病人，让他们忧愁而来，微笑而归。他告知学生，作为一名临床医生，每次临诊必须做好四件事，第一要虚静以保，只有自己精神饱满，心中虚静，方能给病人以安全感，方能感知病人病情与心态；第二要修理好指甲，这样切脉时不会因为指甲对病人肌肤的刺激而影响脉象的正确性；第三要交代好煎药服药方法和饮食起居；第四是要有仁德之心，不分亲疏贫贱，不开人情方和高价方。他也常常提醒学生，中医成才之路艰辛而漫长，把自己比作为苦行僧，要耐得住寂寞，静得下心来，亲自去体验，尤其是要亲自品尝所用中药的性味和复方的口味，提高病人的依从性；他也希望学生在理论学习时多记忆、多思考；临床实践时多观察、多分析、多总结，尤其对治疗效果不好的病人，如果多次治疗不好的要及时推荐病人去有经验的医生那里就诊。他还叮嘱学生，中医源于自然，要懂得用自然的现象去悟道。为了让学生更好地明白中医理论，他用"磨理论"来阐述肝胆与脾胃升降出入的关系，用"柴堆理论"来解释湿郁化热的病理现象，用"钓鱼理论"来解释中药的四气五味和煎煮时间，从而提高学生的学习兴趣和对中医的理解能力，让每位学生爱上中医，理解中医，用好中医，传播中医。所以他任浙江中医药大学博士研究生、硕士研究生导师以来，先后培养博士研究生与博士后、硕士研究生、基层名中医、西学中学生80余名，较好地完成了学校交给的教学与培养任务。

沈敏鹤老师在科研思路上的启蒙，得益于吴良村老师与李大鹏院士康莱特注射液的研究，王泽时老师对中药光敏剂的研究，还有刘鲁明老师对参麦注射液的研究。后来在长期的临床中，为了探求中医药防治恶性肿瘤的基础理论和科学原理，利用分子生物学、药理毒理学等现代技术方法来解决肿瘤

171

相关的科学问题，印证中医药的临床疗效，为临床安全性提供保障，开始了大大小小的科学实验。

作为国家中医药管理局"十二五"中医药重点学科"中医治未病学"和浙江省中医药重点学科"中医肿瘤维持治疗学"的学科带头人，不但顺利完成学科建设，同时还较好地完成了国家中医药管理局吴良村名老中医药专家传承工作室的建设、传承任务和浙江省高校重中之重学科中西医结合临床"名老中医传承"的研究。近几年来共开展国家级继续教育项目4项；主持国家级课题国家公益性行业科研专项（200807018）"大肠癌不同治疗阶段中医规范化方案研究"、国家"十一五"科技支撑计划项目（2007BAI10B01-036）"吴良村临证经验、学术思想传承研究"、国家自然基金面上项目（81373632）"解毒三根汤多靶点干预EGFR/Hippo/YAP通路抑制上皮间质转化抗结肠癌侵袭转移的研究"及（81573902）"解毒三根汤调控Hippo信号通路与Akt/GSK-3β信号通路串话抑制结肠癌侵袭转移的机制研究"共4项；省部级课题浙江省重大科技专项计划项目（2014C03036）"解毒三根颗粒'病证结合'抗Ⅱ～Ⅲ期结直肠癌术后复发转移的临床研究"，浙江省自然科学基金（LY13H270011）"基于代谢组学的Ⅲ～Ⅳ期结直肠癌气虚证患者肠道微生态变化及预后相关生物标志物筛选"共2项；厅局级课题（2014ZA036）"吴良村'病证结合'治疗常见恶性肿瘤气虚、阴虚的临证经验传承"等共4项。此外，参与国家级课题3项，省部级课题1项，厅局级课题14项。在国内外期刊杂志上发表学术论文100余篇，参编了《浙江中医药名家之路》、《中医康复学》等著作，获浙江省科学技术进步奖2项，浙江省中医药科学技术奖等6项。

寒窗五年，研读经典，知《黄帝内经》论养生、阴阳、五行、针灸之理，以顺应自然，天人合一；知张仲景勤求古训、博采众方，撰用《素问》、《九卷》、《难经》、《阴阳大论》、《胎胪药录》并平脉辨证为《伤寒杂病论》，以教后世辨证施治可活人；知王叔和为穷百病根源，集岐伯以来逮于华佗经论要诀之脉学而成《脉经》，以解惑指下难明；知神农尝百草、辨性味著《神农本草经》以教人致用。在对经典诵、解、别、明、彰的基础上，沈敏鹤老师认为经典是中医的土壤，诸子百家是中医的生命，所以做中医生必须扎根于中医的土壤之中，取各家之长，方能成为一个合格的中医。在他自己的临床实践中，深受李东垣《脾胃论》的影响，同时又结合江南特殊的地理环境，注重脾胃后天之本的调治；用药受叶天士《临症指南医案》和俞根初《通俗伤寒论》的影响，沈敏鹤老师认为叶天士是临床治病用药的大家，学从经典而用药不拘泥于经典，俞根初是运用加减经方的大家，因人因时因地制方治病。摄生沈敏鹤老师推崇孙思邈之道家思想，饮食调理推崇贾铭的《饮食须知》。

（一）注重脾胃治肿瘤

李东垣《脾胃论·脾胃盛衰论》曰："盖脾胃不足，不同余脏，无定体故也。其治肝心肺肾有余不足，或补或泻，惟益脾胃之药为切。"脾胃乃后天之本，气血生化之源。虽然人的生长壮老已依赖于肾气的驱动，但是始终离不开后天脾胃滋养与补充，所以他在临床实践中体会到治疗肿瘤必须顾护脾胃。究其原因不外乎三个，其一江南卑湿之地，脾胃多虚；其二肿瘤治疗的手术、放疗与化疗等常常损伤脾胃；其三肿瘤病人的焦虑与压抑心态影响脾胃的正常功能。所以肿瘤病人在临床上常表现为虚、湿、郁三种状态，从而影响人体的气血生化与运行，所以治疗上必须补其虚，化其湿，行其气，立法健脾行气化湿，遣方香砂六君汤为主。对气虚下陷者可更用补中益气汤；阳虚明显者合理中汤，甚则附子理中汤；气血亏虚者，合当归补血汤；腑气不畅者合麻仁丸；腹痛便溏者合戊己汤；小便不禁者合缩泉丸或加桑螵蛸；反胃吞酸者合左金丸或者用干姜与黄连，脘腹作胀者加厚朴、枳实、大腹皮。

对于不同肿瘤，不同年龄，肿瘤不同阶段及治疗的不同阶段，可能临床表现不尽相同，或虚或实，或阴或阳，或寒或热，或瘀或痰或湿，要随证施治。虚则补之，实则泻之，热者寒之，寒者热之，结者散之，急则治其标，缓则治其本，但是顾护脾胃功能必须贯穿于肿瘤治疗的始终。

（二）偏爱脉理求辨证

良好的中医基础方能有正确的中医思维，中医以四诊来收集病人的信息，用八纲来辨证求因，用八法来审因立法，用七方十剂来处方用药。四诊虽然望闻为上，切诊为巧，问诊为下，但是不同疾病各有所用，不能偏废。切脉之法，自古至今，一直被认为"心中了了，指下难明"，需要诊断者"虚静以保"，熟知男女、老少、左右、寸尺脉之常与变，意会脉之浮沉滑涩迟数等变化，方寸之内，变化万千，常人不解，智者自明；而问诊对于中医而言，有别于西医的问诊，中医的问诊在于通过前面三诊得来的信息，用问诊来加以甄别疾病信息的真伪，了解病人的所欲所苦，如张景岳《景岳全

书·传忠录》中的十问篇："一问寒热二问汗，三问头身四问便，五问饮食六问胸，七聋八渴俱当辨，九因脉色察阴阳，十从气味章神见"所列可以借鉴。但是所有的四诊除了从书本理论上加以明白以外，更重要的是要通过临床反复的实践加以提高，否则抓不住重点。自古张仲景《伤寒杂病论》讲病脉证并治，金元四家之一朱震亨著《脉因证治》和清代秦景明著《症因脉治》无不把脉诊放在重要的地位，说明了脉诊在疾病诊治中的重要性。而今人畏于脉理难明，舍脉从舌，不足为取，容易给中医继承发展带来影响，给诊治水平带来影响。舌诊并非不重要，它可以候胃气，晓传变，别生死。但是脉诊不能丢不能弃，它可以候气血，别表里，知寒热，分虚实，明脏腑，辨阴阳，而气血、表里、寒热、虚实、脏腑、阴阳正是我们辨证论治的关键。

（三）调心节食助疗效

心理和饮食是治疗疾病不可或缺的重要方法，因为情志的变化和饮食的失节是疾病形成的重要原因，也是疾病康复的关键因素，所以《黄帝内经》早有养生防病的告诫："饮食有节，起居有常，不妄作劳"和"恬淡虚无，真气从之，精神内守，病安从来"。因此，调整好病人的心态，给以合理的饮食，能够更有效地发挥中医中药的疗效，更快地促进疾病的康复，古人之语"三分药治，七分心治"，一语中的。

肿瘤病人的心理变化是复杂的，既悲观又焦躁，形成的原因不外乎三个方面：其一是确诊肿瘤以后的心理打击。因为大多数人缺乏对医学知识的了解，认为得了肿瘤就等于宣判了死刑；其二是肿瘤治疗带给病人肉体上的痛苦。手术的恐惧，放化疗的毒副作用是常人难以体会的，还有高额的医疗费用；其三是定期复查的担忧。肿瘤都有复发转移的可能，而复查结果的好坏决定了肿瘤病人的预后，所以他们每次检查时在担心，等待结果时在担心，结果出来好时欢喜，不好时沮丧。以上三个方面的心理变化，直接影响了肿瘤病人的治疗和预后，因为心理状态的好坏和人体的免疫功能有着直接的关系，也和中医"正气"作用的发挥密切相关，所以我们常常通过以下几个方法来帮助病人克服心理上的困难来配合治疗，提高疗效。第一是有效的沟通，作为医生，应该让病人了解治疗带来的毒副作用，避免病人因身体状况变化产生恐惧心理；第二是有效的治疗，肿瘤治疗在有效杀灭肿瘤细胞的同时，同样对正常人体功能带来损害，譬如恶心呕吐、乏力、便秘或腹泻、皮肤与神经的损害等，我们要用中西医的方法进行有效的治疗，减轻病人心理上的负担，如西医的中枢性止吐，中医益气养血及外治方法等改善病人的症状，增强病人的信心，顺利地完成治疗。第三是榜样的力量，很多的肿瘤病人通过中西医治疗得到了有效的康复，这些病人的言传身教会给新的肿瘤病人和晚期的肿瘤病人树立榜样，增强攻克疾病的信心。第四是合理的锻炼，锻炼能够促进机体的气血运行，增进人体的代谢功能，有利于肿瘤治疗后毒素的排泄和脏腑功能的恢复。比较适合肿瘤病人的运动项目有太极拳、八段锦、五禽戏和旅行等，让病人在锻炼中忘记疾病，带着健康与快乐前行。

饮食有节是我们预防疾病和保持健康的基础。对于肿瘤病人而言，治疗过程也是损伤脾胃功能的过程，所以不同治疗阶段的饮食指导显得非常的重要，可以补充消耗，加快康复。从总体的饮食原则分析，要因人因时因地来指导病人，譬如南方的病人要符合南方的饮食习惯，如五谷、应季的蔬菜、飞禽、鱼等；北方的病人饮食可以是面食、果蔬、牛羊肉等。现在对肿瘤病人西医没有明确的饮食宜忌，他们注重肿瘤病人的营养支持，是为了更好地完成治疗疗程和补充机体的营养需要。由于肿瘤病人本身脾胃功能虚弱，加上治疗的损伤，多数高蛋白的食物难以消化吸收，甚至会加重脾胃本身的负担而适得其反。所以中医一般建议治疗阶段的饮食以容易消化吸收的食物为主，除了规避生冷、油炸、腌制、油腻的食品外，蛋白质的补充应该以鸡鸭鱼肉蛋类为主。在肿瘤病人康复期间，饮食方面还需尽量避免含有激素类的食品，譬如蜂胶、蜂王浆、燕窝、牛奶和豆浆之类，沈老师建议还需远离无鳞的鱼等高蛋白食品。

二、王彬彬

王彬彬，男，第五批全国名老中医吴良村学术经验继承人，中西医结合肿瘤学及临床医学双学位博士，副主任中医师，硕士研究生导师，浙江省中医药传承与创新"十百千"人才工程省级中青年名中医培养对象。现任浙江省抗癌协会中医肿瘤专业委员会副主任委员、浙江省中医药学会肿瘤分会常务委员、浙江省抗癌协会肿瘤内科专业委员会委员、中国肿瘤防治联盟浙江省联盟结直肠癌专业委员会副主任委员、浙江省抗癌协会生物治疗专业委员会常委、中华中医药学会精准医学分会委员、浙江省肿瘤靶向治疗技术指导中心委员、浙江省数理医学学会委员、中日医学科技交流协会热疗专业委员

会委员、浙江省医学会肿瘤营养与治疗学分会委员、中国抗癌协会肿瘤传统医学专业委员会青年委员、世界中医药学会联合会肿瘤外治法专业委员会常务理事、世界中医药学会联合会癌症姑息治疗研究专委会理事、北京白求恩公益基金会"白求恩·百家名医讲坛"项目专家组成员、中国抗癌协会临床肿瘤学协作专业委员会委员。

在科研工作上，主持浙江省自然科学基金面上项目、浙江省中医药管理局课题、浙江省教育厅课题多项；作为主要成员参与国家自然科学基金多项；作为主要成员曾获浙江省中医药科学技术奖、浙江省科学技术进步奖多项，发表SCI论文及国内一级或科技核心论文多篇，参著《胃癌早诊早治100问》一部。

在临床工作上，目前年均门诊量约五千人次，病房工作量占全科近一半，点名会诊量全科第一，主攻肿瘤复发和转移的中西医结合防治，擅长消化系统肿瘤的防治及康复。2016年组织院内青年医师团队进入全国结直肠癌MDT精英半决赛获华东赛区第二名、2017年率青年团队获中国医师协会外科医师分会MDT百城行病例全国大赛-渝浙黔区决赛第一名、2018年率队获中国医师协会外科分会胃癌MDT全国10强、2018年获浙江省中医药学会肿瘤分会年会肺癌MDT优秀病例奖。多次受邀在省内外大会上作学术报告；参与浙江省对口帮扶项目，下乡至遵义县中医院，开展学术讲座及技术指导；曾下乡至江山市人民医院，开展学术讲座、坐诊及病房技术指导、特贫乡义诊；服从浙江省卫生厅调配，连续四年支援舟山市中医院，开展门诊工作，协助相关科室开展疑难病历会诊、地区继续教育及新技术新项目。

在临床工作的同时，也重视教学工作。积极承担浙江中医药大学中医教研室的教学工作。同时，作为浙江中医药大学硕士生导师，所带硕士研究生18名，目前已毕业11名，在读7名。

三、王文成

王文成，女，中医师承博士，主任中医师。第五批全国老中医药专家学术经验继承人，师承全国老中医药专家学术经验继承工作指导老师吴良村教授，经过3年学习已顺利出师。为国家中医药管理局"吴良村名老中医药专家传承工作室"主要成员；浙江省"庞德湘名老中医专家传承工作室"主要成员。中国老年学和老年医学学会肿瘤康复分会委员；浙江省中西医结合学会肿瘤专业委员会委员；浙江省肿瘤防治联盟小细胞肺癌专业委员会委员；浙江省肺癌诊治研究中心第一届专业委员会委员；国家二级心理咨询师。

王文成老师积极参加科研课题申报工作，并取得一定的成绩。主持浙江省中医药管理局课题"基于数据挖掘的名老中医吴良村治疗原发性肝癌的学术经验总结，2018ZA102"1项，参与浙江省中医药管理局"乳腺癌前病变中医诊疗规范研究，2007CA025""从E-cad、MMP-2的表达探讨气虚痰阻影响肺癌转移及肺金生方干预的分子机制，2008CA026""肺癌康复期中医治疗方案临床疗效的研究，2009CA037""康复期非小细胞肺癌中医维持治疗方案的临床评价研究，2013ZB064""非小细胞肺癌'分阶论治'理论探讨及康复期证型分布规律研究，2014ZB047"、浙江省科学技术厅课题"肺金生方对肺癌转移相关因子表达影响的临床前研究，2008C33068"共6项，2012年、2013年分别获得浙江省中医药科学技术奖三等奖、二等奖，均排名第三。在国内外期刊杂志上发表学术论文10余篇，作为副主编参编《本草纲目家庭读本》著作1部。

王文成老师从事中西医结合肿瘤病的临床、教学和研究工作二十余年，擅长恶性肿瘤的全程管理与治疗，主要包括常见恶性肿瘤（尤其是胃癌、大肠癌、肝癌、胰腺癌等消化道肿瘤，肺癌，乳腺癌，卵巢癌等）的诊断和规范化综合治疗方案的制定；中医药配合放化疗、内分泌治疗、靶向治疗减毒增效；肿瘤术后抗复发转移；康复期的中医药调理和营养干预；肿瘤合并肝病和药物性肝炎的诊治；晚期肿瘤患者并发癌痛、胸腹水、感染等的姑息性综合治疗；中医药防治癌前病变等，尤其对肺癌、大肠癌、肝癌的辨证治疗具有独到的见解和较好的临床疗效。

王文成老师承担浙江中医药大学第二临床医学院中医学本科学生课堂教学任务，认真备课，保质保量完成教学任务。认真完成浙江中医药大学本科生、研究生及规培医师的带教工作，指导学生操作技能竞赛，2014～2016年曾被医院聘为本科制导师。

王文成老师通过研读《黄帝内经》《伤寒杂病论》《金匮要略》《神农本草经》等经典著作和二十余年的临床实践，特别是三年的跟师学习，从吴老师的临床思维、诊治经验、临床用药特色等多方面全面学习，并对临床病案进行整理，从中挖掘吴老师的特色治疗、诊疗方法等宝贵的经验，获益匪浅，并初步形成了自己的临床诊疗经验。

在肿瘤病的病因病机上，王文成老师认为肿瘤的形成乃是正虚邪实，

缘于机体正气亏虚，脏腑功能失调，痰毒瘀互结而成。肿瘤病的中医辨证遵循三个要点：辨脏腑以定病位，辨病因病机以定治法，辨虚实以定攻补。肿瘤病人以虚为本，气阴两虚多见，以扶正补虚为主要原则，益气重在补肺健脾，久病者兼补肾气，养阴重在补肺肝肾之阴。肿瘤病人情绪焦虑抑郁多见，故肝脾当调和。祛邪当清热毒、痰毒、瘀毒。强调"以人为本，以和为贵"，中医治疗肿瘤的优势在于改善生存质量和"带瘤生存"。肿瘤早、中、晚期病理性质各有特点，治疗应有所偏倚侧重、区别对待。故提倡西医辨病，中医辨证，衷中参西的肿瘤综合治疗理念，并将经方与时方相结合。在选药上重视分析中药的四气五味等药性，选药力求"一药多功"，擅用药对，从同类药中寻求个性，从共性求个性，充分发挥各种中药的治疗作用，并注意药物炮制与生用的不同。

在具体肿瘤治疗上，王文成老师也有自己的一些心得体会，分述如下。

在肝癌诊治方面，王文成老师首次系统、全面地整理、总结了吴老师治疗原发性肝癌的学术观点及临床经验，首次从"肝体阴用阳"这一生理病理特性出发，提出"体用共调，养阴清热、疏肝健脾法"可以作为治疗肝癌的基本治法之一，并进行临床疗效验证，该法能明显改善患者临床症状和肝功能，提高生存质量，为中医治疗肝癌提供新的思路。临证善用养阴疏肝的一贯煎；调肝养血之逍遥散；清胆利湿、和胃化痰之蒿芩清胆汤；和解少阳、内泻热结之大柴胡汤及滋阴清热又软坚散结的青蒿鳖甲汤等名方。

在肺癌诊治方面，王文成老师认为肺癌的病机演变特点是正虚以气阴两虚贯穿始终，早期肺癌气阴两虚之症多见，中期多阴虚内热，晚期进一步发展可导致阴损及阳，形成阴阳两虚证候。邪实以痰瘀毒为标，涉及肺、脾、肾三脏。治疗上常用方剂：四君子汤、沙参麦冬汤、百合固金汤、麦味地黄汤、金匮肾气丸、二陈汤、清金化痰汤、苏子降气汤、三子养亲汤等。

在胃癌诊治方面，认为脾胃虚弱、脾胃不和贯穿于胃癌各个阶段，胃癌病性以脾气虚弱为本，湿热瘀毒蕴结为标，治疗当以扶正气、健脾胃为主，辅以清热化湿、活血解毒。"微苦以清降，微辛以宣通"，"苦寒能清热除湿""辛通能开气泄浊"，故辛开苦降、寒温并用是常用的治疗大法。

脾虚贯穿大肠癌的始终，邪毒多以"湿热""瘀毒""气滞"为患，二者互为因果。治疗上遵循"治脾胃即所以安五脏""六腑以通为用"，寓泻于补，寓补于泻，益气健脾同时清肠利湿、解毒祛瘀、行气通腑，"通补兼顾不宜滞"。擅用四君子汤、六味地黄汤、香连汤、葛根芩连汤、地榆槐花汤、红藤败酱汤等。

王文成老师认为乳腺癌以肝肾阴虚、冲任失调、肝气不疏为本，癌毒、气滞、痰火、血瘀致病为标，治宜滋水涵木、调补冲任、疏肝解郁，清热解毒、理气活血、软坚散结、化痰祛湿等，并注意运用情志疗法。

王文成老师在胰腺癌辨治方面，认为胰腺癌发病的重要或关键环节，便是脾胃功能失调和肝胆气机受阻，"湿、热、毒"邪的形成。肝脾功能失调是病机关键，病位在胰，实系脾胃肝胆。王文成老师主张胰腺癌应从脾胃、肝胆入手，在健脾、和胃、疏肝、利胆基础上佐以理气散瘀、利水祛湿、清热解毒、软坚消积等法。

在卵巢癌辨治方面，王文成老师认为肝肾亏虚、痰瘀互结是卵巢癌重要的病因病机，故卵巢癌治疗时扶正重视滋补肝肾、调理冲任，祛邪则以化痰除湿、祛瘀软坚、解毒散结等方法灵活运用。

在辨治晚期肿瘤方面，王文成老师也有一定的心得体会。如便秘，王文成老师认为肿瘤病人便秘的病机特点为虚实夹杂，以虚为主，病机多责之气血阴阳亏虚，肠道传导无力或肠燥失润而秘，遵循"虚不胜攻，借补为通"的原则，合理采用"补""润""通"三法兼施的方法。癌性黄疸病理特点为湿蕴、气滞、血瘀、毒聚合而为之，由此导致的胆道瘀阻是重要的病理基础，病变脏腑在肝胆脾，临床表现以阳黄居多。常用逍遥散合蒿芩利胆汤为主方加减以疏肝利胆，茵陈蒿汤加减以清热解毒利湿，必用牡丹皮、赤芍、莪术、丹参等化瘀之品。阴黄者以健脾和胃、祛湿退黄立法，方用茵陈术附汤加减。强调黄疸与肿瘤共治以"治本"。对肿瘤出血，首先查明出血部位，病证结合，其次辨明寒热虚实，谨守病机，分型论治。血证病机可以用"火、虚、瘀"三字概括，治疗上以治火、治气、治血为基本原则。热毒伤络者清热泻火，凉血止血；气不摄血者益气健脾、补虚摄血。遵循唐容川提出的"止血、消瘀、宁血、补虚"四大原则。治疗癌性疼痛，按照疼痛部位的不同，活用引经药物，喜用对药，多从活血化瘀、行气止痛着手，如瓜蒌皮配丹参治疗胸痛；白芍伍延胡索治疗腹痛；川楝子配延胡索治疗胁痛；全蝎伍地鳖虫治疗骨痛；治疗顽固性疼痛经验予白屈菜、延胡索、徐长卿等。蔓荆子、藁本为头部疼痛引经药；羌活、葛根为项背疼痛引经药；牛蒡子、射干为咽喉疼痛引经药；姜黄、桑枝为上肢疼痛引经药；红藤、络石藤为肢节疼痛引经药；牛膝、木瓜为下肢疼痛引经药等。但癌痛有别于一般疼痛，过用行气活血之品或有促进肿瘤转移之弊。恶性腹水其病机不外乎肝、脾、

肾三脏受病，气、血、水淤积体内，"急则治其标"，治疗当重责脾肾，以温阳健脾、利水消胀为主，佐以解毒抑瘤之剂。

现阶段，绝大多数寻求中医药治疗的肿瘤患者都接受了现代医学的治疗手段，如手术、放化疗、靶向治疗等，不同阶段现代医学的治疗手段对肿瘤病人的机体产生了不同的影响，其证候是异质性的，且有动态变化，中医药在这不同阶段的治疗策略和发挥的作用也不尽相同。围手术期中医治疗目的是提高病人对手术的耐受性，促进术后恢复，调节免疫功能，为后续治疗做好铺垫。围手术期患者常出现气血亏虚和脾胃虚弱的症状，可用补气养血的方药如八珍汤、当归补血汤、十全大补汤加减及健脾益胃的方药补中益气汤加减。放化疗、靶向治疗期间中药主要起增敏、减毒作用，放疗期间常出现热毒淤积和阴虚内热的症状，根据放疗部位的不同采用相应的方剂。化疗期间常出现脾胃不和、气血亏虚、肝肾阴虚的症状，可选用健脾和胃，降逆止呕的方药如旋覆代赭汤、橘皮竹茹汤加减；补气养血的方药如八珍汤、当归补血汤、十全大补汤加减及滋补肝肾的方药如六味地黄丸加减。靶向治疗期间常出现皮疹、腹泻等不良反应，皮疹中医辨为血热毒盛，予凉血解毒的清瘟败毒饮加减；腹泻多责之脾虚湿盛，予参苓白术散合四神丸加减健脾利湿，涩肠止泻。在随访阶段，西医治疗是"空窗期"，中医主要发挥防肿瘤复发、转移的功效，此时应根据患者体质及肿瘤的部位辨证论治。中医药治疗肿瘤的主要对象是晚期姑息治疗阶段的患者，也是中医治疗的优势所在，其目的是改善症状，提高生存质量，延长生存期等。

第二节　师古不泥　锐意创新

一、舒琦瑾

舒琦瑾，男，医学博士，教授，主任医师，博士生导师，浙江中医药大学肿瘤研究所副所长，浙江省中医院肿瘤二区主任，国家中医药管理局重点专科学科带头人。现担任国家自然科学基金、省自然科学基金评审专家，浙江省抗癌协会传统医学专业委员会主任委员，中国中医肿瘤防治联盟常务理事，中华中医药学会肿瘤分会常委，世界中医药学会联合会癌症姑息治疗研究专业委员会副会长，世界中医药学会联合会肿瘤精准治疗专业委员会副会长，中国医师协会中西医结合肿瘤分会常委，浙江省中医药学会肿瘤分会副主委，浙江省医师协会肿瘤精准治疗专业委员会常委，中国抗癌协会肿瘤传统医学委员会委员，中国中西医结合学会肿瘤专业委员会委员等，浙江省"新世纪151人才工程"培养对象，省市医疗鉴定专家库成员，*Intergrative Cancer Therapies*、《中华中医药杂志》等审稿专家等。

师承国家名老中医吴良村教授，擅长肺癌、肝癌的微创诊断和治疗，舒教授在胃肠道恶性肿瘤、乳癌等常见肿瘤的中西医结合治疗领域积累了丰富的经验。2007年6～9月曾于澳洲昆士兰洲Mater医院交流学习，具有熟练的英语听、说、写能力。国家重点专科中西医结合肿瘤学主要技术骨干，长期从事中西医结合肿瘤临床、教学与科研工作。舒教授重视名中医治疗恶性肿瘤中医思辨特征和共性规律研究：开展名老中医药专家学术思想传承研究，探索建立中医药治疗恶性肿瘤学术传承、研究及推广应用的有效方法和新模式。运用信息技术和数据挖掘技术，探讨经验传承的有效方法和符合中医药治疗恶性肿瘤中临床需求的现代中医辨证治疗方法。

在恩师吴良村教授的引领下，舒教授形成了自己独有的中医诊疗经验和学术思想。舒教授重视《黄帝内经》三因制宜理论，并用其指导肿瘤防治，因人则明其体质，论治用药；察舌辨证，各法相合。因时则据四季主脏启发用药，气候变化坚持服药；病期不同，治法皆有侧重，中医药全程参与有肯定疗效。因地则虑其处境，小方实用，道地药材妙用。舒教授对抗癌中草药理解颇深，临证治疗肺癌、肝癌、胃癌等，在辨证论证的基础上，辨明病因、病位、病性、病势，并掌握中药的四气五味、升降浮沉，运用药对，临证加减，遣方用药，取得较好的临床疗效。擅用经典方剂化裁，如三仁汤，用治湿热阻滞、湿浊内犯型各癌症，湿浊去则脾胃健运，生机常在；如沙参麦冬汤，用治化疗后气阴两虚、热毒内蕴型各癌症，以养阴解毒则阴生阳长，阴平阳秘；如二陈汤，用治痰湿内阻、气机不和型各癌症，以燥湿化痰，健脾理气则绝生痰之源，三首经典方剂体现了肿瘤致病"湿""虚""痰"三个关键因素，从理论到临床体系完备，实可推而广之。

舒琦瑾教授从业30余年来，始终保持平和的心态，为患者创造舒适平静的诊室环境，用自身理念、方法，处事之态度潜移默化地治其神更治其病，事事为病人着想，充分体现了仁心仁术，大医精诚，受到广大肿瘤患者好评，现年均门诊量超8000余人次。

秉承院训"融汇中医西医，贯通传统现代"，不断开拓中西医结合治

疗，坚守"大医精诚"的行医理念，推广和宣扬中医特色疗法，为中医现代化发展贡献力量，现介绍其主要学术成果如下。

（一）中医药克服肺腺癌EGFR-TKIs耐药的基础研究

舒教授提倡中医药在肿瘤防治的过程中应全程参与，在肿瘤病人的各个病期，用中医药理论辨证施治，不仅可提高化疗、靶向等抗肿瘤药物的疗效，而且可减轻其副作用，甚至提前预防使整个治疗过程毒副作用更小，患者更易接受。舒教授擅用南方红豆杉，在中药克服肺癌靶向药耐药方面的研究具有突出成绩。目前中药在克服靶向药耐药方面有着明确的疗效，中药水煎剂为中药临床应用传统剂型，充分体现了中医辨证论治的精髓。

南方红豆杉别称美丽红豆杉，是我国的特有品种，属浅根植物，是濒临灭绝的天然珍稀抗癌植物。性味苦、平，有小毒，归心经。其功效为消肿散结，主治肿瘤、肾病、风湿等疾病。红豆杉中有40多种有效成分，其中主要有紫杉醇、红豆杉多糖、巴卡亭Ⅲ、生物碱、紫杉黄酮、萜类等。红豆杉在全世界有11种，分布于北半球的温带至热带地区。南方红豆杉属于红豆杉的一种，在我国分布最为广泛，是我国亚热带至暖温带地区特有物种之一，产于长江流域以南，我省百山祖国家级保护区内也有广泛分布，其中庆元风景村三堆村至景宁一带最多，目前在我省的宁波、杭州、衢州等地区也已广泛栽培，并形成产业。在民间，临床早已广泛应用，经济和社会效益显著。关于南方红豆杉的安全性，浙江省中医药研究院孔繁智研究员研究得出，以60倍临床剂量给药大鼠180天，大鼠各项生理功能指标正常，无主要脏器损害。

舒教授临床运用南方红豆杉抗肿瘤治疗有多年经验，在南方红豆杉克服EGFR-TKIs耐药的研究上先后获得3项国家自然科学基金面上项目、1项浙江省自然科学基金项目及1项浙江省中医药管理局重点项目科研资助。已有研究结果证实南方红豆杉水提物的抗肿瘤机制异于紫杉醇，主要原因如下：①水溶液中的紫杉醇需处于低温和中性偏酸环境下才可以保持化学性质的稳定，在温度超过60℃的情况下，即使在中性水环境中紫杉醇仍会迅速降解；②紫杉醇在南方红豆杉组成中仅仅只有0.014%，用无机溶剂如水溶液提取可能性极低；③南方红豆杉水提物与临床使用的植物药——紫杉醇诱导人肺腺癌细胞的机制有异，前者诱导肿瘤细胞早期凋亡，而后者以细胞坏死和晚期凋亡为主；④液相分析结果显示，南方红豆杉水提物中紫杉醇含量极低，可忽略不计；⑤电镜结果提示南方红豆杉水提物促肺癌A549细胞凋亡，呈现细胞体积缩小、细胞质密度增加、核质浓缩、核膜核仁破碎、胞膜有小泡状形成、但胞膜结构仍完整等典型凋亡改变。

在国家自然科学基金（项目编号：81173247、81473645）两个面上项目的资助下，对解毒抗癌药南方红豆杉水提物进行了体内外研究。

2011年国家自然科学基金面上项目体外实验结果显示：南方红豆杉水提物能抑制A549、H820、H1975、PC9、PC9/R等细胞增殖，具有较广的抗瘤谱；南方红豆杉水提物克服吉非替尼耐药的机理主要是通过下调 $T790M$ 突变及 $c-MET$ 基因扩增抑制EGFR及其下游信号通路PI$_3$K/AKT、MEK/ERK、JAK/STAT3及旁路HGF/MET的激活。上述结果在动物体内实验及血清药理学实验中均得到了证实。

2014年国家自然科学基金面上项目部分体外实验结果显示：南方红豆杉水提物联合阿法替尼或克唑替尼能显著增强对EGFR-TKIs耐药细胞株增殖的抑制作用，具有协同效应。其机制可能是调控EGFR及其下游PI$_3$K/AKT、STAT3、ERK1/2信号通路及HGF/MET旁路。

上述实验证明南方红豆杉水提物抗瘤谱广泛，可显著抑制EGFR及其下游PI$_3$K/AKT、MEK/ERK、JAK/STAT3及旁路HGF/MET信号通路的表达，诱导EGFR表达的肺癌细胞凋亡，克服第一二代靶向药物耐药。下一阶段将致力于明确中药调控MEK/ERK等信号通路克服人肺癌AZD9291耐药机制。通过前期基础研究，以期能筛选出多途径、多靶点、毒副作用少克服EGFR-TKI耐药的药物进行临床研究。

（二）中医药外治治疗抗肿瘤药物所致3级手足综合征、3～4度口腔黏膜损伤及3～4度皮疹

手足综合征和口腔黏膜损伤是抗肿瘤药物在应用中常见的不良反应，不仅影响了患者的日常行动及生活质量，更为严重的是削弱了抗肿瘤治疗强度，降低疗效，直至缩短患者的生存期。目前两者的发生机制尚不明确，治疗除减量甚至停药外无其他明确有效方法。多国癌症支持治疗学会（MASCC）认为抗肿瘤药物引起的手足综合征（HFS）是当下乃至未来一段时间内肿瘤康复与姑息治疗的热点与难点之一。

因此，在不降低抗肿瘤治疗强度的前提下，寻求一种安全有效能够避免抗肿瘤药物所致3级HFS的方法，以期实现抗肿瘤效果，迫在眉睫。

浙江中医临床名家·吴良村

中医外治是中医传统治疗特色方法之一，源远流长，具有简、便、廉、验等特点。《理瀹骈文》："外治之理，即内治之理，外治之药，即内治之药，所异者法耳"，明确阐明了内治外治机理相同，仅给药之法不同而已。中医外治法操作简单，疗效确切，副作用小，已经广泛应用于恶性肿瘤的综合治疗中。

舒教授认为手足综合征，归属于"疮疡"范畴，证属阳证，系热毒、血瘀所致，遂总结多年临床治疗手足综合征经验，以清热解毒，活血止痛为治则，以古方四妙勇安汤为底化裁，自制中药外洗方——手足宁，在抗肿瘤药物不减量更不停药的前提下治疗其所致3级HFS见效快、疗效优越。

此外前期进行的小样本自身对照研究，对应用卡培他滨、索拉非尼及阿帕替尼等出现的30例3级HFS患者，在不改变治疗强度的前提下，予手足宁外洗治疗，有效率高达90%，27例有效患者中降至2级HFS的平均时间为2.44天，降至1级HFS的平均时间为5.89天，1周左右痊愈。

目前手足宁方已申请国家发明专利并已受理年余，已注册多中心、前瞻性、单臂探索性研究，惠及辽宁、安徽、江苏、河南等省多地患者，彰显中医特色疗法的临床优势。此外，还有自制的中药外用方和漱口方——皮炎宁和口炎宁，治疗抗肿瘤药物引起的3～4度皮炎及3～4度口腔黏膜损伤，疗效显著，广受病人好评。

（三）养阴解毒法克服EGFR-TKIs靶向治疗EGFR突变肺腺癌耐药的临床研究

盐酸埃克替尼、吉非替尼等第一代EGFR-TKIs具有高效、低毒的优点，在国内均已纳入赠药范畴，患者经过5个月持续治疗获得明确疗效且没有严重不良反应者，则可申请赠药项目，对经济上无法支付继续服用TKI费用的患者提供了福音。但大多数患者经过约10个月中位PFS后产生耐药，使患者的生活质量下降，无进展生存期缩短。因此，如何克服EGFR-TKI耐药，提高患者生存质量，延长患者的PFS及OS，成为亟待解决的问题。

舒教授认为根据靶向药物治疗后出现的不良反应，靶向药物当属中医"大热"之品，服用后的不良反应属中医"药邪"范畴。靶向药物治疗后，因肺主皮毛，邪毒内蕴，泛溢肌肤故见皮疹色红，皮肤瘙痒等皮肤反应；肺与大肠相表里，邪毒循经下迫于肠，故患者常常伴随腹泻，且多为久泻，久泻伤阴，更伤阴分，使泄泻不易治疗，邪热上扰于心，则见口腔溃疡等。再者其属攻伐之品，易耗气伤阴，肺体受之，阴分先伤，热灼津液更导致肺、脾阴虚，故见口渴、小便不利等症状。靶向药物治疗后患者多表现为阴虚证。阴虚则机体阴阳失衡，进而反过来影响靶向药物药效的发挥，可能导致机体耐药的出现。因此，根据中医整体观念，辨证论治，采用养阴解毒法配合EGFR-TKIs治疗晚期非小细胞肺癌，可减轻毒副反应，提高患者生活质量，可能延缓患者耐药的出现，延长无病进展时期。

现正进行的浙江省科学技术厅重点项目关于养阴解毒法联合一代EGFR-TKIs一线治疗EGFR突变晚期肺腺癌患者，已有结果显示中药能减少盐酸埃克替尼等耐药发生率、减轻毒副作用、提高患者生存质量，下一阶段将进一步探讨养阴解毒法对患者PFS的影响，以期为中医药克服靶向药物耐药提供临床数据，以降低患者经济负担，提高生活质量。已有国家自然科学基金资助下的基础研究结果支持临床研究结果。

舒教授主持国家自然科学基金面上项目3项，浙江省科学技术厅重点项目、省自然科学基金及省中医药管理局重点项目各1项等；参与国家自然科学基金、省自然科学基金及其他省部课题多项；主持和参加多项国家药物临床验证工作。主持并获浙江省中医药科学技术奖一二等奖各1项，参与并获浙江省科学技术进步奖一等奖1项、三等奖2项。获2018年"第十六届全国中西医结合肿瘤学术大会"优秀论文三等奖、"2014年全国中医肿瘤学术年会"优秀论文二等奖、2011年首届"之江中医药论坛"优秀论文一等奖及2010年"第十二届全国中西医结合肿瘤学术大会中国中西医结合学会—金港榄香烯优秀论文奖励基金"三等奖。在国家TOP中文期刊《中国中西医结合杂志》《中国中药杂志》《中华中医药杂志》《中医杂志》等刊物上发表学术论文70余篇，发表SCI文章2篇，参编著作2部。

舒教授不仅重视名老中医经验的传承，中医思维的培养及学术科研的探究，而且对学生的培养同样要求严格，悉心教导，为每一位学生制订培养计划，以期成才，报效祖国。目前，已培养硕士研究生47名，博士研究生2名，其中已毕业研究生35名，在读硕博研究生14名；培养基层名中医1名。

二、谢长生

谢长生，男，主任中医师，浙江省中医院肿瘤二区副主任，医学博士，硕士生导师。1991年毕业于浙江中医学院，1999年获浙江大学医学院肿瘤学

硕士学位，2004年获浙江中医学院中医肿瘤专业博士学位。现担任浙江省中医药学会肿瘤分会副主任委员，浙江省抗癌协会中医肿瘤专委会常委，浙江省抗癌协会肿瘤靶向及细胞治疗专委会委员，中华中医药学会肿瘤分会委员，中国医促会中医肿瘤防治专业委员会委员。

谢长生老师积极开展科学研究，主持国家自然科学基金、省自然科学基金等课题多项。发表省级、国家级杂志论文20余篇。近年来主持国家自然科学基金面上项目1项，浙江省自然科学基金1项，浙江省中医药管理局课题2项。其中"养阴清热方对615小鼠HCa-F肝癌抗肿瘤活性的实验研究"获"2012年浙江省中医药科学技术奖三等奖"。

作为浙江中医药大学研究生导师，谢长生老师培养全日制硕士研究生23名，目前已毕业16名，在读7名。

谢长生老师从事肿瘤内科临床工作20余年，注重临床与理论相结合，主张中西医结合取长补短，对肿瘤的中西医结合治疗有着深刻的认识和丰富的临床实践，在肿瘤的中西医结合治疗、化疗的多药耐药、肿瘤的分子靶向及个体化治疗等方面有一定的研究。擅长肺癌、肠癌、乳腺癌等常见恶性肿瘤的诊治。以下是他在临床工作中的一些心得体会。

（1）对于恶性肿瘤的治疗，总的治疗原则在于"扶正抗癌"，在顾护人体正气的同时祛邪抗癌。恶性肿瘤本质上是种本虚标实的慢性疾病，其本虚多为气血不足、脾肾虚损或阴阳偏颇。恶性肿瘤的邪实不外乎气滞、血瘀、热毒、痰凝等因素，临证需要根据病情、病位、患者的体质、疾病所处阶段等辨证论治，病证结合，或以祛邪为主、扶正为辅，或扶正为主、同时辅以祛邪抗癌，又或以扶正祛邪并重。

（2）"五谷为养，五果为助，五畜为益，五菜为充"，饮食调理在疾病的康复过程中必不可少。一般来说，对于肿瘤患者的忌口，除了一般的忌烟酒、辛辣刺激、腌制品等外，还应根据机体的阴阳偏性而有所改变。偏阳虚的患者应适当减少寒凉食物的摄入；反之，阴虚的患者应少食温热之品。

（3）治疗晚期肿瘤患者应重视温阳。肿瘤的产生与寒邪内侵、阳气受损有关。阳气亏虚则气血津液运行不畅，痰凝毒邪胶结积聚成肿块，日久成瘤。通过多年的临床实践，发现癌瘤初期阳虚寒盛者少，但到了疾病后期，阳气损伤严重，免疫力低下，实寒者少，虚寒者多，所以理应注重温阳、顾护人体正气。

三、林胜友

林胜友,男,浙江大学医学院肿瘤学硕士,浙江中医药大学中医内科学博士;主任中医师,博士生导师;浙江省名中医,浙江省中青年临床名中医,杭州市名中医;杭州市中医院副院长,杭州市中医院丁桥院区常务副院长;浙江省"新世纪151人才工程"培养对象;浙江省医学重点学科(省市共建)带头人,杭州市Ⅰ类重点学科——中西医结合肿瘤内科学带头人。2018年获第二届国家名医盛典"国之名医·优秀风范奖"。

林胜友教授现担任中国预防医学会中西医结合预防与保健分会副主任委员,世界中医药联合会肿瘤精准医学专业委员会副会长,中国医师协会中西医结合医师分会肿瘤病专家委员会常务委员,中国老年学学会老年肿瘤专委会常务委员,浙江省抗癌协会抗癌药物专业委员会副主任委员,浙江省中医药学会肿瘤专业委员会副主任委员,浙江省肿瘤联盟康复专业委员会副主任委员,世界中医联合会乳腺病专业委员会理事等。

2013年由浙江省中医院入职杭州市肿瘤医院工作担任业务副院长,作为杭州市卫计委Ⅰ类重点学科带头人,带领医院中西医结合科成功转型为中西医结合肿瘤科,年平均经管病人500多人次,年平均中医查房921.7人次,林胜友教授为推动杭州市肿瘤医院中医肿瘤科研和临床的发展做出了较大的贡献。林胜友教授2017年11月入职杭州市中医院,担任杭州市中医院副院长、杭州市中医院丁桥院区常务副院长,作为浙江省医学重点学科(省市共建)中西医结合肿瘤内科学学科带头人,带领中西医结合肿瘤内科快速发展。

林胜友教授积极开展科学研究,作为负责人主持国家中医药行业专项、国家自然科学基金项目、浙江省科学技术厅、浙江省卫生厅、浙江省中医药管理局项目等21项课题。近五年来主持国家级课题2项:国家高科技发展计划(863计划)子课题1项、国家自然科学基金面上项目1项;主持省部级课题2项:浙江省科学技术厅重点研发计划项目1项、省自然科学基金项目1项;主持厅局级课题1项:杭州市卫生和计划生育委员会重点项目1项;参与课题7项:浙江省自然科学基金项目1项、浙江省卫生科技计划1项、浙江省中医药科技计划4项、杭州市卫生和计划生育委员会科技计划1项。同时科研成果累累:课题"从TGF-β/Smad信号通路探讨肺热痰瘀论治急性放射性肺损伤的分子机制"获"2016年国家自然科学基金成果登记";课题"龟鹿二仙

胶对化疗小鼠脾T细胞凋亡及凋亡相关基因的调控"获"2010年浙江省中医药科学技术奖三等奖";课题"中医补益法优化干预大肠癌辅助治疗阶段的实验研究"获"2012年浙江省中医药科学技术奖二等奖";课题"腕踝针在癌症疼痛爆发痛管理中的应用""水中草颗粒治疗复发性口腔溃疡的分子机制"获"2016年浙江省中医药科学技术奖三等奖";课题"龟鹿二仙胶巴布剂减轻大肠癌患者化疗后骨髓抑制的前瞻性研究"获"2018年浙江省中医药科学技术奖三等奖";参加课题"健脾解毒法防治大肠癌术后转移的临床应用和基础研究"获"2015年教育部科学技术进步二等奖"。以第一作者或通讯作者在核心期刊发表论文106篇,近五年发表论文31篇(其中SCI 5篇)。作为副主编,编写著作2部。

林胜友教授作为浙江中医药大学研究生导师,目前已培养完成全日制硕士研究生26名,在职申请硕士学位研究生4名,学生成绩优秀,在各大医院均为医疗科研骨干。目前主带在读博士研究生1名、硕士研究生11名。自2014年开始师承带徒2名,其中毕业1名。

林胜友教授从事临床工作30年,能熟练应用中西医知识开展内科疑难病诊治。擅长于恶性肿瘤中医药为主导的综合诊治,老年肿瘤防治与康复。特别对消化系统肿瘤(胰腺癌、肠癌、胃癌),肺癌,各种脑肿瘤,乳腺癌,妇科肿瘤等疾病的中西医结合治疗,积累了丰富的临床经验。近年来,采用中西医结合预防肿瘤手术、放疗、化疗后复发、转移,及用中医药减轻靶向药物毒副作用,减少耐药方面效果显著;并在中医药减轻放射性肺炎、食管炎、肠炎等不良反应的研究方面取得较多成果。以下是林胜友教授的一些临床诊疗经验和特色。

(1)林胜友教授基于肿瘤患者手术、放化疗、靶向治疗导致中医证型改变的临床事实,提出中医肿瘤临证时"辨病辨证相结合,兼顾其他治疗对中医证型影响"的观点。

(2)针对"胃癌""大肠癌",林胜友教授基于主持的国家中医药行业专项及浙江省中医药重点科技计划的临床多中心研究成果,提出脾虚为大肠癌主导证候,化疗后湿浊内蕴和脾虚肝郁是临床治疗的重点;预防胃癌手术后复发转移,重点在健脾,健脾补脾、益气生血可以降低胃癌复发转移等临床认识;上述研究已形成临床方案,在20余家单位推广应用。

(3)针对胸部肿瘤中医药配合放疗,林胜友教授总结临床及基础研究(国家自然科学基金等研究课题7项,核心期刊文章12篇,其中SCI 3篇,专利1项），提出胸部肿瘤放射治疗早期为"热毒伤津，痰瘀互结"，后期为"气阴两虚，阴虚及阳"的学术观点。胸部肿瘤放射治疗期间中医配合治疗原则为清肺化痰，理气祛瘀；总结出麻杏石甘汤为主方的辨证治疗方案，该方案明显减轻放射性肺损伤，提高放射治疗完成率及生活质量，目前正在开展临床大样本RCT的进一步研究；同时，从细胞信号传导、基因调控角度阐释了放射性肺损伤及中医干预的内在机制。

（4）针对恶性肿瘤化疗后骨髓抑制、免疫功能低下的情况，林胜友教授根据临床及基础研究（省部级等研究课题7项，核心期刊论文10篇，其中SCI 2篇，专利1项），提出"气血不足、脾虚及肾"的学术观点，采用健脾益肾，补益气血法治疗；同时，从造血干细胞、基因调控方面进行了现代机理研究。

（5）针对肿瘤疑难杂病及合并病，结合患者体质，分析中医核心病机，提出新的见解。

1）肿瘤综合治疗后晚期患者脾肾两虚是核心病机，治疗上脾肾同治，佐以温阳。下元温煦则中土得补，健运有权，虚寒自除，生命得延。

2）肿瘤合并带状疱疹，辨证论治以虚实为纲，从"火"论治。"实火"为肝火旺盛、肝经湿热；"虚火"为脾气虚衰所致。

3）肿瘤患者化疗中（后）出现潮热、盗汗、口腔溃疡诸证，核心病机为脾胃受损，脾虚为基础，中焦气机升降失司，阴火上炎。借鉴李东垣针对"阴火"所创之"甘温除大热"法，提出肿瘤化疗后潮热、盗汗、口腔溃疡诸证以补中、升阳、泻阴火为治则，临床实践中效果明显，特色突出。

四、冯正权

冯正权，男，医学博士后，主任中医师，教授，硕士生导师。现担任浙江省立同德医院肿瘤科主任，国家临床中西结合肿瘤重点专科学术带头人，国家临床药物验证机构中医肿瘤学组负责人，中华中医药学会肿瘤分会委员，中国抗癌协会传统医学分会委员，中国中西医结合学会肿瘤分会委员，中国医师协会中西医结合分会肿瘤专委会常委，浙江省抗癌协会理事，浙江省中医药学会肿瘤分会副主任委员，浙江省中西医结合学会肿瘤分会副主任委员，浙江省抗癌协会中医肿瘤专委会副主任委员，浙江省抗癌协会康复与姑息专委会候任主委，浙江省肺癌诊治技术中心专家委员会副主任，《肿瘤

189

学杂志》编委。

1992年毕业于南京中医学院中医系，后师从国家级名中医吴良村教授。对中医药治疗肿瘤的临床和基础研究有独到的认识，对胃、肠、肺、肝、胆、胰、乳腺、子宫、卵巢等恶性肿瘤的各阶段综合治疗，及放化疗、内分泌、靶向治疗和不良反应处理经验丰富，擅长运用中西医综合多种方法处理肿瘤性胸腔、腹腔积液。研究方向：中医药治疗恶性肿瘤的辨证治则和疗效评价，中医药治疗恶性肿瘤的物质基础和作用途径研究。主持省部级课题3项，厅局级项目2项，结题2项。参与国家科技部"十二五"攻关项目等科研项目十余项。获得多个科学技术进步奖项。发表SCI及核心期刊论文40余篇。

（一）研精殚思，硕果累累

冯主任主要研究方向为实体肿瘤的中西结合治疗疗效评价及中医药抗肿瘤物质基础和相关机理。所做工作从名老中医学术经验传承，到临床疗效验证和中医药抗肿瘤相关机理涵盖中医肿瘤学不同层面，获得了一定的成绩和经验。参与完成了国家名老中医吴良村的临床经验和学术思想传承研究工作，并获得浙江省中医药科学技术进步奖三等奖。

完成浙江省中医药管理局三叶青总黄酮抗肿瘤的实验研究，在此基础上申报完成了省自然科学基金荷肺癌鼠前列腺素E（PGE）/环氧化酶2（COX2）通路诱导TREG生成及三叶青黄铜的干预作用，该项省自然科学基金科研项目的完成，发现了三叶青总黄酮高剂量抑瘤效果最显著，其抑瘤作用可能与降低外周血中大鼠心肌组织转化生长因子β_1（TGF-β_1）的表达水平有关，可能通过影响PGE2、COX2表达水平，从而达到逆转肿瘤逃逸，起到抗肿瘤作用，为临床用药提供实验依据。在此基础上，进一步实验研究发现，三叶青黄酮的抑瘤效果可能与下调Treg细胞比例和CD152表达有关。三叶青黄酮可通过改善荷瘤小鼠肿瘤免疫抑制状态发挥抗肿瘤作用，其机制可能与三叶青黄酮可下调骨髓来源的抑制性细胞（MDSCs）及其相关炎症因子的表达有关。冯主任在三叶青黄酮相关研究方面发表SCI论文1篇，国内核心期刊5篇。

在研国家中医药管理局国家中医临床研究基地业务建设科研专项课题，基于真实诊疗的中医辨证论治法降低非小细胞肺癌术后复发转移优势人群的筛选研究，为多中心、大样本随机对照研究。通过前瞻性队列研究探讨中医辨证法降低非小细胞肺癌术后复发优势人群，为进一步在该类人群中进行纯中药治疗和化疗的随机研究打下基础，进而规范中医治疗方案，提高非小细胞肺癌治疗效果，并降低其复发转移率，对患者血液标本进行基因组学分析，筛选出疗效突出的优势人群。

（二）攻坚克难，振兴科室

原浙江省立同德医院肿瘤内科只有1个病区，50余张床位，10名医生。冯主任2013年被聘为科主任后，带领科室医师团结一心、奋发有为、激情创业、紧跟医院建设步伐，目前有4个病区，包括翠苑本部2个病区、之江院区1个病区和海盐分院1个病区，共计床位190张。发展人才队伍，目前翠苑院区医生17人，之江院区医生5人，海盐分院3人，在本部筹建浙江省重大疾病（肺癌）中医药防治中心，在海盐设有浙北中西医结合肿瘤治疗中心。

在临床工作中，冯主任为科室发展制定一系列详细的方案，敦促科室年轻医生不断深入学习本专业领域知识，培养年轻医生脚踏实地的工作作风，时常提醒大家要在工作中沉得住气、静得下心。带领全科室医生加强学习最新指南与共识，旨在让每一位医生紧跟学科的前沿，进而指导临床一线工作。

（三）中医特色，内治外治

针对与肿瘤本身或肿瘤治疗相关的疲乏称为癌因性疲乏，辨证论治，以平补疗法为主，予内服"消疲汤"（生晒参、炙黄芪、巴戟天、熟地、山萸肉、山药、丹皮、泽泻、茯苓、沉香曲、蔻仁、金银花、川芎），缓解疲乏程度，改善情绪。

针对恶性胸腔积液，在穿刺引流和或腔内灌注（顺铂、重组人白介素-2、榄香烯等）、肿瘤深部热疗的基础上，急则治标、缓则治本，外贴"消水方"（甘遂、芫花、大戟、大枣、黄芪等打粉后调制外敷），以改善胸闷气促症状，减少胸腔积液量，延缓和抑制腔内积液再生。

针对化疗后并发口腔溃疡，通过漱口方（生石膏、知母、牛膝、人中白、炙黄芪、生地、甘草）联合离子导入方法，使大部分患者在3天左右能进食。

针对口服靶向药后出现的手足综合征，予紫草油外涂联合中药外洗方（黄芪、桂枝、紫草、姜黄、当归、白芍、红花、威灵仙、苦参、甘草、重楼、三七）泡手足，使患者发红发硬处皮肤好转，疼痛缓解。

癌性疼痛是肿瘤患者最常见且最痛苦的临床症状之一，严重影响患者的生活质量，常用的阿片类药物常有副作用，如恶心、呕吐、便秘。在癌痛规

范化治疗的前提下，针对患者多次爆发痛，或者剂量末疼痛，治疗予腕踝针联合"化瘀止痛贴"，以减少止痛药剂量及其带来的副作用。

（四）诲人不倦，桃李芬芳

冯教授担任硕士研究生导师9年来，致力于高素质、高水平硕士研究生的培养工作。他注重培养学生掌握坚实的基础理论和系统深入的专业知识，提高学生的临床能力、科研能力、创新能力等综合水平，另外尤其重视德育，从政治觉悟、道德修养、职业精神等多方面提高学生们的综合素质。共培养硕士研究生20名，现在读研究生6名，如期毕业研究生14名，其中3位分配到省级医院肿瘤科工作，11位在县级以上综合医院肿瘤科工作。

（五）言传身教，良师益友

冯教授在学生心目中，是仁心仁术的医生，是要求严格的老师，也是和蔼可亲的长辈。临床工作中，他急患者之所急、忧患者之所忧、想患者之所想，耐心解答每一位患者的疑惑，尽其所能地消除肿瘤患者的恐惧与焦虑，坚定他们战胜病魔的信念。教学工作中，他常以《医宗金鉴·凡例》中的一段话教导学生："医者书不熟则理不明，理不明则识不精。临证游移，漫无定见，药证不合，难以奏效。"对待学习，他要求学生必须做到掌握扎实的专业知识的基本功，临床工作中才能得心应手；对待工作，他要求学生做到"行医如临深渊，如履薄冰"，在诊治过程中不可有半点马虎。生活中，他对学生关爱有加。如一次门诊跟师期间，有位学生频频咳嗽，冯教授在施诊的间隙关切询问学生的病情，让学生们讨论该辨什么证，用什么方，每位学生表达自己的见解后，他从辨病辨证到遣方用药，甚至每味药物的选择、剂量都一一讲解，一张中药处方，蕴含着冯教授对每位学生的激励和关爱。

（六）肺癌临床经验：从"脾"论治

1. 提倡"培土生金"法

冯教授多以六君子汤为基础方，由人参、白术、茯苓、半夏、陈皮、甘草六味中药组成，具有健脾益气、燥湿化痰的功效。人参入肺脾心三经，为君药，健脾补肺，益气生津，补虚固本。白术苦温，加强人参益气助运之力，而又能健脾燥湿，为臣药。佐以茯苓甘淡健脾渗湿，陈皮芳香健脾醒胃，半夏化痰燥湿、补益脾气，使之在扶脾治本中兼以化痰湿而标本兼顾；甘草甘温，益气和中，调和诸药。诸药配合，可使脾胃复健，气机调畅，痰湿得化。此方虽药味精少，但是冯教授却能用得出神入化，灵活多变，根据"病症结合"的原则具体裁方，如方中人参，若肺气虚甚则多选太子参，偏气阴虚则用西洋参，偏气阳虚的用党参。如方中白术，若便秘、排便无力则用生白术健脾益气，润肠通便；胃纳差则用炒白术健脾益气；纳呆腹胀用焦白术健脾消食。茯苓健脾化湿，若湿重则猪苓、茯苓并用。脾胃为后天之本，气血化生之源。冯教授认为"培土生金"法可以培补后天之本，使机体获取生长之能量，改善机体功能状态，提高免疫功能，达到"正气内存，邪不可干"的目的。

2. 健脾之时，不忘护胃

冯教授治疗中时时不忘顾护胃气，正所谓"存得一分胃气，便得一分生机"。治癌重视保胃气，癌症患者需长期服药，护胃和中之品于处方内扮演重要的角色，常以炒白术、陈皮、焦三仙相配使用，炒白术重在运脾，陈皮重在和胃，焦三仙则能消食化积，增进食欲。常在六君子汤基础上加入炒山楂、炒麦芽、炒鸡内金、炒谷芽、炒稻芽、神曲之类健胃之品，使得补而不滞，腹胀纳呆得解，脾之运化得助，中焦枢纽得转。在具体使用上痰湿重者多使用陈皮、薏苡仁、山药；厌油腻者多使用炒山楂；胃口不开者多使用砂仁；脾气不升者多使用炒谷麦芽。由于这些药多偏燥香，在治疗时应配合清热、养阴类药物，如肺胃阴虚者，喜加百合、石斛、制黄精，以养肺胃之阴；如肺胃热重则多使用神曲、黄芩、黄连，同时酌加山栀子、淡竹叶等。

3. 病症结合，合理用药

冯教授根据肺癌患者具体临床分期及症状，临症灵活加减用药，肺热喘咳者，可加石膏30g，杏仁9g清肺平喘；阴虚咳嗽者，可加麦冬9g，玉竹18g，制黄精15g，南沙参12g滋阴润肺；自汗气短者，加用麻黄根6g，五味子9g，淮小麦12g益气敛汗；咯血重加仙鹤草12g，白及12g收敛止血；腰腿痛者，可加独活12g，杜仲12g，桑寄生15g，川断12g祛风除湿；颈肩痛者，可加桑枝9g，桂枝6g舒筋通络；失眠者，可加酸枣仁12g，夜交藤12g养血安神；大便秘结者，加芦荟1.5g或麻子仁9g润肠通便；若有高血压病史，老年人头晕者，可加水蛭3g，川芎9g活血祛风；若血脂高，可加红曲6g，红景天12g活血祛瘀；若有糖尿病病史，可加生石膏30g，知母12g，玉米须18g，乌梅6g生津止渴；若服用靶向药物出现皮疹瘙痒，可加蝉蜕9g，浮萍9g祛风止痒；饥饿感多者，可加煅瓦楞子12g酸收涩敛；肝阴亏虚火旺者，可加焦山

栀12g，柴胡9g，白芍9g，炒黄芩6g，丹皮12g养阴柔肝降火。

4. 祛邪扶正并重，抗癌而不伤正

冯教授认为大多数肺癌患者在经过手术、化疗、放疗，正气已虚，若再猛攻，正气更虚，邪毒更甚。故他主张扶正固本与抗癌祛邪并重，扶正固本包括了健脾和益肾二种大法。健脾常以益气为主，常以生晒参、生黄芪配合使用，重补肺、脾之气；益肾者常以女贞子、枸杞子、益智仁相配，女贞子、枸杞子合用则补肾中水火。抗癌祛邪多用药性平和之清热解毒草药，使之祛邪而不伤正，常用的中药有三叶青、南方红豆杉、生薏苡仁、莪术、重楼、白花蛇舌草、金荞麦等。

5. 重视情志疗法

冯教授治疗肺癌经验丰富，不仅提倡"带瘤生存"，把改善临床症状、提高生存质量作为主要目标，鼓励患者树立信心，而且提出心理因素也影响到肺癌患者的预后。中医所论七情内伤，即所谓"喜、怒、悲、思、忧、恐、惊"七情过于强烈或持久，超越人体的生理和心理适应能力，导致脏腑精气功能失调或人体正气虚弱，诱发疾病的发生。现在研究表明，恶性肿瘤本身是一种身心疾病，精神、心理、社会因素在其发生发展及病愈过程中均扮演着重要角色，说明心理治疗在肿瘤治疗过程中的必要性。因此，冯教授对每一位肺癌患者的诊治都分外的耐心，详细地向患者说明治疗的计划和目的，耐心回答患者及家属提出的疑问，让患者及家属了解治疗措施，减轻他们的恐惧心理，使患者心理状态达到最佳；引导患者正确理解肺癌的疾病发展，使患者能够客观地对待自身疾病，树立战胜疾病的信心。

五、包素珍

包素珍，女，浙江中医药大学教授，博士生导师。1986年浙江中医学院中医学本科毕业，1993年浙江中医学院中医内科学硕士毕业，2006年浙江中医药大学中医内科学中医肿瘤方向博士毕业。期间2005年赴英国访学一年。先后担任浙江省高校中青年学科带头人，浙江省抗癌协会理事，浙江省中医肿瘤专业委员会常委，中华中医药学会中医基础理论分会常委，浙江省中医药学会内经分会副组委，浙江省中医药学会中医基础理论分会常委，浙江中医药大学中医基础理论教研室主任等。曾应邀赴新西兰、澳大利亚、日本、马来西亚等国讲学和临床指导。包素珍教授从事中医临床和教学工作30余年，一直致力于中医药防治肿瘤的研究，师从国家级名老中医、中医肿瘤专家吴良村教授，中西医结合肿瘤专家王泽时教授。

包素珍教授积极参与科研申报，并取得了丰富的成果。参与国家自然科学基金项目1项：肝郁脾虚证胃溃疡大鼠差异性蛋白的表达和柴黄胃溃宁干预作用。主持浙江省自然科学基金项目1项：肺癌微环境脾气虚病机及黄芪建中汤干预机制研究。参与浙江省自然科学基金项目3项：①胃溃疡肝郁脾虚证与线粒体低氧调控机制的相关性研究；②Rs4680、rs181696基因多态性与非小细胞肺癌中医证型与体质的相关性研究；③肾气虚哮喘的生物网络及益肾喘宁汤整体干预研究。主持浙江省中医药科技计划项目2项：①"脾为后天之本"理论对脾气虚肺癌转移机制研究；②脾气虚影响Caspase蛋白级联反应促进肺癌转移的机制研究。其中一些课题项目获得了诸多学术奖励：①补中益气汤对脾气虚胃泌素调节作用的基因表达研究，浙江省人民政府，浙江省科学技术奖，三等奖。②补中益气汤对脾气虚胃泌素调节作用的基因表达研究，浙江省卫生厅，浙江省中医药科学技术创新奖，三等奖。③十全大补汤对肿瘤转移干预作用的机理研究，浙江省卫生厅，浙江省中医药科学技术创新奖，三等奖。④中医指套传感器虚拟脉象仪的研制，浙江省卫生厅，浙江省中医药科技创新奖，二等奖。⑤藤蟾方抗肿瘤作用的实验研究，浙江省人民政府，浙江省科学技术奖，三等奖。参与编写专著若干：《肿瘤名家验案精选》、《妇科名家验案精选》、《内科名家验案精选》等。并参与教材《内经精要译注》，"十三五"国家级规划教材《中医学基础》、《内经选读》、《中医学基础概论》，"十一五"国家级规划教材《中医学基础》的编写。除此之外，先后在国家和省级杂志上发表论文40余篇，培养硕士生、博士生20余名。

包素珍教授早年师从吴良村教授，跟随吴老师临诊，后以优异的成绩毕业于浙江中医药大学中医内科学中医肿瘤方向。在从事中医肿瘤方向的30多年中，长期工作在医、教、研第一线，将中医传统方法与现代医学的先进技术相结合，并把肿瘤病作为自己悉心主攻方向，积累了丰富的临床经验。擅长消化系统肿瘤（如胃癌、食道癌、大肠癌、肝癌）、妇科肿瘤（如乳腺癌、宫颈癌、卵巢癌）、肺癌、甲状腺肿瘤等肿瘤病人术后、放化疗后的辅助治疗；以及子宫肌瘤、卵巢囊肿等妇科疾病，咳嗽、气管炎、胃炎、失眠等内科疾病的中医药治疗和亚健康的调理。包素珍教授治学严谨，从临床实际出发，辨证施治，辨证与辨病相结合，辨证与单方验方相结合，以发挥中

医中药特点。

在临床诊治上，包素珍教授深受吴老师的影响，在延续吴老师观点的基础上，结合自身对恶性肿瘤的体会，形成了一套独特的方药心得。

包素珍教授将恶性肿瘤的病因病机与脾胃相结合，从脾胃的角度进行理解，认为脾胃为后天之本，脾胃虚则气血生化无源，出现气虚或者血虚。气虚则水液运化无力，可出现痰饮、水湿内停，久则形成湿热内蕴；气虚则无力推动血液运行，则出现血瘀；同时血虚也能使血液运行缓慢，出现血瘀。因此脾胃虚损日久，出现痰凝、湿聚、热蕴、血瘀及毒聚或复杂交错的病理改变，由此产生的病理产物在体内相互交结形成肿块。因此脾胃功能失常是发生内科肿瘤的主要内因之一，肿瘤患者正气亏虚，原因虽多，但脾胃功能失常最为关键，所以十分重视肿瘤患者的脾胃功能。故在肿瘤的治疗上她将护胃气的思想贯穿于肿瘤病人的各个阶段，首重脾胃的调理，补虚、运脾、理气、化湿参合运用。包素珍教授认为如果脾胃消化饮食不佳，不能受纳药物发挥其药效，不足以治病奏效。

肿瘤患者在不同的治疗阶段，治疗手段也应不同。在手术前，属痰瘀互结，予以化痰散结；术后多气血两虚，予以益气补血；放化疗术中，耗伤胃气，予以益气和胃降逆；放化疗术后耗气伤阴，予以益气滋阴。放化疗间歇期，多正虚邪实，急则治其标，加重祛邪抗癌药。晚期肿瘤患者全身衰竭，多气虚伴肾虚，予以益气补肾。

包素珍教授主张要四诊并重，司外揣内，诸法共参，通过望闻问切，观其习性，察其病史，充分了解病情和收集临床资料，综合分析疾病的病因病机，于错综复杂的因素中，根据患者正、邪、虚、实程度决定治疗的主、次、轻、重。包素珍教授强调运用中医的整体观念和辨证施治原理，主张中医药治疗应贯穿于现代医学治疗的各个阶段，根据患者各项检查结果、体征和症状，权衡利弊，治疗时应根据不同病种、不同病人、不同病期，审证求因，辨证论治，即"因时""因地""因人"的不同，采用不同的方法，做到"同病异治""异病同治"。

包素珍教授曾说："做人首先要有仁爱之心，仁爱之心不可或缺。特别是我们做医生的，对病人要有仁爱之心。"在门诊中，包素珍教授对每个患者都很关心，会耐心地聆听患者的心声与诉求，以仁爱之心关怀患者。遇到患者有问题的，包素珍教授总会给予自己力所能及的帮助。比如有的患者家庭经济条件不好，包素珍教授会免费为他们看病，想方设法为他们减轻痛苦。包素珍教授良好的医德医术使其深受患者的爱戴与尊敬。

包素珍教授不仅是一名好医生，同时也是一位好老师。除了临床工作，她还承担本科学生的教学任务，每次课前，都认真备课，精益求精；课上总是想方设法把自己所知所学教授给大家；还经常利用课余时间给大家答疑解惑。包素珍教授同时也是博士生、硕士生导师，她不仅教育学生如何做学问，还教育学生如何做人做事，告诫学生要为人端正，让学生树立正确的价值观。她总是像家人和朋友一样去关心学生的学习和生活，及时了解并帮助学生解决工作、生活中的困难。她会考虑学生的想法，支持学生的发展，真心替学生考虑每个阶段的大事小事。正是由于包素珍教授严肃的科学态度，严谨的治学精神，精益求精的工作作风，在带教的20多年里，她带出了一大批优秀的学生。包素珍教授的历届学生，也无不感谢其无私的付出与真心的关怀。

六、张爱琴

张爱琴，女，主任中医师，硕士生导师。1995年于浙江中医学院中医内科学硕士研究生毕业，2007年于浙江中医药大学中医内科学博士研究生毕业，师从全国著名中医肿瘤专家吴良村教授，同时在浙江省卫生厅首届"中青年名中医"培养过程中跟从汤金土、连建伟、徐珊等多位国家级名老中医学习。2007年被列为浙江省"新世纪151人才工程"的第三层次人才；2009年获浙江省卫生厅授予的"浙江省中青年临床名中医"称号。现担任浙江省肿瘤医院中医馆主任；浙江省中西医结合重点肿瘤实验室副主任；浙江省胸部肿瘤诊治技术研究重点实验室方向带头人；世界中医药联合大会癌症姑息治疗研究协会理事；中国抗癌协会肿瘤传统医学专业委员会委员；中国医师协会中西医结合医师分会肿瘤病专家委员会常务委员；中华中医学会疼痛专业委员会委员；浙江省抗癌协会传统医学专业委员会副主任委员；浙江省中医药学会肿瘤专业委员会常务委员；浙江省中西医结合乳腺病专业委员会副主任委员；浙江省医学肿瘤康复委员会委员；浙江省抗癌协会抗癌药物专业委员会委员。

张爱琴教授作为主持者、参与者完成国家级、省部级、厅局级课题10余项，研究团队的科研成果获浙江省中医药科学技术奖一等奖1项，三等奖2项。近年发表专业论文30余篇，其中SCI 1篇、一级杂志论文10余篇，参与出版专著8部。近年主办省级学术会议1项，积极参加国际及国内会议交流，作

为美国整合肿瘤学会（Society for Integrative Oncology，SIO）学会委员，连续两年（2016、2017年）获SIO学会作口头报告邀请，在国内外具有较高的学术地位。

张爱琴教授治学严谨，非常重视中医后继人才的培养，她把自己宝贵的临床经验毫无保留地传给学生和徒弟，让这些经验能发挥更好的作用，更好地解除患者的痛苦。她把人才的培养与学科的发展相结合，临床研究与实验研究相结合，数十年如一日，诲人不倦。作为浙江中医药大学硕士生导师，共培养硕士研究生12人，中医传人2人。

张爱琴教授致力于中西医结合防治肿瘤的研究，她在20多年的临床探索中认识到，在肿瘤的治疗上应注重从整体出发，强调辨证论治在肿瘤治疗中的重要性，中西医结合在肿瘤诊治中的必要性。她把肿瘤的整体与局部治疗相结合，在以健脾理气等扶正方法为主的治疗中，灵活运用中医经典理论标本兼治。同时，张教授重视患者的心理状态，注重患者的生活质量，并在中西医结合治疗肿瘤领域提出辨证论治与现代生物标记物的实验性探索思路，把传统医学的基本理论上升到现代科学研究水平。在几十年的工作中，总结了自己的一些临床心得体会，分述如下。

（一）重视整体，标本兼治

张教授认为，恶性肿瘤虽然表现为局部积聚肿块，却是全身性疾病。治疗上应该注重局部与整体相统一。整体观念是中医学的基本特点之一，它强调人体是一个有机整体，同时人与自然、人与社会同样是不可分割的。因此，疾病的治疗不可头痛医头，脚痛医脚，不可只重局部，而忽略了整体，不可见瘤消瘤。一般认为，肿瘤的病机主要包括正气亏损、气滞痰凝、瘀血停聚、邪毒留恋等，肿块是这些全身性病理改变的局部表现，是疾病的标，而体质才是人体酿生肿瘤的根本。所以治疗应当着眼于病机，从整体论治，标本同治。如"气滞痰凝"一条，中医所论之"痰"有狭义和广义之分，狭义之痰即咳嗽时吐出的痰涎；而广义之痰是指脾主运化、肺主宣降、肾主水功能失调，水液代谢失常所致的内生之痰湿，涉及人体多个脏腑。《丹溪心法》有云："凡人身，上中下有块者多是痰。"此"痰"即广义之痰，调治亦应从整体出发，从根本上调整导致水液代谢失常的脏腑功能。

（二）扶正祛邪，灵活调整

如李中梓《医宗必读》所述："积之成也，正气不足，而后邪气踞之。"张教授认为正虚是肿瘤发生的根本，同时在肿瘤疾病变化的过程中，由于邪与正的消长变化，应把扶正与祛邪辨证地结合起来。即根据实际虚实而定攻补，或以扶正为主，或以祛邪为主，或攻补兼施，随机应变。张教授认为中医应认识到手术、放疗、化疗在肿瘤治疗中具有积极的作用，不单纯扶正以抗病邪。但扶助正气是祛邪的重要保证，可以提高患者治疗的耐受性，为祛邪创造条件。疾病早期，如《医学心悟》所言："当其邪气初客，所积未坚，则先消之而后和之"，以祛邪为主；手术后，放化疗中的病人，随着邪盛正气已虚，而西医治疗进一步加剧了正虚，应该重视扶正；放化疗后，余邪未清，则扶正祛邪相结合，防止复发转移。但扶正不仅仅是"补"其不足，还包括对生理功能失常的调整，即调理脏腑、气血、阴阳。如李东垣《内外伤辨惑》所说："温之、和之、调之、养之，皆补也。"《医学启蒙汇编》也有"去其所害，气血自生"的论述。中医主张对外邪"直折其邪"，但对于由病邪引起的病理损害及失调，主张"调之使和"。这种调理既有消除病理损害"祛邪"的一面，又有恢复正常生理功能的"扶正"的一面。肿瘤患者的扶正培本法主要包括：①健脾助运：药用炒白术、茯苓、焦山楂、山药、生熟薏苡仁、焦六神曲、炒谷麦芽等。②益气养阴：药用制黄精、太子参、百合、麦冬等。③滋补肝肾：枸杞子、墨旱莲、制女贞子、熟地等。

（三）重视肝脾，以"和"为贵

"和"取意于中国古代儒家哲学智慧，蕴含中庸之道。正如明代张介宾《景岳全书·新方八略引》中所指出："药不执方，合宜而用……和方之制，和其不和者也……和之意广矣。亦犹土兼四气，其于补泻温凉之用，无所不及，务在调平元气，不失中和之贵也。"张教授认为阴阳失和是疾病发生的根本，有感于肿瘤治疗中，大量应用清热解毒、软坚散结中药带来的虚虚实实之弊，倡导以"和"法，来调畅气机。而气的生成与运行，尤与肝、脾关系密切。脾主运化，是气机的动力；肝主疏泄，是气机畅达的调节器。"和"法的关键，在于平调肝脾，具体为疏肝解郁，养心安神，平消平补，于补益药中配伍理气之品，常以炒白芍、郁金、炒青皮、五花饮等疏肝理气解郁；善用炒白术、黄芪、山药、茯苓等健脾益气；喜用淮小麦、稽豆衣、合欢皮、百合、云芝等调养心神；佐以半枝莲、白花蛇舌草、金荞麦、藤梨根等清热解毒。

（四）食养尽之，病后防复

《素问·五常政大论》记载："大毒治病，十去其六；常毒治病，十去其七；小毒治病，十去其八；无毒治病，十去其九。谷肉果菜，食养尽之。无使过之，伤其正也。"肿瘤的治疗是有限度的，治疗结束后的康复同等重要。而随着现代医学的发展，多数肿瘤有向慢性病转化的趋势。因此，康复指导的地位越来越突出。但是，不少病人甚至医师在肿瘤康复方面存在不少误区。例如，营养元素的"金字塔"模型已深入人心，医师大多建议病人多摄入维生素，但很多人认为多多益善，导致肿瘤病人大量摄入蔬菜水果。其实水果多性寒凉，可损伤脾胃。而肿瘤病人经历手术和化疗后，脾胃本身就有所损伤，过食生冷必将导致脾胃进一步受损。李东垣有言："脾胃内伤，百病由生。"因此，需要注意饮食的偏颇。其实，肿瘤病人的饮食原则应是五谷为养、顺应天时、因人而异的。张教授强调扶正不等于大补，不建议患者过食大补之品，此品大多黏腻碍中，甚则伤及胃气。肿瘤患者本属虚证，大多脾胃运化功能欠佳，若不加辨证一味进补，恐事与愿违。

七、柴可群

柴可群，男，医学博士，教授，博士生导师，全国老中医药专家学术经验继承工作指导老师，浙江省名中医，浙江省立同德医院党委书记、浙江省中医药研究院党委书记。他先后被评为浙江省有突出贡献中青年专家、浙江省劳动模范、国务院政府特殊津贴专家、全国优秀医院院长等。他既是一位具有继承与开拓精神的医学科学工作者，又是一位具有人文精神的白衣天使，同时也是一位具有创新精神和现代意识的医院管理专家。

柴可群教授出生于医学世家，自幼耳濡目染岐黄正道，矢志业医，幸得我国著名中医肿瘤专家吴良村教授的悉心指导，并先后获得学士、硕士、博士学位。他既重视传统祖国医学的继承，博采前人之所长，同时又不拘泥于前人经验，更注重于探索与创新。他早在20世纪90年代便率先提出"正虚为本、痰毒为患、情志失畅"是肿瘤发病的基本病机；他逐步深化了"扶正为本"理念的内涵，确立了扶正培本是中医辨治肿瘤的根本治法；他系统阐发了"痰毒致癌"理论，积极提倡从痰毒论治肿瘤；他提炼总结了"情志致病"学说，临诊注重情志致病、情志治病等。

柴可群教授所凝练提出的这些学术观点，是中医肿瘤理论的重大创新，有效提升了中西医结合防治肿瘤的整体水平。经过三十年的不断提炼，柴可群教授总结创立了"中医肿瘤防治四法"，即健脾补肾以扶助正气，化痰解毒以消散癌肿，疏肝解郁以调畅情志，温阳通络以散寒防变，不仅获得了同行的广泛认可，还引起了社会舆论的高度关注，加拿大《环球华报》及国内《健康报》、《中国中医药报》等国内外知名媒体先后对其进行专题报道。

柴可群教授是我省中医、中西医结合肿瘤学科领域的主要领军人物，是国内知名的中西医结合肿瘤专家。他担任了中华中医药学会肿瘤分会副主任委员，浙江省中医药学会肿瘤专业委员会主任委员，浙江省抗癌协会康复与姑息专业委员会主任委员等30余个学术职务。他优化学术资源，注重人才培养，开展多学科合作，使得中医肿瘤学科不断发展，获得了一系列成绩。

在他的积极推进下，2015年全国癌症康复与姑息医学大会首次开办了"中西医结合"专场，这标志着中医肿瘤学的学术水平和影响力进入了一个新的层次。柴可群教授提出了肿瘤治疗上一个非常重要的新观点，重视癌症的姑息治疗。"姑息治疗不是权宜之计，是可以融合手术、靶向治疗的积极治疗，目的是让病人治疗时不那么痛苦，生活得更有质量。"柴可群教授提倡，在不能根治肿瘤时，更多的患者可通过姑息治疗，实现带瘤生存。在浙江省中医药肿瘤分会年会暨浙江省立同德医院第七届"同德国际学术周"中西医结合防治肿瘤论坛上，柴可群教授又提出了一个创新性的观点——"病证结合、从肝论治，运用中医药联合乳腺癌内分泌治疗"，让与会专家眼前一亮，也令患者为之振奋。柴可群教授与时俱进，多次在国内重大学术会议上系统阐释"中医药协同靶向治疗"相关内容，开拓中医中药的运用思维与作用范围，为延缓耐药、提高疗效提供临床干预方案，不遗余力地提升恶性肿瘤综合治疗水平。他认为"中医注重辨证论治，即运用中医思维概括一个人在当下的生理、病理、心理环境等所有的状态，既要关注疾病本身，也要重视其身心机能、周围环境等各种因素。"

柴可群教授不仅是我国肿瘤学界的知名学者，更是中医药的传播者和推广者。5年来他坚持每年主持举办"中西医结合肿瘤"国际学术会议、国家级"中西医结合综合治疗肿瘤"继续教育培训班等，并多次应邀赴美国、加拿大、德国、澳大利亚、日本、韩国等国及中国香港、台湾等地区进行中医肿瘤讲学和学术交流。在他的悉心带领下，浙江省立同德医院肿瘤学科团队已跻身国家中西医结合肿瘤重点专科行列。

柴可群教授不仅是一位具有钻研精神的医学专家，更是一位具有高度

人文精神的白衣天使，他以一颗博大的仁爱之心对待每一位患者。在日复一日，年复一年的临床工作中，他通过辛勤地付出，使得数以万计的肿瘤患者重新燃起了生命的希望。5年来，他已累计接诊4.5万余人次，不仅救治来自于国内20余个省份的慕名求诊者，更常常接诊从加拿大、美国、法国、德国、意大利、日本、韩国等国定期返诊的患者。临诊时，他常主动搀扶年老体弱及行动不便的患者，常把自己的饭卡借给延误用餐的患者及其家属，尽可能给予他们便利；遇重病患者时，他从不畏恶臭、不嫌脏垢，悉心望闻问切，给予人文关怀；他常在休息时间，加班加点诊治需要帮助的肿瘤危重患者；他常利用节假日奔赴偏远地区，为当地百姓义诊，解除病痛。

每逢周二、周五上午的门诊时间，柴可群教授诊室往往被挤得水泄不通，门诊结束往往要到下午3点之后。但更难能可贵的是，对于年老体弱或来自省外，甚至是国外的患者，柴可群教授总是设身处地，换位思考，尽可能地给予关怀，并尽力缩短候诊时间，使大多数患者往往能当日即可携带中药返回数百公里以外的家中。对于久等的患者，他往往于诊时起身表示歉意。对于不断增加的门诊患者，往往提前开诊，延迟结束，将病人利益放在首位，把个人辛劳置之度外。就诊中，经常能听到患者真诚的关心："柴医师，您辛苦了"，"柴医师，您多保重身体"，"柴医师，下周再会"。

家住临平的徐大伯，17年前确诊结肠癌，术后至今一直门诊治疗，17个春夏秋冬的治疗使他重新拥有了健康人生；家住慈溪的岑大伯，15年前确诊肺癌，术后的持续中医药治疗使他幸福地享受着天伦之乐；家住淳安的余大伯，5年前确诊胃癌，经中医药调治后病情平稳，带瘤生存；家住杭州的田大伯，13年前确诊肝癌，中西医结合治疗也使他成为了远近闻名的"抗癌明星"；家住宁波的徐先生，10余年来一直服用中医药治疗脑胶质瘤，如今也建立了自己的三口之家。在柴可群教授30余年的中医药防治肿瘤工作中，这样的病例不胜枚举。

柴可群教授有效地提高了中晚期非小细胞肺癌疗效，并在解决胃癌术后及化疗后贫血、消瘦，结直肠癌术后转移复发等疑难问题方面取得了进展，倾其所能造福患者。他辨证运用益气养阴法及验方抑肺饮治疗晚期肺癌，有效提升了患者的生活质量，服药后平均生存期17.8个月；他辨证运用健脾化痰法及验方益胃饮治疗胃癌，有效地改善了Ⅲc-Ⅳ期胃癌患者的生理机能，服药后平均生存期18.1个月；他辨证运用健脾补肾法及验方肠清方治疗结直肠癌，有效延长了患者的生存期，门诊平均随访时间45.7个月，最长的已经超过150个月，均能较好地延缓病情、改善预后。他的精湛医术改善了数以万计的患者的临床症状，提高了其生活质量，有效地延长了生存期，改善了疾病的预后。

对于患者和家属出于感激之情而送予的红包、礼物等，他总是一一谢绝。正因为他精湛的医术、高尚的医德医风和待病人如亲人的人文关爱，患者和家属非常感动、为之动容，给予了他很高的礼遇和敬意：手书感谢信、绘制卡通画、赠送自制的锦旗，并在每年新春临诊的第一天列队鼓掌欢迎，送上一颗蕴含美好祝愿的水果糖。

作为一家大型医院的管理者，柴可群教授充分运用现代医院管理先进理念，以技术团队建设引领医院发展。柴可群教授作为国家临床重点专科学术带头人，多年来一直主张立足省内外、推进国际化。他勇于突破传统中医将个人经验与成果囿于自己应用的做法，大力培养学科团队，传承中医瑰宝，形成良好人才梯队。他常常勉励青年医师要勤于思考、谦虚求学、不断实践、刻苦上进。在他的悉心栽培下，已有40余位学科后备骨干、博硕士研究生和师承学生在中医药防治肿瘤领域中发挥了积极作用。

柴可群教授带领团队成功创建了中西医结合肿瘤国家临床重点专科，中西医结合肿瘤国家中医药管理局重点专科。他通过个人学术影响力，与美国耶鲁大学、美国南加州大学凯克医学中心、加拿大阿尔伯塔大学肿瘤研究所、香港大学中医药学院等数十家国际知名院校建立了稳定合作关系，并定期选派优秀青年骨干访问学习，推动中医药国际化合作研究。

针对我省中医肿瘤研究水平参差不齐的现状，他克服种种困难，成功建立了浙江省中西医结合肿瘤防治技术研究重点实验室，并先后主持承担国家自然科学基金、浙江省自然科学基金、国家科技支撑计划合作项目、国家中医药管理局科研专项、浙江省重点研发计划、浙江省中医药防治重大疾病攻关项目等国家级、省级重大科技项目等13项，相关成果先后获得国家中医药管理局科技进步奖、省科学技术进步奖、省中医药科学技术奖等共10项，还主持编著出版多部专著。面对我省中医证候研究学亟待起步的形势，他勇担重任，牵头完成了浙江省重点研发计划主动设计项目招标指南的制定工作，并作为首席专家领衔主持浙江省重点研发计划常见恶性肿瘤中医诊治技术研究专题，负责实施"非小细胞肺癌中医典型证候临床诊断技术研究"项目，有效地填补了我省在该学科领域的不足。

八、庞德湘

庞德湘，男，中医学博士，教授，主任中医师，硕士生导师，浙江省名中医，浙江省名中医研究院研究员，祖传中医。1989年8月考入浙江中医学院中医内科学肿瘤专业，师从王泽时教授和国家级名老中医吴良村教授。硕士毕业后入职山东省临沂市人民医院创建肿瘤科任科主任。曾被选举为临沂市政协委员，被临沂市政府授予跨世纪青年优秀人才。2005年6月博士毕业后入职浙江省新华医院（现浙江中医药大学附属第二医院）创建肿瘤科同时担任科主任，2006年创建浙江省中医肿瘤康复重点专科。2008年被浙江省政府授予"浙江省名中医"称号。获得省市科技进步奖10余项，发表论文50余篇。主编和参编著作多部。

1989年8月考入浙江中医学院攻读硕士学位期间，一直跟随吴良村老师学习中医内科学肿瘤专业方面的知识，研究的方向是中医药治疗大肠癌临床与实验研究。毕业论文《三四合剂对大肠癌的治疗临床与实验研究》，应用吴老师和王老师的临床经验方加补脾益气的四君子汤合方，通过观察大肠癌康复期病人临床疗效和制备三四合剂对NIH小鼠和leiws小鼠接种肉瘤和肺癌瘤，观察对小鼠活体及肿瘤的影响，同时进行了细胞培养，离体活性癌细胞的抗肿瘤实验。从立题到实验、论文的撰写得到了老师的指导和关怀。

庞德湘教授回忆说，第一次见到吴老师的时候，吴老师和蔼可亲的笑容令他一直难忘。吴老师细致耐心地询问了他们学习中医的经历，临床工作的难点，今后学习的方向，并指出如何学习中医，对中医治疗恶性肿瘤的趋势与大家做了交流。同时指出今后应该读哪些中医书籍、哪些西医书籍，使他受益匪浅。在跟随门诊期间，吴老师反复多次讲述恶性肿瘤的形成机制，如何配合化疗，如何配合放疗，特别在放疗时注意阴津的损伤，在化疗时注意气血的损耗；特别是朱丹溪的阴常不足理论方药在恶性肿瘤放疗中的应用。还有在辨证论治，加减灵活运用已有成方的同时，根据病情应用时方，秘方，验方及草药处方。吴老师一直教导他们学习先进技术，学习有效的抗癌手段，带领他们用介入的方法治疗恶性肿瘤，如在和浙江大学共同研究铜蒸汽激光治疗恶性肿瘤中取得较好的疗效。庞德湘教授说，吴老师积极进取，一丝不苟的工作精神，至今一直鼓励着他。

庞德湘教授在跟随各位老师学习中医经典理论和古代医学典籍的同时，

也学习现代医学治疗恶性肿瘤的手段。1992年8月硕士研究生毕业后，在入职山东省临沂市人民医院创建肿瘤科任肿瘤科主任期间，积极学习倡导现代科学技术治疗恶性肿瘤，学习放疗、化疗、血管介入、非血管介入、热疗等多种技术治疗恶性肿瘤。同时重视科研工作，立项课题获省市科技奖多项，如龙虎八宝丹治疗胃癌的临床研究，血灵合剂治疗化疗骨髓抑制的临床和实验研究，疼痛搽剂治疗癌的临床研究，疏肝合剂对肝癌的临床研究等都取得了较好的临床疗效。2005年6月博士毕业后入职浙江省新华医院创建肿瘤科担任肿瘤科主任，是该院首次规范、大量、系统应用血管介入技术手段治疗肝癌、继发肝癌、晚期肺癌、肾癌、肝癌脾转移等。积极应用中西医结合的手段治疗恶性肿瘤，精心细致研究恶性肿瘤的发展机制，分析西医治疗前后的体质变化，症候规律，根据中医历代文献典籍、自身临床经验和继承家学的基础上，创建恶性肿瘤治疗体系和治未病五级防治体系思想。制定优势病种治疗规范，创建规范癌痛病房，中医肿瘤康复重点专科，浙江省名中医庞德湘工作室等。与多家医院合作，推动中医治疗肿瘤规范化进程，宣讲肿瘤防治科普知识，指导基层医院肿瘤病治疗。

庞德湘教授首创癌症群段辨证分治思想。为了使肿瘤患者得到最合理的治疗，根据患者接受中医治疗方式不同，分为纯中医治疗和中西医配合治疗二类。让肿瘤病人在每一个特殊阶段都能够用中医药得到充分的、合理的、收益最大的治疗。因为每一个阶段的病人是不同的，受到西药治疗的反应各异，急需修正体质，恢复体能。所以根据各种肿瘤疾病、各个阶段的特点，在辨证论治的基础上，创立了癌症群段辨证分治理论。中医治疗可以分为2类4群13段。以中医理论为指导，在辨证论治的基础上，根据患者、地区、时间三因进行饮食宜忌配合调理治疗。纯中医群体治疗分为早、中、晚3段；中西医配合治疗分为三个群体10个阶段。如围手术群体分为术前术后2个阶段；无瘤群体分为中医配合化疗、放疗和康复预防复发转移3个阶段；带瘤生存群体分为放化疗阶段、免疫靶向治疗、对症治疗、扶正抗癌、临终关怀5个阶段。这让病人得到合理的治疗，短时间恢复体能和提高生活质量，使肿瘤得到最大控制。这种辨证论治分群段治疗的方法，临床实施多年，疗效显著。曾在全国肿瘤大会主题演讲和省内外学习班推广，患者受益极大。也有相关论文著作发表。

2010年8月至今庞德湘教授师从道学大家王力平先生学习中医治未病理论与实践。王老师讲解了许多中医学方面的知识和读书治病之法，特别讲解

了《黄帝内经》、《千金方》等著作的部分篇章。在治未病方面讲了具体实施方法和诀窍，诸如积精全神，调整心态、情绪等七情范围的病因预防和避风雨气候等六淫外邪，饮食起居、锻炼身体，有序劳作的日常生活等。也讲解了疾病出现后，如何移精变气，导引、按摩、艾灸、针砭、药物的方法，特别在药物配伍方面，提到了和现在君臣佐使不同而又形似的君臣将帅兵系统。对孙思邈的十三针用法，肿瘤治法，骨折药物的外用，推拿、针灸、外治之法都进行了详述。庞德湘教授根据王老师所讲的中医治未病思想和各位老师教导的学术思想，加上自身学习《黄帝内经》、《难经》、《金匮要略》等中医典籍治未病思想的基础上，进行归纳总结形成了治未病的五级防治体系思想。

庞德湘教授首创疾病预防五级防治体系。在治疗疾病、预防疾病的工作中，学习和发展了古代医家的治未病思想，提出中医治未病的五级防治体系。著《西江月·中医治未病》一首作为五级防治体系总结：未病先防调养，欲病即治其先，初恙未盛早诊痊，亡羊补牢未晚。既病同安它脏，瘥防病遗复转，五级防治病消然，岐黄杏林美谭。到目前为止，该五级防治体系是对中医治未病的相对较全面的诠释。该五级防治体系的思想内涵在国家级中医学会上做了重点大会发言，同时主题思想也发表在有关杂志上。

庞德湘教授师从连建伟教授攻读博士学位期间，在连建伟老师的指导下，从《金匮要略》和古典医籍中寻求精华，数十年如一日，结合自己的临床经验计划出版《读金匮治肿瘤》一书。

九、高文仓

高文仓，男，中医学博士，硕士生导师。1993年至2001年毕业于陕西中医学院中医系，分别获得中医学学士学位和中西医结合临床硕士学位，导师为陈光伟教授及王希胜教授。2001年至2004年毕业于浙江中医学院，获中医内科学博士学位，导师为吴良村教授。2004年至2015年在大连大学附属中山医院肿瘤科工作，先后担任主治医师、副主任医师职称。期间2013年在意大利锡耶纳大学医院进修。2015年末，工作调动到浙江中医药大学附属第二医院，任肿瘤科副主任中医师、肿瘤科副主任。目前担任大连市中医药学会肿瘤分会副主任委员；大连市中医药学会理事；浙江省医学会肿瘤分会委员；浙江省中医药学会肿瘤分会常委；浙江省抗癌协会中医肿瘤分会常委；浙江省抗癌协会肿瘤流行病学委员；浙江省抗癌协会肿瘤病因分会委员；浙江省数理医学会肿瘤精准医疗分会委员；中华中医药学会肿瘤分会委员；中国抗癌协会传统医学分会青年委员等学术兼职。

高文仓教授硕士研究生期间研究课题是"经验方山仙颗粒抑制Lewis肺癌血管生成的实验研究"；博士研究生期间研究课题是"经验方安体优Ⅰ号抑制肝癌淋巴管生成和免疫逃逸的实验研究"；之后继续从事肿瘤脉管生成领域的研究，"养阴清热方抑制肿瘤淋巴管生成和免疫逃逸的实验与临床研究"曾获得辽宁省自然科学基金支持。其他研究还涉及中医药治疗癌痛、中医药治疗肿瘤骨转移等方面的基础与临床研究，曾主持厅局级科研项目4项。目前公开发表学术论文10余篇，其中SCI收录文章1篇。参编学术专著3部。

高文仓教授在大连大学附属中山医院肿瘤科工作期间，曾经是"大连市结直肠癌诊疗基地"的创始成员及核心成员之一，并参与创建"结直肠癌MDT团队"。

2015年高文仓教授工作调动至浙江中医药大学附属第二医院以来，努力开创肿瘤中医外治和中医药特色治疗新局面，目前已经是"浙江省中医药管理局十三五重点学科——肿瘤针灸微创外治学科"的后备学科带头人，目前在浙江中医药大学附属第二医院肿瘤科已经形成了以"肺癌、结直肠癌、胃癌、乳腺癌、肝癌"五个病种为优势病种，治疗上容"中医康复，特色中医外治，火针围刺，肿瘤微创"为一体的中医肿瘤诊疗团队，带动学科向杭州周边及台州、丽水等地区辐射。

高文仓教授在重视临床工作的同时，也重视教学工作。2011年至2015年在大连大学工作期间，担任大连大学肿瘤学硕士研究生指导老师，先后指导了4名硕士研究生，均顺利毕业。2016年至今，担任浙江中医药大学第二临床医学院肿瘤学硕士研究生指导老师，目前培养了2名硕士研究生。并获2018年浙江中医药大学第二临床医学院规培生最受欢迎的科室主任荣誉。

高文仓教授在跟师吴良村教授抄方过程中，总结了吴老师治疗肺癌的临床诊疗特色。

（一）总结了吴良村教授对肺癌病因与发病的认识

肺癌的发生与正气虚损和邪毒内侵关系密切。正气虚损，脏腑气血阴阳失调是肺癌的主要基础，邪毒内侵、环境污染、饮食劳役损伤脏腑，内聚成

痰形成肿物；肺癌是因虚而得，因虚致实，乃全身属虚，局部属实的顽疾，虚以阴虚、气虚为主，实则常为气滞、血瘀、痰凝、毒聚。

（二）总结了吴良村教授治疗肺癌的用药特点

1. 扶正祛邪，分阶段用药

这一点是贯穿始终的治则。肺癌早期，邪实正不虚，驱邪是主要矛盾，手术切除，配合中医药治疗；中期邪正交争，势均力敌，力争手术切除，或其他减瘤治疗（如放疗、化疗、热疗、介入治疗等），再投以中医药；晚期，邪实正气大亏，以中医药为主，必要时辅以放化疗、靶向治疗等。手术、放疗、化疗前后，均给以中医药培植正气，以期减少并发症和毒副作用，并完成疗程。

2. 维护正气，保护胃气

由于肺癌患者正气内虚，抗癌能力低下，虚损情况突出，饮食及营养状况较差，加之手术、放化疗往往损伤胃气，影响康复，通过维护正气，保护胃气确保病人正常进食，对肺癌的治疗和预后大有裨益。

3. 通畅二便，达邪外出

肺与大肠相表里，肺癌患者多有大便不畅，通泻大肠可以排除肺内毒邪，宣降气机；肺瘤多湿，肺癌患者多有脾肺功能失常水液代谢障碍，出现痰湿内聚，通过化湿，利湿，燥湿，利尿通淋，祛除湿邪，达邪外出。

（三）总结了吴良村教授的肺癌中医辨证论治经验

吴良村教授以经验方安体优（ATU）为基本方对肺癌辨证施治，多获良效。辨证要点主要根据患者的治疗经过，舌脉，主症来分辨，比如肺癌经过手术切除后，多为气血亏虚或气阴两虚；肺癌放疗或化疗后，多为肺阴不足；放化疗过程中出现骨髓抑制和消化道反应多为气血受损、胃气上逆；舌红少津，脉弦细，为阴虚热毒；舌淡苔白腻，脉滑或沉，为痰湿内蕴，如肺系症状为主则为痰湿蕴肺，如以脾胃系症状为主则为痰湿蕴脾；肺癌出现复发或淋巴结、肺、骨、肝转移多为邪实正亏，根据患者体质情况或以驱邪为主辅以扶正，或以扶正为主辅以驱邪。

1. 阴虚热毒型

此型尤其多见，常见于肺癌中晚期，临床表现为咳嗽少痰，或痰中带血，胸痛，心烦眠差，低热盗汗，口干，大便干燥，舌质红苔薄黄，脉细数。治以养阴清热，解毒散结。

2. 气阴两虚型

此型也较多见，常见于肺癌中晚期或放化疗后，临床表现为咳嗽痰少，或痰稀而黏，气短喘促，神疲乏力，自汗或盗汗，口干，舌质红或淡，脉细弱。治以益气养阴、抑瘤散结。

3. 痰湿蕴肺型

患者表现为咳嗽咯痰，痰多而黏，色白或黄，胸闷胸痛，气急，有胸腔积液，纳呆便溏，神疲乏力，舌质淡或暗，苔白腻或黄厚腻，脉弦滑。治以健脾燥湿，化痰散结。

通过对120张治疗肺癌中药处方的用药规律分析发现，吴老师用药涉及补益药，化痰止咳平喘药，祛湿健脾药，抗肿瘤药，清热药，消导药，理气药，理血药，解表药，安神药等10余类。使用最多的是抗肿瘤药、补益药、化痰止咳平喘药。其次为祛湿健脾药、清热药、消导药。合计占各类药物总数的63.1%。吴老师治肺癌，补益着重在益气养阴。化痰止咳平喘药为苦杏仁，浙贝母，全瓜蒌，枇杷叶。药性平和，既可润肺又可润肠。抗肿瘤药常用干蟾皮，白花蛇舌草，仙鹤草，白英。祛湿健脾药常用猪苓苓，炒薏苡仁，益元散。清热药常用炒黄芩，三叶青。消导药常用炒谷麦芽，鸡内金。经统计显示吴老师在肺癌的治疗上以扶正祛邪为原则，扶正重在益气养阴，补益肺脾；祛邪重在化痰散结，祛湿消瘤。同时治疗中时时不忘顾护胃气，正所谓存得一分胃气，保得一份生命。通畅二便，达邪外出这一显著特点在辨证处方中也得到充分体现。吴老师将肺癌分为阴虚热毒，气阴两虚，痰湿蕴肺3型，前两型尤其多见。治则总体体现了扶正祛邪，扶正为主的特点。扶正主要是养阴益气，养阴重在肺脾，益气重在脾。祛邪强调化痰散结，祛湿除瘤。

深受吴老师诊疗经验的影响和熏陶，高文仓教授在临证过程中十分注重扶正祛邪，分阶段用药的辨证关系：一方面肿瘤的发病本来就是一个全身属虚，局部属实的本虚标实之证；另一方面肿瘤在发展过程中，肿瘤所致的邪气与机体的正气之间的争夺变化也经历了动态的演变，肿瘤早期正气盛，邪气也盛；肿瘤中期正气已虚，邪气仍盛；肿瘤晚期正气消残，邪气亢盛。此外现代医学中的手术、放疗、化疗、介入、靶向治疗等治疗手段都有非常鲜明的不良反应，在抗肿瘤的同时对机体的正气都会产生影响。所以在治疗

肿瘤的实践中，始终牢牢把握肿瘤邪正之间的动态变化趋势和辨证关系，参考肿瘤的不同分期、不同阶段、不同治疗手段参与所致的不同影响，权衡协整、祛邪扶正、平衡阴阳。

中焦脾胃为生命的枢纽，得胃气者生。在肿瘤的整个治疗阶段，需始终顾护胃气，为患者保留一块安全的屏障。李东垣在其《脾胃论》中论述"夫饮食入胃，阳气上行，津液与气，入于心，贯于肺，充实皮毛，散于百脉。脾禀气于胃，而灌溉四旁，营养气血者也。今饮食损胃，劳倦伤脾，脾胃虚则火邪乘之，而生大热，当先于心分补脾之源，盖土生于火，兼于脾胃中泻火之亢甚，主生化之源；足阳明为十二经之海，主经营之气，诸经皆禀之。言阳明，厥阴与何经相并而为病，酌中以用药，如权之在衡，在两则有在两之中，在斤则有在斤之中也。所以言此者，发明脾胃之病，不可一例而推之，不可一途而取之，欲人知百病皆由脾胃衰而生也，毫厘之失，则灾害立生。"肿瘤患者尤其如此，故而在治疗中时时采用益气健脾、消导化积、渗湿化湿、燥湿利湿、通利二便等措施，使得脾胃始终健运有常，如是则后天可保无虞。

十、潘国凤

潘国凤，女，医学博士，主任医师。2002～2005年就读于浙江中医药大学，师从吴良村教授。2005年硕士毕业后留在浙江省中医院工作一年，之后考入中国中医科学院攻读中西医结合专业博士学位，毕业后一直在首都医科大学附属北京世纪坛医院工作。目前就职于首都医科大学附属北京世纪坛医院，现任大中医科副主任，主持中西医结合肿瘤病区工作，兼任北京中医药大学副教授。

主要从事中西医结合肿瘤临床工作13年，其临床工作受到医院与科室领导的认可，并于2011年被列为第三批北京市中医药人才"125人才"，2014年入选北京市科技新星，同年入选为北京市卫生系统高层次卫生技术人才中西医结合肿瘤学青年骨干。并由医院推荐，经中华医学会、中国预防医学会、中国与北京医师协会等评审，2012年被评为"北京地区优秀中青年医师"，2016年被评为"首都优秀青年医生"，2018年被评为"国之名医·青年新锐"。同时担任中国抗癌协会中西医整合肿瘤专业委员会常委兼青年委员会副主委、中国抗癌协会北京中西医整合肿瘤专业委员会副主委兼秘书长、中国抗癌协会康复会学术指导委员会常委兼秘书长、国家远程医疗与互联网医学中心肿瘤专家委员会副主委、北京中西医结合学会肿瘤专业委员会常委、中国医促会肿瘤专业委员会常委、中国中医药信息研究会临床研究分会常务理事等职。

潘国凤主任医师非常注重中医药基础理论与现代科学研究发展成果相结合，结合临床实践，申报了多项省部级及以上课题，近5年来主持国家自然科学基金项目1项，北京市科技新星项目1项，北京市卫生系统高层次卫生技术人才项目（215人才）1项，北京市优秀人才项目1项，首都临床应用特色项目1项，科研经费共计150万左右。以第一作者身份共发表核心期刊二十余篇；近5年发表SCI论文5篇，最高影响因子5.578。故被推荐为国家科技部专家库成员与北京市首发项目评审专家，曾担任国家科技部创新创业人才评审专家、国家药品监督管理局临床药物一致性评价评审专家、北京市科学技术委员会课题立项论证评审专家与北京市卫生和计划生育委员会临床重点专科建设评审专家。

在教学教育方面，潘国凤主任医师目前担任北京大学医学院本科生与首都医科大学本科生中医基础学的教学，并作为北京中医药大学副教授担任北京中医药大学中医学本科生毕业实习与见习带教。并一直积极进取，近5年来先后赴耶鲁大学、哈佛大学、香港大学访学。

参 考 文 献

［1］刘时觉. 永嘉医派研究［A］. 浙江省中医药学会（Zhejiang Association of Chinese Medicine）. 浙江省中医药学会第二届"之江中医药论坛"暨2012年学术年会文集［C］. 浙江省中医药学会（Zhejiang Association of Chinese Medicine）：浙江省科学技术协会，2012：21.

［2］郭淑芳，周小秀.《三因极一病症方论》的主要学术思想和贡献［J］. 内蒙古中医药，2012，31（16）：114-115.

［3］刘时觉，陈克平，刘尚平. 辟方剂研究蹊径 开永嘉医派先河——陈无择学术思想及其在温州地区医事活动评述［J］. 医古文知识，2000（03）：3-5.

［4］张颖慧，高瑞珂，李杰. 基于中医情志理论对胃肠道恶性肿瘤的防治研究［J］. 世界华人消化杂志，2018，26（27）：1575-1580.

［5］杨振弢，李晨龙，葛倩，等.《黄帝内经》脾恶湿理论探讨［J］. 环球中医药，2017，10（09）：969-973.

［6］朱世增. 魏长春论内科［M］. 上海：上海中医药大学出版社，2008：258-262.

［7］宋巧玲，沈敏鹤，阮善明，等. 吴良村治疗胃癌经验撷菁［J］. 中华中医药学刊，2010，28（02）：263-265.

［8］黄晓涛. 吴良村抗癌用药注重顾护胃气的经验［J］. 山西中医，2002，18（04）：9-10.

［9］朱世增. 魏长春论内科［M］. 上海：上海中医药大学出版社，2008：283-286.

［10］浙江省中医学会，浙江省中医研究所. 叶熙春专辑［M］. 北京：人民卫生出版社，2006：77.

［11］潘国凤，张晓东. 吴良村论肿瘤病饮证治验撷菁［J］. 中医药学刊，2005，23（02）：228-229.

［12］徐珊.蒋文照论气辨浊的经验［J］.中医杂志，1996（07）：405-407.

［13］阮善明，沈敏鹤，洪小珍.吴良村肿瘤治疗学术思想探析［J］.中医药临床杂志，2007，19（03）：210-211.

［14］刘思诚.肺癌的流行病学［J］.中国医科大学学报，1981（04）：27-31.

［15］原发性肝癌3254例的临床分析（全国11个地区21个医疗单位临床资料的汇总）［J］.肿瘤防治研究，1974（03）：61-69.

［16］陈秀勇.肺癌治疗的进展［J］.浙江肿瘤通讯，1978（02）：65-68.

［17］高文仓，吴良村.吴良村治疗肺癌的经验［J］.浙江中医学院学报，2004，28（05）：44-46.

［18］金萍.吴良村教授诊治原发性肝癌临证经验［J］.中医药学刊，2005，23（10）：1758-1759.

［19］宋巧玲，沈敏鹤，阮善明，等.吴良村治疗胃癌经验撷菁［J］.中华中医药学刊，2010，28（02）：263-265.

［20］黄晓涛.吴良村抗癌用药注重顾护胃气的经验［J］.山西中医，2002，18（04）：9-10.

［21］杨骅，王仙平，郑树，等.康莱特抗肿瘤的研究论文集［M］.浙江：浙江大学出版社，1998，107-109.

［22］李大鹏.康莱特注射液抗癌作用机理研究进展［J］.中药新药与临床药理，2001，12（2）：122-124.

［23］舒琦瑾，吴良村.新加沙参麦冬汤抗肿瘤的实验研究［J］.中国中医基础医学杂志，2002，8（4）：34-36.

［24］舒琦瑾，吴良村.新加沙参麦冬汤对MMC诱导小鼠染色体畸变抑制作用的实验研究［J］.中国中西医结合杂志，1998（S1）：276.

［25］冯正权，吴良村，沈敏鹤，等.新加沙参麦冬煎剂抑制肿瘤转移及其作用机制的实验研究［J］.医药导报，2006，25（12）：1249-1252.

［26］倪克锋，林胜友，沈敏鹤.吴良村教授"一消二扶三平衡法"论治肿瘤学术思想探析［J］.实用中医内科杂志，2008（08）：13-14.

大 事 概 览

1959年　考入浙江中医学院医疗系

1965年　大学毕业后分配至浙江省中医院工作

1967年　组建浙江省中医院肿瘤治疗协作小组

1978年　组建肿瘤科

1984年至1990年　时任浙江省中医院党委书记

1988年　被授为硕士生导师

1992年　晋升为主任医师、教授

1996年　被浙江省政府授为首届浙江省名中医

1997年　入选第二批全国老中医药专家学术经验继承工作指导老师

1998年　享受国务院政府特殊津贴

1999年　被授为博士生导师

20世纪90年代至21世纪初　吴良村和李大鹏教授因国家"七五""八五"攻关课题"康莱特注射液"的研制工作获得巨大成功而获多项殊荣，该药获国家二类新药证书，该成果获国家科技进步二等奖、国家中医药管理局科技进步一等奖和国家发明三等奖

2010年　吴良村全国名老中医药专家传承工作室成立

2013年　被聘任为二级教授

2016年　浙江省中医院吴氏肿瘤流派工作室成立

附录二　学术传承脉络

吴良村

师承　　名医工作室成员　　研究生

师承： 沈敏鹤　王文成　王彬彬

名医工作室成员： 舒琦瑾　谢长生　林胜友　冯正权　包素珍　阮善明　朱峰

阮善明 → 金相　钱慧甦

底部分类：研究生　师带徒　基层中医

研究生（右上栏，按年级顺序）：

孙在典	庞德湘
包素珍	张爱琴
陈震	郭勇
舒琦瑾	王玉荣
陈旭兰	李兵霞
陈华	余建法
谢长生	贾建义
冯正权	林胜友
王彬彬	王琦
黄静	许荣石
高文仓	柴可群
潘国凤	倪克峰
徐额晖	梁富生